DEUTSCHES INSTITUT FÜR WIRTSCHAFTSFORSCHUNG

SONDERHEFT 121 · 1978

Herwig Birg

Programmierarbeiten: Gerda Noack

Die Entwicklung des Arbeitsplatzangebots in den Arbeitsmarktregionen

Daten für 1961 und 1970, Prognoseergebnisse für 1980 und Kontrollrechnungen zur Überprüfung des Prognoseverfahrens

DUNCKER & HUMBLOT · BERLIN

Herausgeber: Deutsches Institut für Wirtschaftsforschung, Königin-Luise-Straße 5, D-1000 Berlin 33.
Tel. (0 30) 8 29 11
Verlag: Duncker & Humblot, Dietrich-Schäfer-Weg 9, D-1000 Berlin 41.
Schriftleitung: Dr. Reinhard Pohl

Druck: ZIPPEL-DRUCK, Herbert Zippel KG, Muskauer Straße 43, D-1000 Berlin 36.
Printed in Germany.
ISBN 3 428 04160 7

Inhalt

Tabellenverzeichnis

Seite

Teil 1

Arbeitsplatzprognosen für Arbeitsmarktregionen bis zum Jahr 1980

Teil 2

Kontrollrechnungen zur Überprüfung des Prognoseverfahrens

Tabellenanhang

Verzeichnis der Übersichten

Verzeichnis der Karten

Vorbemerkungen

Im Rahmen der Untersuchungen für die Gemeinschaftsaufgabe „Verbesserung der regionalen Wirtschaftsstruktur" legt das DIW hiermit Prognosen der regionalen Arbeitsplatzentwicklung bis 1980 vor. Ferner sind Kontrollrechnungen zur Überprüfung der bisherigen Prognoseergebnisse durchgeführt worden. Zusammen mit der bereits vorliegenden Untersuchung über den Einfluß der veränderten Lage im Steinkohlenbergbau auf die Arbeitsplatzprognose für die Regionen (unveröffentlicht) ist dieser Forschungsauftrag auf Veranlassung des Planungsausschusses für die Gemeinschaftsaufgabe im Auftrage des Ministeriums für Wirtschaft und Verkehr des Landes Rheinland-Pfalz durchgeführt worden.

Die Gutachten des DIW zur regionalen Arbeitsplatzentwicklung bauen vor allem auf den Daten der regionalen Arbeitsstättenzählungen und der regionalen Industrieberichterstattungen auf[1]. Während für die bisherigen Gutachten Angaben über die Beschäftigten in der Industrie für die Jahre 1958, 1962, 1966 und 1970 zur Verfügung standen, konnten in die vorliegenden Berechnungen über die Ergebnisse der Arbeitsstättenzählungen von 1961 und 1970 hinaus nur die Industrieberichterstattungen von 1970 und 1974 einbezogen werden. Diese Beschränkung mußte wegen der Probleme, die die Umrechnung früherer Zählungen auf den Gebietsstand der Kreise vom 1. 1. 1975 aufwarf, in Kauf genommen werden. Mit den beiden Arbeitsstättenzählungen und der Industrieberichterstattung von 1974 wurde — als Basis für die eigentliche Prognose bis 1980 — zunächst eine statistische Datengrundlage für das Jahr 1975 geschätzt. Diese regionalisierten Schätzungen sind nach den Sektoren der Arbeitsstättenzählungen untergliedert. In ihnen sind — als Teilmengen — die Sektoren der Industrieberichterstattungen enthalten. Um die Schätzergebnisse mit der immerhin bis 1974 bekannten Entwicklung der Industrie zu vergleichen und auf der Basis des Vergleichs zu korrigieren, wurden diejenigen Industriezweige berücksichtigt, deren Beschäftigtenangaben (für Stadt- und Landkreise) nicht der Geheimhaltung unterlagen. Dabei war zunächst ein Verfahren gewählt worden, bei dem die effektive Entwick-

[1] Eine ausführliche Darstellung der methodischen Grundlagen findet sich in: H. Birg unter Mitarbeit von E. Jöhrens und W. Kirner: Prognose des regionalen Angebots an Arbeitsplätzen. Sonderheft Nr. 105 des DIW, Duncker & Humblot, Berlin, 1975.

lung in einem Industriezweig nur dann als Korrektiv für die Schätzung des übergeordneten Sektors der Arbeitsstättenzählung verwendet wurde, wenn für sämtliche Industriezweige, die zu dem jeweiligen Sektor der Arbeitsstättenzählung gehören, Informationen zur Verfügung standen. In den vorliegenden Berechnungen wurde dagegen die Entwicklung eines Industriezweiges auch dann als Korrektiv herangezogen, wenn andere Industriezweige des betreffenden übergeordneten Sektors der Arbeitsstättenzählung der Geheimhaltung unterlagen. Dadurch konnten die (zum Zeitpunkt der Prognose) aktuellen Informationen der Industrieberichterstattung von 1974 besser ausgeschöpft werden. Hierauf beruhen die Unterschiede zwischen den ersten Rechenergebnissen und den vorliegenden Schätzungen. In Tabelle 1.8 auf den Seiten 34 bis 37 sind die endgültigen Prognosewerte den vorläufigen Ergebnissen gegenübergestellt worden.

Teil 1

Arbeitsplatzprognosen für Arbeitsmarktregionen bis zum Jahr 1980

1. Grundkonzeption des Prognoseverfahrens

Prognosen über die ökonomische Entwicklung von Teilregionen einer Volkswirtschaft können nicht durch einfache Addition isolierter Vorausschätzungen für die einzelnen Regionen gewonnen werden. Dazu beeinflussen sich die Regionen gegenseitig in ihrer Entwicklung zu sehr. Benötigt wird daher ein Erklärungs- und Prognoseansatz, der den wichtigsten Interdependenzen Rechnung trägt. Solche Modelle wurden zwar bereits theoretisch entwickelt, ihr empirischer Test stand aber zu dem Zeitpunkt, als die vorliegenden Vorausschätzungen erarbeitet werden mußten, noch aus[2].

Solange die Abhängigkeit jeder Region von allen übrigen nicht durch ein interdependentes Modell dargestellt werden kann, läßt sich vereinfachend die Entwicklung jeder Region einerseits in Abhängigkeit von den Entwicklungsbedingungen für den Gesamtraum und andererseits in Abhängigkeit von den besonderen Standortbedingungen in der Region betrachten.

Dieser Ansatz beruht auf der Hypothese, daß die Entwicklung des Gesamtraums die Entwicklung in einer einzelnen Region bestimmt, während der Einfluß in umgekehrter Richtung so gering ist, daß er vernachlässigt werden kann. Die Annahme einer interdependenten interregionalen Verflechtung wird also durch eine wesentlich stringentere Annahme ersetzt, die sich aber im großen und ganzen für die praktische Arbeit als brauchbar erwiesen hat. Regionalprognosen dieser Art setzen somit

---

[2] Die Entwicklung eines entsprechenden Modells wurde parallel zu den vorliegenden Vorausschätzungen vorangetrieben und inzwischen empirisch so weit getestet, daß es in der Praxis angewandt werden kann. Vgl. H. Birg: Ein multiregionales Prognosemodell für die Bundesrepublik Deutschland – Struktur des Modells und numerische Prognoseergebnisse bei Anwendung der linearen Programmierung. Bericht über ein von der Deutschen Forschungsgemeinschaft gefördertes Projekt, Mimeo., Berlin, 1977.

– Prognosen über die Entwicklung im Gesamtraum und
– Prognosen der besonderen Entwicklungsbedingungen der Regionen

voraus.

2. Die Entwicklung des Arbeitsplatzangebots im Gesamtraum

Die Frage nach der künftigen Entwicklung der Arbeitsplätze in der Bundesrepublik läßt sich ohne eine detaillierte Strukturprognose kaum beantworten. In den verfügbaren Prognosen der gesamtwirtschaftlichen Entwicklung wird im allgemeinen auch so vorgegangen und versucht, aus prognostizierten Veränderungen der Produktion einzelner Wirtschaftsbereiche in Abhängigkeit von Wandlungen der Nachfragestruktur Rückschlüsse auf den künftigen Bedarf an Arbeitskräften und damit auch an Arbeitsplätzen zu ziehen. Das Bindeglied zwischen der Produktion und der Zahl der Erwerbstätigen sind dabei die branchenspezifischen Arbeitsproduktivitäten. In den Prognosen des DIW wird darüber hinaus auch der Einfluß der Sachkapitalbildung auf die Entwicklung der Arbeitsproduktivität berücksichtigt.

Dieses Vorgehen hat sich für den Unternehmensbereich bewährt; es versagt jedoch beim Staat, dessen Beschäftigtenzahl im Grunde nur in Abhängigkeit von dem angestrebten Versorgungsgrad mit Leistungen der öffentlichen Haushalte prognostiziert werden kann. Da derartige Prognosen weder in Form quantifizierter Zielprognosen der öffentlichen Haushalte selbst oder anderer Stellen vorliegen, behilft man sich hier im allgemeinen mit modifizierten Trendprognosen, die – je nach Einschätzung der Möglichkeiten für eine weitere Ausweitung des auf den Staat entfallenden Anteils am Bruttosozialprodukt – mehr oder weniger optimistisch ausfallen.

Wie viele Arbeitsplätze die Wirtschaft bereitstellen wird, hängt von den künftigen Planungen der Unternehmer über den Ausbau ihrer Produktionskapazitäten ab. Seit der Energiekrise (aber nicht nur als deren Folge) ist man hier sehr viel weniger optimistisch als noch vor zwei Jahren.

Engpaßfaktor sind dabei nicht die Arbeitskräfte, sondern das Anlagekapital und die zu seiner Ausweitung erforderliche Steigerung der Investitionen. Dies wird deutlich, wenn man sich die Entwicklung seit 1970 betrachtet. Im Unternehmensbereich ist das Investitionsniveau nach einer Stagnationsphase in den Jahren 1972/73 kräftig zurückgegangen. Die Zunahme im Jahr 1976 hat zwar die Einbußen 1975 mehr als kompensiert; das Niveau der Jahre 1971–73 ist jedoch immer noch um etwa 3 vH unterschritten worden. Erst 1977 wird voraussichtlich wieder mehr investiert werden als im Durchschnitt der Jahre 1971–73 (vgl. Tab. 1.1).

Die Folge dieses Schrumpfungsprozesses war eine Halbierung des Potentialwachstums von knapp 5 vH 1970/71 auf etwas mehr als 2 vH 1975/76. Um diesen Rückgang wenigstens teilweise wieder aufzuholen, ist auch bei abgeschwächter Zunahme des Kapitalkoeffizienten eine kräftige Expansion der Investitionen in der Wirtschaft erforderlich (in den Jahren 1977 bis 1980 etwa 6 vH jährlich). Unter diesen Voraussetzungen kann mit einem mittelfristigen Wachstumspfad für das Produktionspotential im Unternehmensbereich von etwa 3,5 vH gerechnet werden.

Da das Produktionspotential auch im Jahr 1977 noch nicht voll ausgelastet sein wird, ist auf mittlere Frist mit Produktionssteigerungen zu rechnen, die größer sind als das Wachstum des Produktionspotentials. Hier ist für die Jahre von 1978 an mit einem Produktionswachstum gerechnet worden, das mit 4 vH im Jahresdurchschnitt um einen halben Prozentpunkt über dem Potentialwachstum liegt. Unter diesen Umständen wird das Produktionspotential im Jahr 1980 weitgehend ausgelastet sein.

Die Zahl der Arbeitskräfte, die unter diesen Umständen Beschäftigung finden werden, hängt von den zu erwartenden Produktivitätssteigerungen ab. Im Jahr 1976 sind im Zuge der Belebung der Wirtschaftstätigkeit erhebliche Produktivitätsreserven mobilisiert worden (+ 7,5 vH). Für 1977 sind zwar geringere, aber immer noch überdurchschnittliche Steigerungsraten zu erwarten. Erst danach ist mit einer Abflachung auf 3,5 vH im Jahresdurchschnitt zu rechnen. Unter diesen Umständen werden 1980 im Unternehmensbereich (ohne Wohnungsvermietung) rund 400 000 Personen mehr einen Arbeitsplatz finden als 1977. Dies ist gleichbedeutend mit einer Zunahme gegenüber 1975 um 250 000. Für die Gesamtwirtschaft ist die Zunahme gegenüber 1975 nicht ganz doppelt so hoch angenommen worden. Dies bedeutet für den Staat zwar eine deutliche Verlangsamung seines Beschäftigtenzuwachses, aber immer noch eine Ausweitung um 35 000 Personen im Jahresdurchschnitt. Weiter zunehmen wird voraussichtlich auch die Zahl der Beschäftigten bei den Organisationen ohne Erwerbscharakter (+ 8 000 im Jahresdurchschnitt 1975/80).

In Tabelle 1.2 sind die Ergebnisse dieser Vorausschätzungen in sektoraler Gliederung zusammengestellt worden. Wie ein Vergleich mit den jüngsten Prognosen des Instituts für Arbeitsmarkt- und Berufsforschung (IAB) sowie von Prognos zeigt, sind die Abweichungen nicht sehr gravierend. Tendenziell schätzen beide Institutionen die Absorptionsfähigkeit der Wirtschaft etwas höher ein als das DIW. Für die Beschäftigten beim Staat geht Prognos von den gleichen Annahmen aus wie das DIW; in der Prognose des IAB liegen die Beschäftigtenzahlen für den Staat in 1980 dagegen um 200 000 darunter.

Um den Zusammenhang dieser gesamträumlichen Erwerbstätigenprognosen in der Abgrenzung der Volkswirtschaftlichen Gesamtrechnung

Tabelle 1.1

Kennziffern zur Entwicklung des Produktionspotentials im Unternehmensbereich[1)]

	1970	1971	1972	1973	1974	1975	1976	1977	1980
Absolute Zahlen									
Aggregate der Anlagevermögensrechnung									
Brutto-Anlageinvestitionen	117	123	123	122	112	110	119	127	151
Brutto-Anlagevermögen[2)]	1 315	1 408	1 502	1 593	1 676	1 752	1 829	1 913	2 214
Produktionspotential									
Kapitalkoeffizient[3)]	2.01	2.05	2.10	2.15	2.20	2.25	2.30	2.34	2.44
Produktionspotential	655	687	715	741	762	779	795	817	903
Produktion[4)]	595	611	630	662	662	637	676	717	818
Auslastung des Produktionspotentials	91	89	88	89.5	87	82	85	88	90
Arbeitsplatzpotential									
Kapitalintensität	54 700	58 600	62 700	66 900	71 300	75 700	80 200	85 100	99 300
Verfügbare Arbeitsplätze	24 040	24 000	23 940	23 820	23 530	23 130	22 810	22 490	22 300
Erwerbstätige	22 860	22 810	22 600	22 570	21 950	21 010	20 690	20 830	21 260
Besetzung der Arbeitsplätze	95	95	94.5	95	93.5	91	91	92.5	95
Arbeitsproduktivität									
Produktion je Erwerbstätigen	26 000	26 800	27 900	29 300	30 200	30 300	32 700	34 400	38 100

Durchschnittliche Wachstumsraten gegenüber dem jeweiligen Vorjahr in vH

	Aggregate der Anlagevermögensrechnung								
Brutto-Anlageinvestitionen	15.5	4.5	0	0	-8	-4.5	8.5	6.5	6
Brutto-Anlagevermögen	7	7	6.5	6	5.5	4.5	4.5	4.5	5
	Produktionspotential								
Produktionspotential	5	5	4	3.5	3	2	2	3	3.5
Produktion	6	2.5	3	5	0	-4	6	6	4
	Arbeitsplatzpotential								
Kapitalintensität	7	7	7	6.5	6.5	6.5	6	6	5.5
Verfügbare Arbeitsplätze	0	0	-0,5	-0.5	-1	-1.5	-1.5	-1.5	-0.5
Erwerbstätige	1	-0.5	-1	0	-2.5	-4.5	-1.5	0.5	0.5
	Arbeitsproduktivität								
Produktion je Erwerbstätigen	5	3	4	5	2.5	0.5	7.5	5.5	3.5

1) Gesamtwirtschaft ohne Staat, Private Haushalte, Organisationen ohne Erwerbscharakter und Wohnungsvermietung.
2) Ergebnisse der Anlagevermögensrechnung des DIW, zu Preisen von 1970, Jahresdurchschnittswerte.
3) Brutto-Anlagevermögen je Einheit des Produktionspotentials.
4) Beitrag zum Bruttoinlandsprodukt zu Preisen von 1970.

Tabelle 1.2

Prognose der Erwerbstätigen nach Wirtschaftsbereichen in der Abgrenzung der Volkswirtschaftlichen Gesamtrechnung

	1970	1975	1980	1980 zum Vergleich IAB	1980 zum Vergleich Prognos
	1000 Personen				
Land- und Forstwirtschaft	2 262	1 822	1 470	1 450	1 368
Energiewirtschaft und Bergbau	530	485	450	450	445
Energiewirtschaft	227	235	240	240	248
Bergbau	303	250	210	210	197
Verarbeitendes Gewerbe	10 289	9 284	9 650	9 540	9 765
Chem. Ind., Mineralölverarb.	1 024	970	1 080	1 050	.
Gew.d.Steine u.Erden, Feink.u.Glas	447	387	370	360	.
E. u.NE-Metallerz. u. -Bearbeitung	916	816	780	760	.
Stahl-, Masch.-, u.Fahrzeugbau	2 629	2 505	2 700	2 730	.
El., Feinmech., EBM-Waren	1 972	1 806	1 930	1 920	.
Holz-, Papier- u. Druckgewerbe	1 044	952	940	920	.
Textil-, Bekleidungs- u.Ledergew.	1 280	923	910	920	.
Nahrungs- u.Genußmittelgewerbe	977	925	940	880	.
Baugewerbe	2 154	1 795	1 740	1 880	1 744
Private Dienstleistungsbereiche	8 357	8 397	8 760	8 900	8 804
Handel und Verkehr	4 769	4 658	4 780	4 780	4 804
Handel	3 348	3 169	3 270	3 310	3 290
Verkehr u. Nachrichtenübermittlung	1 421	1 489	1 510	1 470	1 514
Dienstleistungen	3 588	3 739	3 980	4 120	4 000
Kreditinstitute u.Versicherungsgew.	597	671	740	760	760
Sonstige Dienstleistungen	2 346	2 389	2 530	2 640	} 3 240
Organisationen ohne Erwerbscharakter	529	587	630	650	
Private Haushalte	116	92	80	70	.
Staat	2 990	3 520	3 700	3 480	3 690
Soldaten	595	520	520	.	.
Übrige Beschäftigte	2 395	3 000	3 180	.	.
Alle Wirtschaftsbereiche	26 582	25 303	25 770	25 700	25 816
davon in der AZ/VZ erfaßt[1]	25 871	24 691	25 170	.	.
zuzüglich in der AZ erfaßte Mehrfachbeschäftigte	430	430	430	.	.
Erwerbstätige in der Abgrenzung der AZ/VZ	26 301	25 121	25 600	.	.

1) Ohne Beschäftigte in privaten Haushalten, Soldaten und Beschäftigte bei Dienststellen der Stationierungsstreitkräfte.

(VGR) an die regionalen Ergebnisse der Arbeitsstätten- bzw. Volkszählungen („Beschäftigungsfälle" in den nicht-landwirtschaftlichen Sektoren der Arbeitsstättenzählungen bzw. „Erwerbspersonen" in der Land- und Forstwirtschaft, erhoben in den Volkszählungen) herzustellen, deren „Beschäftigungsfälle" hier als Hilfsgröße für die regionale Zahl der

Arbeitsplätze verwendet werden, waren Umrechnungen erforderlich, die sich aus dem Erhebungsmodus der AZ (Arbeitsstättenzählung) ergeben. Ausgeklammert werden mußten die in die AZ nicht einbezogenen Beschäftigten in privaten Haushalten, die Soldaten sowie die Beschäftigten bei Dienststellen der Stationierungsstreitkräfte. Einbezogen werden mußten diejenigen Arbeitsplätze, die mehrfach beschäftigte Personen inne hatten. Weiterhin war zu berücksichtigen, daß die Abgrenzung der Wirtschaftsbereiche in der AZ nicht immer vollständig mit der in der VGR verwendeten übereinstimmt.

Tabelle 1.3

Prognose der Arbeitsplätze nach Wirtschaftsbereichen in der Abgrenzung der AZ/VZ

Lfd. Nr.		1970	1975	1980
		1000 Personen		
1	Land- und Forstwirtschaft	1 990	1 596	1 284
	Energiewirtschaft und Bergbau	497	451	416
2	Energiewirtschaft	207	213	217
3	Bergbau	290	238	199
	Verarbeitendes Gewerbe	10 247	9 210	9 537
4	Chem. Ind., Mineralölverarb.	984	928	1 030
5	Gew. d.Steine u.Erden, Feink.u.Glas	412	424	404
6	E.-u.NE-Metallerz.u. -Bearb.	925	820	782
7	Stahl-, Masch.- u.Fahrzeugbau	2 639	2 504	2 691
8	El., Feinmech., EBM-Waren	1 931	1 761	1 876
9	Holz-, Papier- u.Druckgewerbe	1 067	969	954
10	Textil-, Bekleidungs-, Ledergew.	1 237	888	872
11	Nahrungs- u. Genußmittelgewerbe	972	916	928
12	Baugewerbe	2 117	1 757	1 698
	Handel und Verkehr	5 193	5 043	5 161
13	Handel	3 727	3 513	3 614
14	Verkehr u.Nachrichtenübermittlung	1 466	1 530	1 547
	Private Dienstleistungen	3 109	3 222	3 435
15	Kreditinstitute u.Versicherungsgew.	659	738	812
16	Sonstige Dienstleistungen	2 450	2 484	2 623
	Staat u. Org. ohne Erwerbscharakter	3 148	3 842	4 069
17	Staat[1)]	2 562	3 195	3 377
18	Organisationen ohne Erwerbscharakter	586	647	692
	Alle Wirtschaftsbereiche	26 301	25 121	25 600

1) Ohne Soldaten und Beschäftigte bei Dienststellen der Stationierungsstreitkräfte.

In Tabelle 1.3 sind die Ergebnisse der Berechnungen für 1975 sowie die Arbeitsplatzprognosen bis 1980 für die Bundesrepublik in der Abgrenzung der AZ/VZ in sektoraler Gliederung zusammengestellt worden.

3. Regionalisierung der gesamträumlichen Prognosen

3.1 Methodische Vorbemerkungen

Das Prognoseverfahren ist bereits im Zusammenhang mit den früheren Untersuchungen des DIW über die Entwicklung der Arbeitsplätze in den Regionen ausführlich erläutert worden[3]. Deshalb sollen hier lediglich die wichtigsten Begriffe und Rechenschritte skizziert werden.

Entsprechend den Grundannahmen der Shift-Analyse wird die Entwicklung der Zahl der Arbeitsplätze für jeden Sektor der Region zwischen dem Basisjahr und dem Prognosejahr in zwei Komponenten zerlegt:

- die standortneutrale (standortunabhängige) Entwicklung des Sektors,
- die standortbedingte Entwicklung des Sektors (Standortfaktor).

Bezeichnet man mit $A_i^r(80)$ die Zahl der Arbeitsplätze im Sektor i der Region r im Jahre 1980, so läßt sich diese Größe als Produkt des standortneutralen Arbeitsplatzbestandes $A_i^r(80*)$ und des auf das Basisjahr 1975 bezogenen Standortfaktors $S_i^r(75/80)$ darstellen.

$$(1.1) \qquad A_i^r\ (80) = A_i^r\ (80*) \cdot S_i^r\ (75/80)$$

Bei dem standortneutralen Beschäftigtenbestand handelt es sich um eine rechnerische Größe, die sich ergeben würde, wenn der betreffende Sektor in der Region mit der gleichen Wachstumsrate expandieren würde wie im Bundesgebiet insgesamt. Es ist also

$$(1.2) \qquad A_i^r\ (80*) = \frac{\sum_r A_i^r\ (80)}{\sum_r A_i^r\ (75)} \cdot A_i^r\ (75)$$

Der Standortfaktor gibt an, wie stark die Entwicklung des Sektors in der Region von der Entwicklung des Sektors im Vergleichsraum (Bundes-

[3] Vgl. H. Birg und Mitarbeiter: Prognose des regionalen Angebots an Arbeitsplätzen, op. cit.

republik) abweicht. Wächst die Zahl der Arbeitsplätze in der Region schneller (langsamer) als im Bundesgebiet, so ist S_i^r größer (kleiner) als 1.

Der Standortfaktor kann als dimensionsloser Index oder als vH-Satz berechnet werden. Der Standortfaktor als vH-Satz

$$(1.3) \qquad \frac{A_i^r(80) - A_i^r(80*)}{A_i^r(80*)} \cdot 100 = \left[S_i^r(75/80) - 1\right] \cdot 100$$

gibt an, um wieviel vH die effektive bzw. die prognostizierte Entwicklung des Arbeitsplatzbestandes über oder unter dem standortneutralen Bestand liegt. Die absolute Differenz $A_i^r(80) - A_i^r(80*)$ wird als *Standorteinfluß* bezeichnet.

Nach Gleichung (1.1) erhält man Rechenergebnisse für die nach Sektoren disaggregierte Zahl der Arbeitsplätze in den Regionen. Diese Rechenergebnisse können jedoch nicht als sektorale Prognosewerte interpretiert werden; dafür ist ihr Fehlerspielraum zu groß. Werden die sektoralen Rechenergebnisse aufsummiert, so kann allerdings angenommen werden, daß die Wahrscheinlichkeit, daß sich die sektoralen Schätzfehler dabei zumindest teilweise kompensieren, größer ist als die Wahrscheinlichkeit, daß sich die Fehler kumulieren. Hierfür spricht folgende Überlegung.

Eine Kumulation positiver (negativer) Fehler für die Sektoren setzt voraus, daß *sämtliche* positiven Standortfaktoren der betreffenden Region überschätzt (unterschätzt) und sämtliche negativen unterschätzt (überschätzt) werden. Analysen auf der Basis der 31 Industriesektoren in den über 500 Stadt- und Landkreisen im Zeitraum von 1958 bis 1970 haben gezeigt, daß dieser Fall bei Anwendung des geschilderten Prognoseverfahrens kein einziges Mal auftrat. Dies ist nicht verwunderlich, denn bei beispielsweise 20 Sektoren dürfte die Wahrscheinlichkeit dafür, daß bei jedem der Sektoren der tatsächliche Wert in *derselben* Richtung vom Schätzwert abweicht, die gleiche Größenordnung haben wie die Wahrscheinlichkeit, mit einer Münze 20mal hintereinander „Zahl" zu werfen. Dies ist bei einer Million Fällen nicht mehr als ein Mal zu erwarten.

Es kann somit als sicher gelten, daß der Fehlerspielraum für den aggregierten Standortfaktor kleiner ist als der Fehlerspielraum für die sektorspezifischen Standortfaktoren[4]. Diese Vermutung wird auch durch die Fehlerrechnungen im zweiten Teil des Gutachtens bestätigt.

---

[4] Der aggregierte Standortfaktor einer Region läßt sich als gewogene Summe der sektoralen Standortfaktoren darstellen. Vgl. H. Birg und Mitarbeiter: Prognose des regionalen Angebots an Arbeitsplätzen, op. cit., S. 29.

In den Ergebnistabellen im Tabellenanhang sind daher lediglich für die standortneutrale Entwicklung der Arbeitsplätze sektoral disaggregierte Werte für 1980 ausgewiesen worden. Die Standortfaktoren wurden dagegen nur in aggregierter Form als vH-Satz entsprechend Gleichung (1.4) ausgewiesen (vgl. Tabelle 1.7, S. 30–33):

$$(1.4) \qquad \left[\frac{\sum_i A_i^r(80)}{\sum_i A_i^r(80*)} - 1\right] \cdot 100 = \left[S^r(75/80) - 1\right] \cdot 100$$

3.2 Regionale Basis und statistisches Ausgangsmaterial

Den Berechnungen liegen folgende Totalerhebungen des Statistischen Bundesamtes und der Statistischen Landesämter zugrunde:

1. Arbeitsstättenzählungen von 1961 und von 1970,
2. Volkszählungen von 1961 und von 1970,
3. Industrieberichterstattungen von 1970 und von 1974.

Zur Vereinfachung der Berechnungen sind alle Zählungen auf den Gebietsstand der Stadt- und Landkreise vom 1. 1. 1975 umgerechnet worden, auf deren Basis auch die Arbeitsmarktregionen definiert worden sind[5]. Die auf der Geheimhaltung von Einzelfällen beruhenden Lücken in den Angaben der Arbeitsstättenzählung von 1961 über die Beschäftigten (genauer: Beschäftigungsfälle) wurden durch Schätzungen ergänzt. Dabei wurde so vorgegangen, daß die fehlenden Angaben für 1961 entsprechend den (lückenlosen) Ergebnissen der Arbeitsstättenzählung 1970 geschätzt und die Schätzungen anschließend im Niveau so korrigiert wurden, daß die Summe aus den vorgegebenen und geschätzten sektoralen Beschäftigtenzahlen mit der vorgegebenen Summe für die Sektoren in der Region übereinstimmte.

Bei diesem Verfahren kann nicht damit gerechnet werden, daß sich die isoliert in den einzelnen Regionen durchgeführten Niveaukorrekturen für jeden Sektor im Bundesgebiet kompensieren. Das gilt insbesondere für diejenigen Fälle, in denen die in der AZ ausgewiesenen Beschäftigten in der Landwirtschaft unter die Geheimhaltung fielen. Da für diesen Sektor generell Ergebnisse der VZ verwendet wurden, ergaben sich für

---

[5] Diese Arbeiten, bei denen auf das nach Gemeinden untergliederte Urmaterial zurückgegriffen werden mußte, wurden vom Statistischen Bundesamt durchgeführt.

Tabelle 1.4

Abweichungen in den Ergebnissen für die AZ/VZ 1961 auf Grund von Schätzungen für die nicht ausgewiesenen Einzelfälle

	Gebietsstand		Differenz
	VZ 1970	1.1.1975	
	1000 Personen		
Land- und Forstwirtschaft	3 588,0	3 586,8	- 1,2
Energiewirtschaft	192,9	195,6	2,7
Bergbau	572,4	566,7	- 5,7
Chem.Ind., Mineralölverarb.	796,5	796,1	- 0,4
Gew.d.Steine u.Erd.,FK,Glas	554,7	554,7	-
E. u.NE-Metallerzeug.u.-bearb.	986,8	986,8	-
Stahl-, Masch.-u.Fahrzeugbau	2 211,2	2 211,2	-
El.,Feinmech., EBM-Waren	1 719,8	1 719,8	-
Holz-, Papier- u.Druckgew.	1 094,8	1 094,8	-
Leder, Textil- u.Bekleid.-gew.	1 589,5	1 589,5	-
Nahrungs- u.Genußmittelgewerbe	1 063,2	1 063,2	-
Baugewerbe	2 131,8	2 131,8	-
Handel	3 580,8	3 580,8	-
Verkehr u.Nachrichtenüberm.	1 543,2	1 543,2	-
Kreditinstitute u.Versich.gew.	465,4	465,6	0,2
Sonstige Dienstleistungen	2 131,8	2 131,8	-
Staat	1 844,2	1 844,3	0,1
Organisationen ohne Erwerbsch.	446,6	446,6	-
Wirtschaftsbereiche insgesamt	26 513,6	26 509,3	-4,3

die der Verteilung zugrunde gelegten AZ-Ergebnisse für die Beschäftigten ohne Landwirtschaft zu hohe Werte. Dies hatte zur Folge, daß in einigen Fällen geringfügige positive Abweichungen der korrigierten Werte für die Beschäftigten von den Zählungsergebnissen zu verzeichnen waren. Unbedeutende Abweichungen mußten auch in den Fällen in Kauf genommen werden, in denen 1961 ausschließlich Sektoren unter die Geheimhaltung fielen, für die 1970 keine Beschäftigten mehr ausgewiesen wurden. Wie Tabelle 1.4 zeigt, ist die Größenordnung der Abweichungen insgesamt zu unbedeutend, als daß die Prognoseergebnisse davon merklich beeinflußt worden sein könnten.

3.3 Schätzung einer regionalen Datenbasis für das Jahr 1975

Wenn auch alle Statistiken auf den einheitlichen Gebietsstand vom 1. 1. 1975 umgerechnet vorlagen, so stammte doch die letzte Information über die Zahl der Arbeitsplätze in sektoraler und regionaler Gliederung aus dem Jahr 1970 (Arbeitsstättenzählung und Volkszählung). Lediglich für die Beschäftigten in den Industriezweigen lagen Ergebnisse für das Jahr 1974 vor. Es war daher erforderlich, aktuelle Arbeitsplatzbestände für die Arbeitsmarktregionen als Basis für die Prognose zu schätzen. Als Basiszeitpunkt wurde das Jahr 1975 gewählt.

Zunächst wurden die sektorspezifischen Arbeitsplatzbestände entsprechend den Abgrenzungen der Volks- und Arbeitsstättenzählungen nach den Gleichungen (1.1) und (1.2) errechnet:

$$A_i^r(75) = \frac{\sum_r A_i^r(75)}{\sum_r A_i^r(70)} A_i^r(70) \cdot SF_i^r(70/75) \tag{1.5}$$

In dieser Gleichung war der Wert des Bruches und der Bestand $A_i^r(70)$ bekannt. Der Standortfaktor $SF_i^r(70/75)$ wurde aus dem Standortfaktor zwischen 1961 und 1970 abgeleitet.

Um die Effekte einmaliger Betriebsgründungen, -schließungen oder -verlagerungen zwischen 1961 und 1970 nicht auf die Periode 1970—75 zu übertragen, wurde in den Fällen, in denen der Standortfaktor zwischen 1961 und 1970 die Werte von + 50 vH bzw. — 33 vH über- bzw. unterschritt („Extremwerte")[6], der Standortfaktor zwischen 1970 und 1975 mit den entsprechenden Schwellenwerten gleichgesetzt.

[6] Zur Begründung der asymmetrischen Grenzwerte vgl. H. Birg und Mitarbeiter: Prognose des regionalen Angebots an Arbeitsplätzen, op. cit., S. 52.

Für die Dimensionierung des Standortfaktors mußte zusätzlich berücksichtigt werden, daß die Periode von 1970 bis 1975 nur etwa halb so lang war wie die Analyseperiode (Exponent von 0,5)[7]:

(1.6) $$SF_i^r(70/75) = \left[SF_i^r(61/70)\right]^{0,5}$$

Addiert man die auf diese Weise gemäß Gleichung (1.5) berechneten Werte $A_i^r(75)$ für einen Sektor über alle Regionen auf, so muß das Ergebnis mit der Zahl der Beschäftigten in diesem Sektor auf Bundesebene übereinstimmen. Um die ermittelten kleinen Abweichungen zu beseitigen, wurden die Differenzen proportional zu den sektorspezifischen Beschäftigtenbeständen auf alle Regionen verteilt (Niveauanpassung).

Über die effektive regionale Entwicklung der Zahl der Beschäftigten nach 1970 standen lediglich Ergebnisse der Industrieberichterstattung für 1974 zur Verfügung. Um diese Informationen bei den Schätzungen zu verwerten, wurde ein Korrekturverfahren entwickelt, das es erlaubt, die Angaben der Industrieberichterstattung von 1974 für diejenigen Sektoren zu berücksichtigen, in denen die Industriezweige der Industrieberichterstattung enthalten sind[8].

Diese Korrektur läuft darauf hinaus, die zunächst für 1975 geschätzten Arbeitsplätze in den entsprechenden Sektoren um die Differenzen in den Standortfaktoren zu korrigieren. Solche Differenzen treten dann auf, wenn die Standortfaktoren für die Industriezweige von denen abweichen, die sich für die übergeordneten AZ-Sektoren ergeben. Für die Industriezweige mußten daher zunächst die Standortfaktoren

(1.7) $$SF_i^r(70/74) = \frac{B_i^r(74)}{B_i^r(74*)}$$

berechnet werden. Hierin ist $B_i^r(74*)$ der fiktive standortneutrale Beschäftigtenbestand im Industriezweig i, der sich ergibt, wenn der Sektor in der Region mit der gleichen Rate expandiert wie im Gesamtraum:

(1.8) $$B_i^r(74*) = \frac{\sum_r B_i^r(74)}{\sum_r B_i^r(70)} B_i^r(70)$$

Lag der tatsächliche Standortfaktor $SF_i^r(70/74)$ im Industriesektor i über bzw. unter dem geschätzten Standortfaktor $SF_i^r(70/75)$ des über-

---

7 Ebenda, S. 55.

8 Die Sektoren der Arbeitsstättenzählung, nach denen die Gleichungen (1.1) ff. differenziert sind, enthalten neben den Industriebetrieben auch die Handwerksbetriebe des jeweiligen Sektors.

geordneten Sektors der Arbeitsstättenzählung, so ergab sich daraus die Notwendigkeit, die erste Schätzung zu korrigieren. Unter Verwendung der folgenden Abkürzungen lassen sich die Korrekturen formal wie folgt darstellen:

A_i^r = Beschäftigte („Beschäftigungsfälle") aus der Arbeitsstättenzählung

B_i^r = Beschäftigte aus der Industrieberichterstattung

$SFIB_i^r$ = Standortfaktor auf der Basis der Industriesektoren

$SFAZ_i^r$ = Standortfaktor auf der Basis der Sektoren der Arbeitsstättenzählung

Bezeichnet man den nach Gleichung (1.5) errechneten ersten Schätzwert für 1975 mit $A_i^r(75{,}1)$ und den entsprechenden Standortfaktor mit $SFAZ_i^r(70/75{,}1)$, den daraus folgenden korrigierten mit $A_i^r(75{,}2)$ und den entsprechenden Standortfaktor mit $SFAZ_i^r(70/75{,}2)$, so läßt sich die Korrektur wie folgt darstellen:

$$(1.9)\qquad A_i^r(75{,}2) = \left[SFIB_i^r(70/74) - SFAZ_i^r(70/75{,}1)\right] B_i^r(74*) + A_i^r(75{,}1)$$

Durch den Term in der eckigen Klammer in Gleichung (1.9), multipliziert mit dem standortneutralen Beschäftigtenbestand des Industriesektors im Jahre 1974, wird — gemessen in absoluten Beschäftigtenzahlen — die Differenz zwischen dem tatsächlichen Standortfaktor $SFIB_i^r(70/74)$ und dem geschätzten Standortfaktor $SFAZ_i^r(70/75{,}1)$ berücksichtigt[9]. Aus (1.9) läßt sich der für die Prognose wichtige korrigierte Standortfaktor $SFAZ_i^r(70/75{,}2)$ unmittelbar ableiten:

$$(1.10)\qquad SFAZ_i^r(70/75{,}2) = \left\{\left[SFIB_i^r(70/74) - SFAZ_i^r(70/75{,}1)\right] B_i^r(74*) + A_i^r(75{,}1)\right\} / A_i^r(75*)$$

Hierbei ist der standortneutrale Bestand $A_i^r(75*)$ entsprechend als

$$(1.11)\qquad A_i^r(75*) = \frac{\sum_r A_i^r(75)}{\sum_r A_i^r(70)} A_i^r(70)$$

definiert.

In Tabelle 1.5 sind die Ergebnisse der Industrieberichterstattung für das Bundesgebiet 1970 und 1974 zusammengestellt worden; gleichzeitig wurden die Industriezweige zu den AZ/VZ-Sektoren in Tabelle 1.3 zugeordnet. Tabelle 1.6 enthält die errechneten Korrekturwerte für die Arbeits-

[9] Die Korrekturen müssen sich in der Summe aller Regionen zu Null addieren.

marktregionen, die sich aus der Analyse der Entwicklung für die Industriezweige ergeben haben.

Tabelle 1.5

Zahl der Beschäftigten in den Industriezweigen im Bundesgebiet insgesamt

	AZ/VZ-Sektor	IB-Systematik	1970	1974
Bergbau	3	21	313 166	254 716
Chem.Ind., Mineralölverarb.	4		954 799	960 789
Mineralölverarbeitung		22	35 562	31 960
Chemische Industrie		40	603 788	606 027
Kohlenwertstoffindustrie		42	3 922	3 150
Kunststoffverarb. Industrie		58	169 405	193 683
Gummi- u.asbestverarb. Industrie		59	142 122	125 969
Industrie d.St.u.Erden, Feinker., Glas	5		415 603	383 779
Industrie d.Steine u. Erden		25	240 321	220 182
Feinkeramische Industrie		51	79 254	73 301
Glasindustrie		52	96 028	90 296
E.-u.NE-Metallerz. u.-Bearbeitung	6		810 017	753 897
Eisenschaffende Industrie		27	336 908	318 144
NE-Metallindustrie		28	91 544	90 062
Gießerei-Industrie		29	159 100	135 834
Ziehereien u.Kaltwalzw., Stahlverf.		30	222 465	209 857
Stahl-, Masch.- u.Fahrzeugbau	7		2 131 440	2 072 685
Stahl-, u. Leichtmetallbau		31	206 709	214 264
Maschinenbau		32	1 129 730	1 094 197
Straßenfahrzeugbau		33	616 809	603 113
Schiffbau		34	77 216	74 254
Luftfahrzeugbau		35	41 596	42 256
Büromaschinenindustrie		5010	59 380	44 601
El., Feinmech., EBM-Waren	8		1 778 523	1 721 222
Elektrotechnische Industrie		36	1 108 020	1 087 358
Feinmech., optische u.Uhrenindustrie		37	170 276	157 867
EBM-Warenindustrie		38	419 101	392 005
Musik- u.Spielwarenind.		39	60 136	53 273
Herstellung v.Datenverarb.-anlagen		5050	20 990	30 719
Holz-, Papier und Druckindustrie	9		736 192	693 755
Sägewerke u.holzverarb. Industrie		53	70 195	64 268
Holzverarb. Industrie		54	225 157	231 839
Papier- u. Pappe erz.Industrie		55	76 894	60 508
Papier- u. pappeverarb. Industrie		56	137 122	128 158
Druckerei- u.Vervielf. Industrie		57	226 824	208 982
Textil-, Bekleidungs- u. Lederindustrie	10		1 020 264	793 012
Ledererzeugende Industrie		61	14 051	8 417
Lederverarb.- u. Schuhindustrie		62	128 041	93 310
Textilindustrie		63	499 502	386 638
Bekleidungsindustrie		64	378 670	304 647
Nahrungs- u.Genußmittelindustrie	11		511 899	482 213
Ernährungsindustrie		68	481 217	456 429
Tabakverarb. Industrie		69	30 682	25 784
Industriezweige insgesamt			8 671 903	8 116 068

Tabelle 1.6

Korrekturwerte für die Arbeitsplätze in den Arbeitsmarktregionen

- Ergebnisse einer Auswertung der Industrieberichterstattungen für 1970 und 1974 -

Lfd. Nr.	Arbeitsmarktregion	Zahl der Beschäftigten	Lfd. Nr.	Arbeitsmarktregion	Zahl der Beschäftigten
1	Flensburg-Schleswig	666	41	Rheda-Wiedenbrück-Gütersloh	15
2	Nordfriesland	- 609	42	Münster	723
3	Heide-Meldorf	31	43	Steinfurt	1 104
4	Kiel-Neumünster	2 362	44	Coesfeld	- 123
5	Lübeck	- 1 846	45	Ahaus-Borken	- 166
6	Ostholstein	222	46	Kleve-Emmerich	- 454
7	Itzehoe	- 485	47	Krefeld	2 495
8	Cuxhaven	212	48	Wesel-Moers	2 447
9	Bremerhaven-Stade-Bremervörde	3 034	49	Duisburg-Oberhausen	5 438
10	Hamburg	4 389	50	Essen-Mülheim	1 635
11	Herzogtum Lauenburg	467	51	Gelsenkirchen	9 984
12	Segeberg-Stormarn	332	52	Recklinghausen	- 7 787
13	Lüneburg	314	53	Bochum	- 8 442
14	Bremen	2 644	54	Dortmund	6 545
15	Unterweser	- 231	55	Lüdinghausen-Unna	1 539
16	Oldenburg	947	56	Hamm-Beckum	1 393
17	Cloppenburg	690	57	Soest	627
18	Wilhelmshaven	582	58	Paderborn	- 1 081
19	Emden-Leer	241	59	Holzminden	216
20	Fallingbostel	206	60	Höxter	457

21	Soltau	- 244
22	Rotenburg	- 99
23	Uelzen	- 309
24	Lüchow-Dannenberg	- 206
25	Wolfsburg	- 265
26	Helmstedt	- 555
27	Celle	- 90
28	Nienburg-Grafschaft Schaumburg	- 2 071
29	Vechta-Diepholz	161
30	Meppen	- 186
31	Lingen-Nordhorn-Rheine	1 342
32	Osnabrück	174
33	Minden-Lübbecke	- 1 428
34	Hannover	-10 117
35	Braunschweig-Salzgitter	- 2 509
36	Hildesheim	- 2 070
37	Alfeld	1 174
38	Hameln	383
39	Detmold-Lemgo	637
40	Bielefeld	5 928

61	Harz	- 2 563
62	Göttingen	- 1 553
63	Kassel	- 5 124
64	Korbach	- 874
65	Hochsauerland	9
66	Iserlohn-Lüdenscheid	5 588
67	Wuppertal	3 119
68	Hagen	705
69	Düsseldorf-Neuß-Solingen	3 113
70	Mönchengladbach-Rheydt	3 698
71	Aachen	2 549
72	Jülich-Düren	- 774
73	Köln-Leverkusen	6 000
74	Gummersbach	703
75	Siegen-Hüttental	3 278
76	Dillenburg	- 816
77	Marburg	- 1 239
78	Alsfeld-Ziegenhain	850
79	Bad Hersfeld-Rotenburg	24
80	Eschwege	- 510

noch Tabelle 1.6

Lfd. Nr.	Arbeitsmarktregion	Zahl der Beschäftigten
81	Fulda	1 680
82	Gießen-Wetzlar	- 2 828
83	Limburg-Westerwald	- 98
84	Bonn	- 4 133
85	Euskirchen-Schleiden	- 1 420
86	Daun	113
87	Mosel-Hunsrück-Lahn	267
88	Koblenz	- 647
89	Frankfurt	- 8 826
90	Gelnhausen-Schlüchtern	366
91	Bad Kissingen-Bad Neustadt	574
92	Coburg	2 072
93	Hof-Marktredwitz-Wunsiedel	764
94	Tirschenreuth	937
95	Kulmbach	1 082
96	Bayreuth	874
97	Bamberg	1 606
98	Schweinfurt	111
99	Aschaffenburg	709
100	Darmstadt	- 4 252

Lfd. Nr.	Arbeitsmarktregion	Zahl der Beschäftigten
125	Pforzheim	2 802
126	Sindelfingen-Böblingen-Calw	714
127	Stuttgart	- 873
128	Göppingen	777
129	Aalen-Schwäbisch Gmünd	36
130	Heidenheim-Dillingen	1 664
131	Nördlingen-Donauwörth	505
132	Weißenburg i.Bay.	- 1 373
133	Ingolstadt	- 423
134	Aichach-Schrobenhausen	- 26
135	Regensburg	- 2 522
136	Cham	- 412
137	Deggendorf	- 785
138	Passau	- 137
139	Straubing	34
140	Landshut	3 240
141	Augsburg	- 3 154
142	Ulm	1 886
143	Tübingen-Reutlingen	- 1 741
144	Balingen	2 210

101	Wiesbaden-Mainz	2 539
102	Bad Kreuznach	742
103	Idar-Oberstein	1 073
104	Trier	- 230
105	Bitburg-Prüm	34
106	Saarbrücken	- 4 743
107	Kaiserslautern	- 186
108	Rhein-Neckar	1 837
109	Buchen	- 1 980
110	Main-Tauberkreis	- 524
111	Würzburg-Lohr a. Main	- 1 741
112	Erlangen-Forchheim	4 851
113	Nürnberg-Fürth	8 717
114	Neumarkt i.d.OPf.	- 321
115	Weiden i.d.OPf.	200
116	Schwandorf i.Bay.	- 1 390
117	Amberg	115
118	Ansbach	81
119	Neustadt-Bad Windsheim	1 197
120	Schwäbisch Hall-Crailsheim	- 1 940
121	Heilbronn	- 1 676
122	Karlsruhe-Baden-Baden	- 4 015
123	Landau i.d.Pfalz	- 680
124	Zweibrücken-Pirmasens	- 299

145	Freudenstadt	1 556
146	Mittelbaden	- 2 498
147	Freiburg	- 2 084
148	Schwarzwald-Baar-Donaueschingen	1 309
149	Sigmaringen	1 557
150	Biberach	- 437
151	Memmingen	350
152	Landsberg a.Lech	- 129
153	München	-18 454
154	Bad Tölz	- 397
155	Mühldorf-Altötting	- 3 172
156	Traunstein-Bad Reichenhall	- 1 448
157	Rosenheim	- 1 424
158	Garmisch-Partenkirchen-Schongau-Weilheim	- 102
159	Kaufbeuren	- 280
160	Kempten/Allgäu	- 2 450
161	Lindau (Bodensee)	- 1 102
162	Bodensee-Wangen	- 2 883
163	Konstanz	- 4 838
164	Waldshut	459
165	Hochrhein	88
166	Berlin (West)	9 740
	Insgesamt	- 31

3.4 Regionale Prognoserechnungen für den Zeitraum von 1975 bis 1980 auf der Basis der Modifizierten Shift-Analyse

Bei der Prognose bis 1980 wurde entsprechend den Schritten in den Gleichungen (1.1) und (1.2) verfahren. Die (rechnerischen) Zwischenergebnisse für die Sektoren ergeben sich aus:

$$A_i^r(80) = \frac{\sum_r A_i^r(80)}{\sum_r A_i^r(75)} A_i^r(75,2) \cdot SFAZ_i^r(75/80) \tag{1.12}$$

Der Term $A_i^r(75,2)$ wurde aus Gleichung (1.9) ermittelt und der Standortfaktor $SFAZ_i^r(75/80)$ aus dem Standortfaktor $SFAZ_i^r(70/75,2)$ abgeleitet, indem ein neues, dem bisherigen Extremwertbereinigungsverfahren analoges Verfahren angewandt wurde.

Waren die bisherigen Reduktionsfunktionen für die Standortfaktoren innerhalb des Intervalls der Extremwerte linear (in diesem Intervall wurde der Standortfaktor der Prognoseperiode mit dem Standortfaktor der Analyseperiode gleichgesetzt), so wurden jetzt folgende nicht-lineare Funktionen verwendet[10]:

a) War in der Analyseperiode der Standortfaktor $SFAZ_i^r(70/75,2)$ größer, gleich 1, so wurde mit der Funktion

$$SFAZ_i^r(75/80) = SFAZ_i^r(70/75,2)^{\{1/[SFAZ_i^r(70/75,2)]^2\}} \tag{1.13}$$

gearbeitet. Diese Funktion geht durch den Punkt (1/1) und reduziert alle extrem hohen Werte auf 1, während sie im Bereich um 1 nahezu linear verläuft. Ihr Maximum liegt zwischen 1,6 und 1,8. Vor dem Maximum ist die Reduktion am kleinsten, danach am größten.

b) War in der Analyseperiode der Standortfaktor $SFAZ_i^r(70/75,2)$ kleiner 1, so wurde die Funktion

$$SFAZ_i^r(75/80) = SFAZ_i^r(70/75,2) - SFAZ_i^r(70/75,2)^{0,2} + 1 \tag{1.14}$$

angewandt. Auch diese Funktion hat die Eigenschaft, daß Werte um 1 nahezu unverändert bleiben, während kleinere Werte umso stärker erhöht werden, je kleiner sie sind. Da der Standortfaktor $SFAZ_i^r(70/75,2)$ einer Ex-post-Prognose entstammt, bei der bereits mit extremwertbereinigten Standortfaktoren gearbeitet wurde, lagen die Argumente der Funktion kaum unter 0,8.

---

[10] Zur Erläuterung des bisherigen Ansatzes vgl. auch H. Birg und Mitarbeiter: Prognose des regionalen Angebots an Arbeitsplätzen, op. cit., S. 52 f.

In dem nachfolgenden Schaubild ist der Verlauf der Funktionen (1.13) und (1.14) für den relevanten Bereich des Standortfaktors graphisch dargestellt worden.

Schaubild 1

Extremwertbereinigung von Standortfaktoren auf der Basis einer kontinuierlichen Reduktionsfunktion

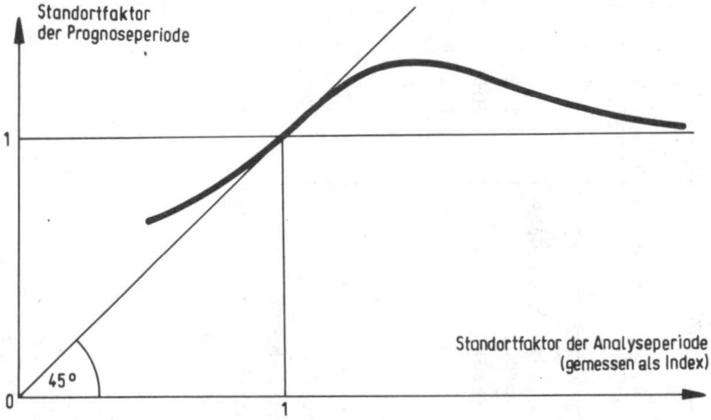

3.5 Anmerkungen zur Interpretation der Ergebnisse

Wie die Kontrollrechnungen für die Prognosen der regionalen Entwicklung der Industrie zwischen 1970 und 1975 zeigen, kann mit dem dargestellten Minimum an statistischen Informationen auch mit einem vergleichsweise komplizierten Prognoseverfahren keine in allen Fällen befriedigende Treffsicherheit erreicht werden. Für die vorliegende Prognose gilt im Prinzip die gleiche Überlegung, wenn auch dadurch, daß sich die vorliegende Prognose auf eine Analyse sämtlicher Wirtschaftsbereiche (nicht nur Industriesektoren wie bei den Kontrollrechnungen) stützt, eine Verringerung des Fehlerspielraums erwartet werden kann. Auf der anderen Seite ist aber zu beachten, daß die Basis der Prognose, die Daten für das Jahr 1975, selbst nur auf Schätzungen beruht. Nicht zuletzt ergaben sich auch Fehlerquellen dadurch, daß in der weitaus größten Zahl aller Kreise Geheimhaltungslücken durch Schätzungen geschlossen werden mußten.

In Tabelle 1.7 sind die Standortfaktoren für die Arbeitsmarktregionen angegeben worden. Sie sind gleich dem Quotient aus den (ungerundeten) Angaben für die standortneutrale Entwicklung (Spalte 1) und den prognostizierten Arbeitsplatzbeständen (Spalte 2).

Eine Gegenüberstellung der endgültigen Prognosewerte mit den vorläufigen Ergebnissen findet sich in Tabelle 1.8. Zu den Unterschieden vergleiche das unter dem Punkt „Vorbemerkungen" Gesagte.

Tabelle 1.7

Standortneutrale Entwicklung und Prognosewerte für die Zahl der Arbeitsplätze in den Arbeitsmarktregionen im Jahr 1980

Lfd. Nr.	Arbeitsmarktregion	Standortneutrale Entwickl.	Prognosewert	Standortfaktor	Lfd. Nr.	Arbeitsmarktregion	Standortneutrale Entwickl.	Prognosewert	Standortfaktor
		Arbeitsplätze in 1000		in vH			Arbeitsplätze in 1000		in vH
1	Flensburg-Schlesw.	99	101	2,1	41	Rheda-Wiedenbrück-Gütersloh	115	119	4,1
2	Nordfriesland	54	53	- 1,0	42	Münster	208	211	1,5
3	Heide-Meldorf	44	43	- 1,4	43	Steinfurt	115	117	2,1
4	Kiel-Neumünster	269	268	- 0,4	44	Coesfeld	43	43	0,6
5	Lübeck	103	98	- 4,8	45	Ahaus-Borken	99	103	4,1
6	Ostholstein	56	55	- 1,9	46	Kleve-Emmerich	76	75	- 1,1
7	Itzehoe	43	43	- 1,5	47	Krefeld	198	197	- 0,7
8	Cuxhaven	39	39	0,1	48	Wesel-Moers	125	130	3,8
9	Bremerhaven-Stade-Bremervörde	158	162	2,5	49	Duisburg-Oberhausen	312	293	- 6,1
10	Hamburg	1 065	1 021	- 4,1	50	Essen-Mülheim	342	322	- 5,8
11	Herzogtum Lauenburg	39	38	- 1,8	51	Gelsenkirchen	131	131	0,4
12	Segeberg-Stormarn	107	115	8,0	52	Recklinghausen	270	262	- 3,0
13	Lüneburg	46	46	0,3	53	Bochum	171	170	- 0,6
14	Bremen	435	432	- 0,6	54	Dortmund	267	264	- 1,3
15	Unterweser	37	37	- 0,8	55	Lüdinghausen-Unna	119	122	3,0
16	Oldenburg	93	96	3,0	56	Hamm-Beckum	53	52	- 1,8
17	Cloppenburg	63	66	5,0	57	Soest	90	88	- 0,9
18	Wilhelmshaven	97	98	1,2	58	Paderborn	68	67	- 0,7
19	Emden-Leer	155	159	2,3	59	Holzminden	32	32	- 1,3
20	Fallingbostel	25	26	3,6	60	Höxter	41	40	- 2,9

21	Soltau	26	28	6,2	61	Harz	114	110	- 3,7
22	Rotenburg	20	21	3,9	62	Göttingen	146	144	- 1,6
23	Uelzen	34	34	- 0,1	63	Kassel	240	237	- 1,3
24	Lüchow-Dannenberg	18	18	- 0,9	64	Korbach	62	63	0,7
25	Wolfsburg	132	142	7,2	65	Hochsauerland	95	92	- 2,4
26	Helmstedt	29	27	- 6,5	66	Iserlohn-Lüdenscheid	178	175	- 1,4
27	Celle	61	61	1,1	67	Wuppertal	256	246	- 3,7
28	Nienburg-Grafschaft Schaumburg	96	98	2,1	68	Hagen	243	237	- 2,5
29	Vechta-Diepholz	63	66	4,9	69	Düsseldorf-Neuß-Solingen	818	822	0,5
30	Meppen	29	31	6,4	70	Mönchengaldbach-Rheydt	166	167	0,4
31	Lingen-Nordhorn-Rheine	71	75	6,0	71	Aachen	197	194	- 1,7
32	Osnabrück	178	179	0,6	72	Jülich-Düren	88	90	2,3
33	Minden-Lübbecke	109	108	- 1,6	73	Köln-Leverkusen	796	794	- 0,3
34	Hannover	538	532	- 1,0	74	Gummersbach	81	78	- 3,1
35	Braunschweig-Salzgitter	263	254	- 3,4	75	Siegen-Hüttental	189	187	- 1,5
36	Hildesheim	86	84	- 2,6	76	Dillenburg	43	43	0,4
37	Alfeld	25	25	- 1,3	77	Marburg	87	90	2,9
38	Hameln	63	64	0,8	78	Alsfeld-Ziegenhain	43	44	3,2
39	Detmold-Lemgo	104	103	- 1,4	79	Bad Hersfeld-Rotenburg	51	51	0,4
40	Bielefeld	235	229	- 2,6	80	Eschwege	43	41	- 3,6

noch Tabelle 1.7

Lfd. Nr.	Arbeitsmarktregion	Standort-neutrale Entwickl.	Prognose-wert	Standort-faktor	Lfd. Nr.	Arbeitsmarktregion	Standort-neutrale Entwickl.	Prognose-wert	Standort-faktor
		Arbeitsplätze in 1000		in vH			Arbeitsplätze in 1000		in vH
81	Fulda	73	75	3,5	126	Sindelfingen-Böblingen-Calw	181	194	7,1
82	Gießen-Wetzlar	153	156	1,8	127	Stuttgart	914	918	0,4
83	Limburg-Westerwald	104	105	1,7	128	Göppingen	101	101	0,4
84	Bonn	304	302	- 0,6	129	Aalen-Schwäbisch Gmünd	117	118	0,9
85	Euskirchen-Schleiden	42	41	- 3,0	130	Heidenheim-Dillingen	90	92	1,7
86	Daun	20	20	2,8	131	Nördlingen-Donauwörth	51	53	4,8
87	Mosel-Hunsrück-Lahn	93	92	- 0,7	132	Weißenburg i.Bay.	35	35	0,5
88	Koblenz	191	193	1,3	133	Ingolstadt	107	113	5,1
89	Frankfurt	999	1 013	1,4	134	Aichach-Schrobenhausen	26	27	5,0
90	Gelnhausen-Schlüchtern	129	130	1,1	135	Regensburg	140	142	1,5
91	Bad Kissingen-Bad Neustadt	69	70	1,6	136	Cham	42	43	3,4
92	Coburg	122	123	0,8	137	Deggendorf	62	63	1,7
93	Hof-Marktredwitz-Wunsiedel	124	123	- 0,4	138	Passau	107	111	3,8
94	Tirschenreuth	31	32	1,8	139	Straubing	48	51	4,3
95	Kulmbach	33	34	3,5	140	Landshut	93	96	2,8
96	Bayreuth	75	76	1,7	141	Augsburg	229	230	0,5
97	Bamberg	101	103	2,0	142	Ulm	225	235	4,4
98	Schweinfurt	74	73	- 1,3	143	Tübingen-Reutlingen	168	172	2,4
99	Aschaffenburg	117	121	3,4	144	Balingen	80	85	5,1
100	Darmstadt	204	208	1,9					

101	Wiesbaden-Mainz	338	338	0,1
102	Bad Kreuznach	61	62	1,5
103	Idar-Oberstein	39	40	3,5
104	Trier	122	122	- 0,3
105	Bitburg-Prüm	34	35	3,7
106	Saarbrücken	416	411	- 1,2
107	Kaiserslautern	152	154	1,1
108	Rhein-Neckar	756	751	- 0,7
109	Buchen	52	53	3,2
110	Main-Tauberkreis	54	55	2,1
111	Würzburg-Lohr a.M.	173	172	- 0,7
112	Erlangen-Forchheim	117	123	5,7
113	Nürnberg-Fürth	483	482	- 0,1
114	Neumarkt i.d.OPf.	34	35	5,0
115	Weiden i.d.OPf.	53	54	0,7
116	Schwandorf i.Bay.	47	48	1,6
117	Amberg	53	54	1,9
118	Ansbach	83	85	3,0
119	Neustadt-Bad-Windsheim	34	35	4,5
120	Schwäbisch Hall-Crailsheim	103	106	3,2
121	Heilbronn	153	156	2,0
122	Karlsruhe-Baden-Baden	427	430	0,6
123	Landau i.d.Pfalz	53	53	0,6
124	Zweibrücken-Pirmasens	80	81	0,8
125	Pforzheim	124	127	2,3

145	Freudenstadt	42	44	4,2
146	Mittelbaden	148	152	2,2
147	Freiburg	207	212	2,3
148	Schwarzwald-Baar-Donaueschingen	199	200	0,5
149	Sigmaringen	50	54	6,9
150	Biberach	62	64	2,9
151	Memmingen	65	68	3,8
152	Landsberg a.Lech	25	26	4,7
153	München	992	995	0,3
154	Bad Tölz	60	61	1,5
155	Mühldorf-Altötting	111	116	3,9
156	Traunstein-Bad Reichenhall	94	95	1,1
157	Rosenheim	82	84	1,6
158	Garmisch-Partenk.-Schongau-Weilheim	69	71	2,5
159	Kaufbeuren	64	67	3,4
160	Kempten/Allgäu	83	86	2,9
161	Lindau (Bodensee)	30	30	- 0,2
162	Bodensee-Wangen	161	167	3,4
163	Konstanz	92	93	0,8
164	Waldshut	57	59	3,4
165	Hochrhein	77	78	1,7
166	Berlin (West)	897	829	- 7,5
	Insgesamt	25 600	25 600	0,0

Tabelle 1.8

Prognosewerte und vorläufige Ergebnisse
für die Zahl der Arbeitsplätze
in den Arbeitsmarktregionen im Jahr 1980

Lfd. Nr.	Arbeitsmarktregion	Prognosewert	vorläufiges Ergebnis	Differenz	Lfd. Nr.	Arbeitsmarktregion	Prognosewert	vorläufiges Ergebnis	Differenz
		Arbeitsplätze in 1000					Arbeitsplätze in 1000		
1	Flensburg-Schlesw.	101	100	+ 1	41	Rheda-Wiedenbrück-Gütersloh	119	112	+ 7
2	Nordfriesland	53	54	- 1	42	Münster	211	209	+ 2
3	Heide-Meldorf	43	43	-	43	Steinfurt	117	108	+ 9
4	Kiel-Neumünster	268	262	+ 6	44	Coesfeld	43	43	-
5	Lübeck	98	102	- 4	45	Ahaus-Borken	103	98	+ 5
6	Ostholstein	55	54	+ 1	46	Kleve-Emmerich	75	74	+ 1
7	Itzehoe	43	44	- 1	47	Krefeld	197	199	- 2
8	Cuxhaven	39	38	+ 1	48	Wesel-Moers	130	128	+ 2
9	Bremerhaven-Stade-Bremervörde	162	156	+ 6	49	Duisburg-Oberhausen	293	277	+16
10	Hamburg	1 021	1 020	+ 1	50	Essen-Mülheim	322	321	+ 1
11	Herzogtum Lauenbg.	38	37	+ 1	51	Gelsenkirchen	131	118	+13
12	Segeberg-Stormarn	115	115	-	52	Recklinghausen	262	261	+ 1
13	Lüneburg	46	46	-	53	Bochum	170	176	- 6
14	Bremen	432	428	+ 4	54	Dortmund	264	251	+13
15	Unterweser	37	37	-	55	Lüdinghausen-Unna	122	121	+ 1
16	Oldenburg	96	94	+ 2	56	Hamm-Beckum	52	52	-
17	Cloppenburg	66	66	-	57	Soest	88	93	- 5
18	Wilhelmshaven	98	97	+ 1	58	Paderborn	67	65	+ 2
19	Emden-Leer	159	158	+ 1	59	Holzminden	32	32	-
20	Fallingbostel	26	26	-	60	Höxter	40	39	+ 1

21	Soltau	28	28	-	61	Harz	110	117	- 7
22	Rotenburg	21	20	+ 1	62	Göttingen	144	147	- 3
23	Uelzen	34	35	- 1	63	Kassel	237	246	- 9
24	Lüchow-Dannenberg	18	18	-	64	Korbach	63	64	- 1
25	Wolfsburg	142	142	-	65	Hochsauerland	92	91	+ 1
26	Helmstedt	27	27	-	66	Iserlohn-Lüdenscheid	175	171	+ 4
27	Celle	61	62	- 1	67	Wuppertal	246	244	+ 2
28	Nienburg-Grafschaft Schaumburg	98	99	- 1	68	Hagen	237	235	+ 2
29	Vechta-Diepholz	66	65	+ 1	69	Düsseldorf-Neuß-Solingen	822	828	- 6
30	Meppen	31	31	-	70	Mönchengladbach-Rheydt	167	161	+ 6
31	Lingen-Nordhorn-Rheine	75	74	+ 1	71	Aachen	194	194	-
32	Osnabrück	179	179	-	72	Jülich-Düren	90	91	- 1
33	Minden-Lübbecke	108	110	- 2	73	Köln-Leverkusen	794	802	- 8
34	Hannover	532	549	-17	74	Gummersbach	78	74	+ 4
35	Braunschweig-Salzgitter	254	255	- 1	75	Siegen-Hüttental	187	181	+ 6
36	Hildesheim	84	88	- 4	76	Dillenburg	43	43	-
37	Alfeld	25	23	+ 2	77	Marburg	90	92	- 2
38	Hameln	64	64	-	78	Alsfeld-Ziegenhain	44	43	+ 1
39	Detmold-Lemgo	103	102	+ 1	79	Bad Hersfeld-Rotenburg	51	50	+ 1
40	Bielefeld	229	218	+11	80	Eschwege	41	41	-

noch Tabelle 1.8

Lfd. Nr.	Arbeitsmarktregion	Prognosewert	vorläufiges Ergebnis	Differenz	Lfd. Nr.	Arbeitsmarktregion	Prognosewert	vorläufiges Ergebnis	Differenz
		Arbeitsplätze in 1000					Arbeitsplätze in 1000		
81	Fulda	75	73	+ 2	126	Sindelfingen-Böblingen-Calw	194	193	+ 1
82	Gießen-Wetzlar	156	161	- 5	127	Stuttgart	918	920	- 2
83	Limburg-Westerwald	105	106	- 1	128	Göppingen	101	101	-
84	Bonn	302	309	- 7	129	Aalen-Schwäbisch Gmünd	118	118	-
85	Euskirchen-Schleiden	41	43	- 2	130	Heidenheim-Dillingen	92	89	+ 3
86	Daun	20	20	-					
87	Mosel-Hunsrück-Lahn	92	91	+ 1					
88	Koblenz	193	192	+ 1					
89	Frankfurt	1 013	1 028	-15	131	Nördlingen-Donauwörth	53	53	-
90	Gelnhausen-Schlüchtern	130	130	-	132	Weißenburg i.Bay.	35	37	- 2
					133	Ingolstadt	113	113	-
91	Bad Kissingen-Bad Neustadt	70	69	+ 1	134	Aichach-Schrobenhausen	27	27	-
92	Coburg	123	120	+ 3	135	Regensburg	142	147	- 5
93	Hof-Marktredwitz-Wunsiedel	123	121	+ 2	136	Cham	43	43	-
					137	Deggendorf	63	63	-
94	Tirschenreuth	32	30	+ 2	138	Passau	111	110	+ 1
95	Kulmbach	34	33	+ 1	139	Straubing	51	50	+ 1
96	Bayreuth	76	75	+ 1	140	Landshut	96	89	+ 7
97	Bamberg	103	101	+ 2					
98	Schweinfurt	73	73	-	141	Augsburg	230	236	- 6
99	Aschaffenburg	121	125	- 4	142	Ulm	235	231	+ 4
100	Darmstadt	208	215	- 7	143	Tübingen-Reutlingen	172	174	- 2
					144	Balingen	85	81	+ 4

101	Wiesbaden-Mainz	338	334	+ 4
102	Bad Kreuznach	62	57	+ 5
103	Idar-Oberstein	40	38	+ 2
104	Trier	122	122	-
105	Bitburg-Prüm	35	34	+ 1
106	Saarbrücken	411	420	- 9
107	Kaiserslautern	154	154	-
108	Rhein-Neckar	751	722	+29
109	Buchen	53	57	- 4
110	Main-Tauberkreis	55	56	- 1
111	Würzburg-Lohr a.M.	172	174	- 2
112	Erlangen-Forchheim	123	116	+ 7
113	Nürnberg-Fürth	482	498	-16
114	Neumarkt i.d.OPf.	35	36	- 1
115	Weiden i.d.OPf.	54	53	+ 1
116	Schwandorf i.Bay.	48	49	- 1
117	Amberg	54	54	-
118	Ansbach	85	83	+ 2
119	Neustadt-Bad Windsheim	35	33	+ 2
120	Schwäbisch Hall-Crailsheim	106	109	- 3
121	Heilbronn	156	158	- 2
122	Karlsruhe-Baden-Baden	430	439	- 9
123	Landau i.d.Pfalz	53	54	- 1
124	Zweibrücken-Pirmasens	81	81	-
125	Pforzheim	127	126	+ 1
145	Freudenstadt	44	42	+ 2
146	Mittelbaden	152	155	- 3
147	Freiburg	212	214	- 2
148	Schwarzwald-Baar-Donaueschingen	200	198	+ 2
149	Sigmaringen	54	51	+ 3
150	Biberach	64	65	- 1
151	Memmingen	68	67	+ 1
152	Landsberg a.Lech	26	26	-
153	München	995	1 032	-37
154	Bad Tölz	61	62	- 1
155	Mühldorf-Altötting	116	121	- 5
156	Traunstein-Bad Reichenhall	95	96	- 1
157	Rosenheim	84	85	- 1
158	Garmisch-Partenk.-Schongau-Weilheim	71	71	-
159	Kaufbeuren	67	66	+ 1
160	Kempten/Allgäu	86	90	- 4
161	Lindau (Bodensee)	30	31	- 1
162	Bodensee-Wangen	167	171	- 4
163	Konstanz	93	100	- 7
164	Waldshut	59	59	-
165	Hochrhein	78	77	+ 1
166	Berlin (West)	829	816	+13
	Insgesamt	25 600	25 600	-

Teil 2

Kontrollrechnungen zur Überprüfung des Prognoseverfahrens

1. Vorbemerkungen

Das DIW hat im Rahmen der Gutachten für die Gemeinschaftsaufgabe „Verbesserung der regionalen Wirtschaftsstruktur" bereits mehrmals regionale Arbeitsplatzprognosen durchgeführt. Mit den folgenden Berechnungen soll versucht werden, den Fehlerspielraum des zu diesem Zweck entwickelten Prognoseverfahrens der Modifizierten Shift-Analyse abzuschätzen. Die dafür erforderliche Gegenüberstellung der prognostizierten mit der tatsächlichen Entwicklung wurde dadurch erschwert, daß

- nur wenig statistische Vergleichsdaten zur Verfügung standen (Fortfall der geplanten Arbeitsstättenzählung für 1975),
- der Prognosezeitraum, der der ursprünglichen Arbeitsplatzprognose zugrunde lag, zum Zeitpunkt der Analyse noch nicht abgelaufen war,
- die Regionsgrenzen sich im Zuge von Verwaltungsreformen geändert hatten.

Aufgrund dieser Gegebenheiten war ein direkter Vergleich der ursprünglichen Prognose mit der effektiven Entwicklung in den Regionen nicht möglich. Es mußte daher — unter Beibehaltung des methodischen Ansatzes — eine gesonderte Prognose erarbeitet werden, deren Ergebnisse sich mit den verfügbaren statistischen Informationen vergleichen ließen.

Dabei mußte in Kauf genommen werden, daß durch den Fortfall der für 1975 geplanten Arbeitsstättenzählung keine Daten über die Gesamtzahl der Beschäftigten in den Regionen verfügbar waren, die Aufschluß über die Zahl der besetzten Arbeitsplätze hätten geben können.

Es blieb daher keine andere Wahl, als die Kontrolle des Prognoseverfahrens auf die Industrie zu beschränken, für die jährliche Erhebungen über die Zahl der Beschäftigten durchgeführt werden. Da die letzte verfügbare Industrieberichterstattung aus dem Jahr 1975 stammte, wurde die Zeitspanne von 1970 bis 1975 als Kontrollperiode zugrunde gelegt.

Es handelt sich also um eine echte Ex-post-Prognose, da die prognostizierte Entwicklung bereits zum Zeitpunkt der „Vorausschätzungen" den tatsächlichen Ergebnissen gegenübergestellt werden konnte.

2. Zum Prognoseverfahren

Um diese Rechnungen durchführen zu können, waren zwei Informationen erforderlich

- eine Information über die Entwicklung der Zahl der Beschäftigten in den Industriezweigen zwischen 1970 und 1975 im Gesamtraum (Tabelle 2.1) sowie
- eine Information über die Höhe des Standortfaktors der jeweiligen Industriezweige in den Regionen für den gleichen Zeitraum.

Da für die gesamträumlichen Entwicklungstrends der Beschäftigung in den Industriezweigen effektive Werte verwendet werden konnten, bezieht sich die Überprüfung nicht auf die Treffsicherheit der gesamträumlichen Prognose, sondern auf die Treffsicherheit der Prognose über die räumliche Verteilung einer vorgegebenen Beschäftigtenzahl für den Gesamtraum. Diese Art der Überprüfung ist auch sinnvoll, da es hier nicht darum gehen konnte, die vielfältigen Ursachen der Fehleinschätzung gesamtwirtschaftlicher Entwicklungstendenzen aufzudecken. Ergänzend sei nur darauf hingewiesen, daß im Gefolge der Energieverteuerung — aber nicht nur deshalb — sämtliche mittelfristigen Prognosen der wirtschaftlichen Entwicklung deutlich nach unten revidiert werden mußten. Aus diesem Grunde konnte die hier zu beantwortende Frage nur lauten, wie genau das Modell die regionalen Abweichungen von der strukturbedingten Entwicklung

- sowohl der Richtung nach (Vorzeichen des Standortfaktors)
- als auch der Intensität nach (Größe des Standorteinflusses bzw. Standortfaktors)

zu prognostizieren erlaubt.

Der eigentliche Kern der regionalen Prognosen besteht daher in der Vorausschätzung der Standortfaktoren. In den bisherigen Arbeitsplatzprognosen wurden die gesonderten Berechnungen für die Industriezweige lediglich zur Korrektur der Standortfaktoren für die Sektoren in der Abgrenzung der AZ/VZ verwendet. Hier war es dagegen erforderlich, ein Verfahren zu entwickeln, das es erlaubt, aus der Entwicklung des Standortfaktors für die Industriezweige unmittelbar auf die regionale Verteilung der Industriebeschäftigten zu schließen. Aufbauend auf den Standortfaktoren für die Periode 1966 bis 1970 wurden daher in Analogie zu dem bisherigen Verfahren folgende Annahmen getroffen:

Tabelle 2.1

Den Kontrollrechnungen zugrunde gelegte Zahl der Beschäftigten in den Industriezweigen 1970 und 1975 im Bundesgebiet insgesamt

	Nr. der IB-Systematik	1970	1975
		1000 Personen	
Bergbau	21	313,2	256,4
Chemische Industrie	40	603,8	584,3
Mineralölverarbeitung[1)]	22 + 42	39,5	30,9
Kunststoffverarb. Industrie	58	169,4	178,4
Gummi - u.asbestverarb. Industrie	59	142,1	114,2
Industrie der Steine u. Erden	25	240,3	197,9
Feinkeramische Industrie	51	79,3	65,7
Glasindustrie	52	96,0	81,4
Eisenschaffende Industrie	27	336,9	308,1
NE-Metallindustrie	28	91,5	80,7
Gießerei-Industrie	29	159,1	125,3
Ziehereien u.Kaltwalzw., Stahlverf.	30	222,5	196,7
Stahl-, u. Leichtmetallbau	31	206,7	198,9
Maschinenbau[2)]	33 + 5010	1 189,1	1 037,1
Fahrzeug- u.Luftfahrzeugbau	33 + 35	658,4	604,7
Schiffbau	34	77,2	76,8
Elektrotechnische Industrie[3)]	36 + 5050	1 129,0	1 050,5
Feinmech., optische u. Uhrenindustrie	37	170,3	151,0
EBM-Warenindustrie	38	419,1	355,9
Musik- u.Spielwarenindustrie	39	60,1	49,9
Sägewerke u. holzverarb. Industrie	53	70,2	53,1
Holzverarb. Industrie	54	225,2	217,7
Papier- u. Pappe erz.Industrie	55	76,9	56,8
Papier- u. pappeverarb. Industrie	56	137,1	119,1
Druckerei- u. Vervielf. Industrie	57	226,8	195,1
Ledererzeugende Industrie	61	14,1	7,8
Lederverarb.- u. Schuhindustrie	62	128,0	86,9
Textilindustrie	63	499,5	351,8
Bekleidungsindustrie	64	378,7	288,5
Ernährungsindustrie	68	481,2	443,5
Tabakverarb. Industrie	69	30,7	23,6
Industriezweige insgesamt		8 671,9	7 588,7

1) Einschl. Kohlenwertstoffindustrie.
2) Einschl. Büromaschinenindustrie.
3) Einschl. Herstellung von Datenverarbeitungsanlagen.

(1) Lag der Standortfaktor des Sektors im Zeitraum von 1966 bis 1970 außerhalb des Intervalls von – 67 vH bis + 200 vH, so wurde mit einem Standortfaktor von 0 vH prognostiziert (Standorteinfluß = 0, Fortschreibung des Bestandes mit der bundesdurchschnittlichen Wachstumsrate).

(2) Lag der Standortfaktor des Sektors im Intervall von 50 vH bis 200 vH (bzw. – 67 vH bis – 33 vH), so wurde mit einem Standortfaktor von 50 vH (bzw. – 33 vH) prognostiziert.

(3) Lag der Standortfaktor innerhalb des Intervalls von – 33 vH bis 50 vH, so wurde der Standortfaktor auf die Zukunft übertragen.

Die Asymmetrie der Intervallgrenzen ergibt sich daraus, daß der Standortfaktor im positiven Bereich keine Obergrenze hat, während der Wert von – 100 vH die absolute Untergrenze darstellt. Die Wahl der Schwellenwerte selbst läßt sich letztlich nicht begründen, sondern nur nach entsprechenden Versuchen mehr oder weniger intuitiv festlegen. Die Annahmen können graphisch wie folgt veranschaulicht werden:

Schaubild 2
Extremwertbereinigung von Standortfaktoren nach dem Schwellenwert-Verfahren

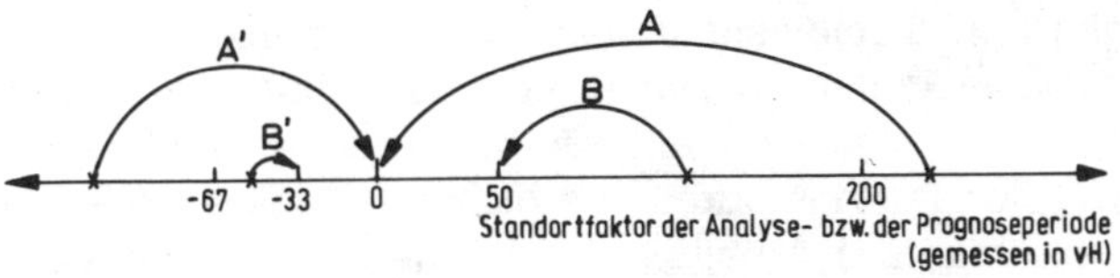

Die unterschiedliche Behandlung des Standortfaktors in den Fällen A und A' scheint aus folgendem Grund sinnvoll. Wenn der Standortfaktor in der Analyseperiode extreme Werte jenseits der Intervallgrenzen von – 67 vH bzw. + 200 vH erreichte, kann man annehmen, daß es sich um den Einfluß singulärer Ereignisse, wie der Gründung, Erweiterung oder Schließung eines oder mehrerer Betriebe handelt. Da sich derartige Ereignisse in der nächsten Periode meist nicht wiederholen, erscheint es gerechtfertigt, den Standortfaktor für die Analyse-Periode auf Null zu reduzieren. Lag der Standortfaktor dagegen innerhalb des Intervalls, so konnte mit größerer Wahrscheinlichkeit angenommen werden, daß sich auch in der folgenden Periode ein relativ großer bzw. kleiner Wert ergeben würde (Fälle B, und B')[11]. Die Reduktion brauchte daher in diesen Fällen nicht so groß zu sein wie in den Fällen A und A'.

[11] Vgl. hierzu die in der zitierten Untersuchung angegebenen Kontingenztabellen und multiplen Regressionsrechnungen (S. 33 f. und S. 44 f.).

Die auf diese Weise ermittelten Standortfaktoren wurden schließlich mit dem Faktor 1,25 potenziert, um die unterschiedliche Länge der Analyseperiode (4 Jahre) und der Prognoseperiode (5 Jahre) zu berücksichtigen. Anschließend wurden die Standortfaktoren der Regionen im Niveau so verändert, daß die Summe aller regionalen Standorteinflüsse Null ergab. Die Gesamtbestände an Arbeitsplätzen in den Regionen wurden durch Addition der sektorspezifischen Schätzwerte ermittelt:

$$A^r(75) = \sum_{i=1}^{31} A_i^r(75) = \sum_{i=1}^{31} \frac{\sum_r A_i^r(75)}{\sum_r A_i^r(70)} A_i^r(70) \cdot S_i^r(75/70) \qquad (2.1)$$

Dabei konnte angenommen werden, daß sich die sektorspezifischen Schätzfehler bei der Aggregation mit größerer Wahrscheinlichkeit kompensieren als kumulieren (vgl. S. 17).

3. Kontrollrechnungen

Ein Vergleich der prognostizierten mit den effektiven Beschäftigtenbeständen der Arbeitsmarktregionen setzt voraus, daß sich beide Daten auf den gleichen Gebietsstand beziehen. Da zwischen September 1970, dem Basiszeitpunkt der Prognose, und September 1975, dem Prognosezeitpunkt, in den meisten Ländern gravierende Gebietsreformen stattfanden, war der intertemporale Vergleich in vielen Fällen nur möglich, indem jeweils mehrere Arbeitsmarktregionen so zu einem Gebiet zusammengefaßt wurden, daß dessen Außengrenzen möglichst gut sowohl mit den Grenzen der Stadt- und Landkreise in der Abgrenzung des Jahres 1970 übereinstimmten, als auch mit den Grenzen der Stadt- und Landkreise in der Abgrenzung des Jahres 1975. Auf diese Weise konnten aus den 178 Arbeitsmarktregionen immerhin noch 106 *Vergleichsgebiete* gebildet werden, obwohl bei etwa zwei Dritteln aller Kreise Grenzverschiebungen stattgefunden hatten.

Ursprünglich war beabsichtigt, für die Kontrollrechnungen nur eine Stichprobe von Regionen heranzuziehen. Deshalb wurde jedes Bundesland aufgefordert, je 4 Testregionen vorzuschlagen. Im Zuge der Arbeiten erwies es sich jedoch als möglich, weit mehr Regionen zu berücksichtigen.

In der nachfolgenden Übersicht sind die Arbeitsmarktregionen den von den Ländern ausgewählten Testregionen zugeordnet worden. Die Ergebnisse der Ex-post-Prognose sind unter der jeweiligen Nummer der Testregion in Tabelle 2.2 zu finden.

Zuordnung der Arbeitsmarktregionen zu den von den Ländern ausgewählten Testregionen

Arbeitsmarktregion 1975		Testregion	
	Lfd.Nr. in Tab.2.2		Vergleichbarkeit[1)]
Schleswig-Holstein			
Flensburg-Schleswig	1	1	1
Nordfriesland	2	2	1
Itzehoe	7	2	1
Herzogtum Lauenburg	11	11	1
Niedersachsen			
Oldenburg	16	15	2
Cloppenburg	17		
Uelzen	23	20	1
Nienburg-Grafsch.Schaumburg	28	23	3
Nordrhein-Westfalen			
Detmold-Lemgo	39	33	1
Recklinghausen	52	38	2
Bochum	53		
Wuppertal	67	39	1
Hagen	68		
Mönchengladbach-Rheydt	70	47	2
Aachen	71		
Hessen			
Korbach	64	45	1
Marburg	77	51	1
Bad Hersfeld-Rotenburg	79	52	3
Gießen-Wetzlar	82	53	1

1) 1 = gut, 2 = mittel, 3 = ungenügend.

Arbeitsmarktregion 1975		Testregion	
	Lfd.Nr. in Tab.2.2		Vergleichbarkeit[1)]
Rheinland-Pfalz			
Daun	86	57	1
Trier	104	70	1
Bitburg-Prim	105	71	1
Saarland			
Saarbrücken	106	72	1
Baden-Württemberg			
Main-Tauberkreis	110	76	2
Heilbronn	121	81	3
Göppingen	128	86	2
Mittelbaden	146	95	3
Bayern			
Bad Kissingen-Bad Neustadt	91	60	1
Schweinfurth	98	65	2
Würzburg-Lohr a.M.	111		
Ansbach	118		
Neustadt-Bad Windsheim	119		
Deggendorf	137	91	2
Passau	138		
Kaufbeuren	159	102	3

Tabelle 2.2

Effektive und prognostizierte Beschäftigtenbestände in der Industrie von 1970 bis 1975

Lfd. Nr.	Nr. der Arbeitsmarktregion 1970	Nr. der Arbeitsmarktregion 1975	Bezeichnung der Arbeitsmarktregion 1970	Gebietskategorie 1)	Vergleichbarkeit d. Gebietsstandes 2)	Zahl der Beschäftigten: effektiv 1962	Zahl der Beschäftigten: effektiv 1966	Zahl der Beschäftigten: effektiv 1970	Zahl der Beschäftigten: effektiv 1975	Zahl der Beschäftigten: prognostiziert 1975	Zahl der Beschäftigten: bei bundesdurchschnittl. Entwicklung der Sektoren 1966	Zahl der Beschäftigten: bei bundesdurchschnittl. Entwicklung der Sektoren 1970	Zahl der Beschäftigten: bei bundesdurchschnittl. Entwicklung der Sektoren 1975	Standorteinfluß: effektiv 1962/66	Standorteinfluß: effektiv 1966/70	Standorteinfluß: effektiv 1970/75	Standorteinfluß: prognostiziert 1970/75	Fehler: absolut	Fehler: relativ (Sp.11-10 in vH v.Sp.10)	Richtung des Standorteinflusses: effektiv	Richtung des Standorteinflusses: prognostiziert
(1)	(2)	(3)	(4)	(5)	(6)	(7)	(8)	(9)	(10)	(11)	(12)	(13)	(14)	(15)	(16)	(17)	(18)	(19)	(20)	(21)	(22)
1	1	1	Flensburg		1	12 725	11 368	13 143	13 046	13 171	12 685	11 544	11 857	- 1 317	1 599	1 189	1 314	125	+ 1,0	+	+
2	2	2	Nordfriesland		1	2 311	2 866	2 971	2 522	2 803	2 322	2 955	2 671	544	16	- 149	132	281	+ 11,1	-	+
3	3	3	Heide-Meldorf		1	6 170	6 068	6 435	6 030	5 912	6 247	6 276	5 730	- 179	159	300	182	- 118	- 2,0	+	+
4	4	4	Kiel-Neumünster		1	60 994	57 804	58 412	51 669	52 630	59 277	59 358	52 809	- 1 473	- 946	- 1 140	- 179	961	+ 1,9	-	-
5	5	5	Lübeck		1	35 592	34 645	33 086	27 672	28 429	34 977	35 251	29 880	- 332	- 2 165	- 2 208	- 1 451	757	+ 2,7	-	-
6	6	6	Ostholstein		1	5 591	5 750	5 989	5 754	5 398	5 735	5 989	5 314	15	0	440	84	- 356	- 6,2	+	+
7	7	7	Itzehoe		1	10 665	10 547	11 513	10 006	10 960	10 753	10 702	9 880	- 206	811	126	1 080	954	+ 9,5	+	+
8	8	8	Cuxhaven		1	7 207	7 748	7 597	6 536	6 948	7 193	7 668	6 875	555	- 71	- 339	73	412	+ 6,3	-	+
9	9 10	9	Bremerhaven Stade-Bremervörde		1 1	21 217	23 192	25 277	27 999	24 590	20 532	23 259	23 339	2 660	2 018	4 660	1 251	-3 409	- 12,2	+	+
10	11	10+12	Hamburg	V	2	266 830	262 068	267 941	207 798	226 695	270 771	276 698	239 888	- 8 703	- 8 757	-32 090	-13 193	18 897	+ 9,1	-	-
11	12	11	Herzogtum Lauenburg		1	8 992	8 903	9 361	8 881	8 719	8 898	9 058	8 062	5	303	819	657	- 162	- 1,8	+	+
12	13	13	Lüneburg		2	8 314	8 476	8 990	7 867	8 212	8 106	8 532	7 569	370	458	298	643	345	+ 4,4	+	+
13	14	14	Bremen	V	2	102 262	105 768	108 139	102 109	97 918	101 331	108 738	96 659	4 437	- 599	5 450	1 259	- 4 191	- 4,1	+	+
14	15	15	Unterweser		1	10 483	10 504	12 182	11 752	12 030	10 850	11 600	11 266	- 346	582	486	764	278	+ 2,4	+	+
15	16	16+17	Oldenburg		2	19 852	20 856	25 170	25 431	24 941	19 939	21 150	21 860	917	4 020	3 571	3 081	- 490	- 1,9	+	+
16	17	18	Wilhelmshaven		1	24 662	23 364	24 670	19 591	21 232	24 900	24 207	21 221	- 1 536	463	- 1 630	11	1 641	+ 8,4	-	+
17	18	19	Emden-Leer		2	20 761	25 981	31 539	28 818	34 423	20 081	27 071	28 559	5 900	4 468	259	5 864	5 605	+ 19,4	+	+
18	19	20	Fallingbostel		1	6 183	6 404	7 126	7 168	7 090	6 445	6 787	6 632	- 41	339	536	458	- 78	- 1,1	+	+
19	20	21+22	Soltau		1	4 213	4 573	5 216	4 140	5 109	4 202	4 592	4 335	371	624	- 195	774	969	+ 23,4	-	+
20	21	23	Uelzen		1	3 872	4 729	5 215	4 961	4 870	3 919	4 805	4 665	810	410	296	205	- 91	- 1,8	+	+
21	22	24	Lüchow-Dannenberg		1	2 013	2 201	2 830	2 662	3 056	2 038	2 308	2 458	163	522	204	598	394	+ 14,8	+	+
22	23 24 25	25 26 27	Wolfsburg Helmstedt Celle		2	75 356	80 968	92 921	74 992	85 791	79 070	88 976	83 688	1 898	3 945	- 8 696	2 103	10 799	+ 14,4	-	+
23	26 34	28	Nienburg-Grafsch. Schaumburg u.Schaumburg-Lippe		3	20 815	22 625	24 814	21 083	23 465	20 853	22 819	21 324	1 772	1 995	- 241	2 141	2 382	+ 11,3	-	+
24	27 30	29+32	Vechta-Diepholz Osnabrück		1	64 999	65 841	71 132	64 691	67 138	65 178	66 938	62 201	663	4 194	2 490	4 937	2 447	+ 3,8	+	+
25	28	30	Meppen		2	4 367	4 135	4 447	4 668	4 423	4 086	3 882	3 796	49	565	872	627	- 245	- 5,2	+	+
26	29	31	Lingen-Nordhorn-Rheine		1	20 503	20 650	21 150	20 898	17 627	19 392	19 546	16 091	1 258	1 604	4 867	1 536	- 3 271	- 15,7	+	+
27	31 42	43	Tecklenburg Steinfurt		3	46 598	44 039	45 731	42 739	39 629	43 665	41 495	35 960	374	4 236	6 779	3 669	- 3 110	- 7,3	+	+
28	32	33	Minden-Lübbecke		1	36 237	39 636	41 396	35 544	35 944	36 528	40 842	35 635	3 108	554	- 91	309	400	+ 1,1	-	+
29	33	34	Hannover	V	2	166 525	166 328	172 689	125 430	145 026	173 640	180 796	153 996	- 7 312	- 8 107	-28 566	- 8 970	19 596	+ 15,6	-	-
30	35	35	Braunschweig-Salzgitter	V	3	109 010	104 705	107 147	87 566	95 072	109 673	109 007	95 937	- 4 968	- 1 860	- 8 371	- 865	7 506	+ 8,6	-	-
31	36	36+37	Hildesheim		2	38 545	37 869	40 290	32 406	36 506	38 821	40 103	35 546	- 952	187	- 3 140	960	4 100	+ 12,7	-	+
32	37	38	Hameln		3	17 387	16 392	17 037	16 551	14 722	17 219	17 037	14 820	- 827	0	1 731	- 98	- 1 829	- 11,1	+	-

Lfd. Nr.	Nr. der Arbeitsmarktregion 1970	Nr. der Arbeitsmarktregion 1975	Bezeichnung der Arbeitsmarktregion 1970	Gebietskategorie[1]	Vergleichbarkeit [illegible][2]	Zahl der Beschäftigten: effektiv 1962	effektiv 1966	effektiv 1970	effektiv 1975	prognostiziert 1975	bei bundesdurchschnittl. Entwicklung der Sektoren 1966	1970	1975	Standorteinfluß: effektiv 1962/66	effektiv 1966/70	effektiv 1970/75	prognostiziert 1970/75	Fehler: absolut	relativ (Sp.11-10 in vH v.Sp.10)	Richtung des Standorteinflusses: effektiv	prognostiziert
(1)	(2)	(3)	(4)	(5)	(6)	(7)	(8)	(9)	(10)	(11)	(12)	(13)	(14)	(15)	(16)	(17)	(18)	(19)	(20)	(21)	(22)
33	38	39	Detmold-Lemgo		1	33 620	36 219	39 338	35 748	36 713	33 701	37 238	34 700	2 518	2 100	1 048	2 013	965	+ 2,7	+	+
34	39 40	40+41	Bielefeld Rheda-Wiedenbrück Gütersloh	V	2	164 765	159 274	159 480	145 398	133 389	166 944	162 665	137 079	- 7 670	- 3 185	8 319	- 3 690	-12 009	- 8,3	+	-
35	44 45	45	Ahaus Bocholt	V	2	36 095	35 891	36 988	34 424	31 633	35 013	35 451	29 765	878	1 537	4 659	1 868	2 791	- 8,1	+	+
36	46 47 48 49 50 51	46+ 47+ 48+ 49+ 50	Wesel Kleve-Emmerich Krefeld Moers Duisburg und Mülheim Essen	V	1	522 130	489 251	455 792	391 904	386 084	495 167	472 464	399 014	- 5 916	-16 672	- 7 110	-12 930	- 5 820	- 1,5	-	-
37	52	51	Gelsenkirchen	V	1	74 325	62 983	56 321	52 093	44 461	67 877	57 914	47 196	- 4 894	- 1 593	4 897	- 2 735	- 7 632	- 14,7	+	-
38	53	52	Recklinghausen	V	2	159 427	142 622	133 706	114 485	123 972	140 103	125 372	115 507	2 519	8 334	- 1 022	8 465	9 487	+ 8,3	-	+
39	54- 71	53+ 67+ 68	Bochum Wuppertal-Hagen	V	1	340 723	325 942	313 521	263 867	257 661	336 517	335 011	275 034	-10 575	-21 490	-11 167	-17 373	- 6 206	- 2,4	-	-
40	55	54	Dortmund	V	1	123 052	107 930	97 833	89 248	80 568	114 765	102 214	86 630	- 6 835	- 4 381	2 618	- 6 062	- 8 680	- 9,7	+	-
41	58 59	57	Soest Lippstadt		3	23 660	25 366	28 845	30 324	27 239	23 960	26 867	25 443	1 406	1 978	4 881	1 796	- 3 085	- 10,2	+	+
42	66 67 68 69 70	65+66	Brilon Meschede Arnsberg Iserlohn Lüdenscheid		3	161 674	158 316	161 800	120 878	135 395	164 404	167 121	142 253	- 6 088	- 5 321	-21 375	- 6 858	14 517	+ 12,0	-	-
43	58 59 66- 70	57+ 65+ 66			2	185 334	183 682	190 645	151 202	162 634	188 364	193 988	167 696	- 4 682	- 3 343	-16 494	- 5 062	11 432	+ 7,6	-	-
44	60	58	Paderborn		2	16 643	19 329	22 910	22 312	23 374	16 787	20 028	20 442	2 542	2 882	1 870	2 932	1 062	+ 4,8	+	+
45	65	64	Korbach		1	13 430	14 862	17 114	15 582	17 023	13 833	15 818	14 978	1 029	1 296	604	2 045	1 441	+ 9,2	+	+
46	72 77 78	69+ 73+ 74	Düsseldorf-Neuß-Solingen Köln-Leverkusen Gummersbach	V	1	625 548	627 873	634 858	547 794	533 521	639 814	664 401	565 325	-11 941	-29 543	-17 531	-31 804	-14 273	- 2,6	-	-
47	73 74	70+ 71	Mönchengladbach-Rheydt Aachen	V	2	161 679	153 990	145 289	126 658	114 687	157 705	152 512	122 820	- 3 715	- 7 223	3 838	- 8 133	-11 971	- 9,5	+	-
48	75 76	72	Jülich Düren		2	33 729	36 107	36 713	28 453	31 165	32 078	34 969	30 742	4 029	1 744	- 2 289	423	2 712	+ 9,5	-	+
49	79 80	75	Siegen-Hüttental Wittgenstein		1	86 063	85 528	92 700	87 646	86 158	85 695	87 834	81 804	- 167	4 866	5 842	4 354	- 1 488	- 1,7	+	+
50	81	76	Dillenburg		1	19 028	19 735	21 182	18 624	18 865	19 490	20 055	18 424	245	1 127	200	441	241	+ 1,3	+	+
51	82	77	Marburg		1	20 953	22 959	26 278	22 669	25 633	20 721	23 647	22 218	2 238	2 631	451	3 415	2 964	+ 13,1	+	+
52	84	79	Bad Hersfeld-Rotenburg		3	15 831	16 509	16 757	15 052	15 748	14 708	15 640	14 523	1 801	1 117	529	1 225	696	+ 4,6	+	+
53	87	82	Gießen-Wetzlar	V	1	48 786	49 029	53 648	42 746	49 478	47 580	50 914	46 185	1 449	2 734	- 3 439	3 293	6 732	+ 15,7	-	+
54	88 93 94	83+88	Westerwald Koblenz Limburg	V	1	71 571	72 422	75 245	66 461	66 299	70 999	72 656	64 882	1 423	2 589	1 579	1 417	- 162	- 0,2	+	+
55	89	84	Bonn	V	1	72 726	73 662	77 465	62 953	71 575	76 084	78 709	70 175	- 2 422	- 1 244	- 7 222	1 400	8 622	+ 13,7	-	+
56	90	85	Euskirchen-Schleiden		3	13 071	13 082	13 253	11 387	11 944	12 891	13 168	11 125	191	85	262	819	557	+ 4,9	+	+
57	91	86	Daun		1	3 038	3 215	3 650	3 596	3 832	3 104	3 291	3 135	111	359	461	697	236	+ 6,6	+	+
58	92	87	Cochem-Zell		1	15 189	16 715	17 403	16 341	15 939	15 435	17 503	15 455	1 280	- 100	886	484	- 402	- 2,5	+	+
59	95 96 105	89+ 90+ 99	Frankfurt Gelnhausen-Schlüchtern Aschaffenburg	V	2	373 212	391 490	411 033	355 551	356 667	389 483	420 672	363 894	2 007	- 9 639	- 8 343	- 7 227	1 116	+ 0,3	-	-
60	97	91	Bad Neustadt		1	15 569	16 230	18 952	16 942	18 656	16 027	17 284	16 647	203	1 668	295	2 009	1 714	+ 10,1	+	+

Lfd. Nr.	Nr. der Arbeitsmarktregion 1970	Nr. der Arbeitsmarktregion 1975	Bezeichnung der Arbeitsmarktregion 1970	Gebietskategorie 1)	Vergleichbarkeit d. Gebietsstandes 2)	Zahl der Beschäftigten effektiv 1962	effektiv 1966	effektiv 1970	effektiv 1975	prognostiziert 1975	bei bundesdurchschnittl. Entwicklung der Sektoren 1966	1970	1975	Standorteinfluß effektiv 1962/66	effektiv 1966/70	effektiv 1970/75	prognostiziert 1970/75	Fehler absolut	Fehler relativ (Sp.11-10 in vH v.Sp.10)	Richtung des Standorteinflusses effektiv	prognostiziert
(1)	(2)	(3)	(4)	(5)	(6)	(7)	(8)	(9)	(10)	(11)	(12)	(13)	(14)	(15)	(16)	(17)	(18)	(19)	(20)	(21)	(22)
61	98	92	Coburg		3	50 479	51 052	51 922	47 144	45 493	51 308	53 069	45 700	- 256	- 1 147	1 444	- 207	- 1 651	- 3,5	+	-
62	99 100 102	93+ 94+ 96	Hof Marktredwitz-Wunsiedel Bayreuth		3	99 961	97 303	93 528	82 810	73 434	97 036	96 143	75 778	267	- 2 615	7 032	- 2 344	- 9 376	- 11,3	+	-
63	101	95	Kulmbach		1	12 475	12 634	12 974	11 822	10 865	12 248	12 316	10 234	386	658	1 588	631	- 957	- 8,1	+	+
64	103 119	97+ 112	Bamberg Erlangen-Forchheim		3	72 878	74 166	82 741	84 159	75 247	74 602	79 423	71 958	- 436	3 318	12 201	3 289	- 8 912	- 10,6	+	+
65	104 106 118 125 126 141	98+ 111+ 118+ 119+ 132	Schweinfurt Lohr am Main Würzburg Ansbach Rothenburg o.d.T. Weißenburg i.Bay.		2	98 712	106 864	115 891	107 340	106 530	101 651	112 876	101 470	5 213	3 015	5 870	5 060	- 810	- 0,8	+	+
66	107	100	Darmstadt	V	1	57 196	60 964	70 874	64 382	69 648	60 103	66 028	63 647	861	4 846	735	6 001	5 266	+ 8,2	+	+
67	108	101	Wiesbaden-Mainz	V	1	74 127	76 863	85 165	78 057	78 508	77 124	82 106	77 122	- 261	3 059	935	1 386	451	+ 0,6	+	+
68	109	102	Bad Kreuznach		1	14 072	15 191	17 098	15 675	14 211	14 157	15 587	14 211	1 034	1 511	1 464	0	- 1 464	- 9,3	+	+
69	110	103	Idar-Oberstein		1	6 934	7 119	7 486	6 927	6 188	7 136	7 009	6 188	- 17	477	739	0	- 739	- 10,7	+	+
70	111	104	Trier		1	14 264	17 050	19 827	19 138	18 584	14 168	17 550	16 348	2 882	2 277	2 790	2 236	- 554	- 2,9	+	+
71	112	105	Bitburg-Prüm		1	2 384	3 106	3 409	4 451	3 269	2 422	3 119	2 859	684	290	1 592	410	- 1 182	- 26,6	+	+
72	113	106	Saarbrücken	V	1	172 965	167 501	172 437	155 564	162 136	160 682	159 636	151 154	6 819	12 801	4 410	10 982	6 572	+ 4,2	+	+
73	114	107	Kaiserslautern		1	31 495	33 978	33 595	29 041	28 104	31 305	35 047	28 172	2 673	- 1 452	869	- 68	- 937	- 3,2	+	-
74	115	108	Ludwigshafen-Mannheim- Heidelberg (Rhein-Neckar)	V	3	284 326	289 416	303 724	269 483	267 140	293 527	306 810	271 560	- 4 111	- 3 086	- 2 077	- 4 420	- 2 343	- 0,9	-	-
75	115 116 128	108+ 109+ 121	Rhein-Neckar Buchen i. Odenwald Heilbronn		2	355 952	366 295	388 250	331 542	344 882	367 656	388 578	345 825	- 1 361	- 328	-14 283	- 943	13 340	+ 4,0	-	-
76	117	110	Tauberkreis		2	10 281	11 638	14 025	13 021	14 869	10 413	11 938	12 259	1 225	2 087	762	2 610	1 848	+ 14,2	+	+
77	120	113	Nürnberg-Fürth	V	3	174 460	172 066	175 253	157 611	143 763	180 334	186 819	156 197	- 8 268	-11 566	1 414	-12 434	-13 848	- 8,8	+	-
78	122 123	115+ 116	Weiden i.d.Opf. Schwandorf i.Bay.		3	34 523	36 645	38 164	29 516	34 582	33 539	35 858	32 280	3 106	2 306	- 2 764	2 302	5 066	+ 17,2	-	+
79	124	117	Amberg		3	18 297	17 687	17 850	16 931	15 663	17 820	18 161	15 742	- 133	- 311	1 189	- 79	- 1 268	- 7,5	+	-
80	127	120	Schwäbisch Hall-Crailsheim		3	22 127	24 087	27 040	27 976	25 670	22 894	25 409	23 792	1 193	1 631	4 184	1 878	- 2 306	- 8,2	+	+
81	128	121	Heilbronn		3	50 256	52 163	55 518	47 476	48 279	52 450	56 054	49 239	- 287	- 536	- 1 763	- 960	803	+ 1,7	-	-
82	129	122	Karlsruhe-Baden-Baden	V	3	128 131	133 864	147 166	131 672	141 628	131 582	143 489	129 704	2 282	3 677	1 968	11 924	9 956	+ 7,6	+	+
83	130	123	Landau/Pfalz		2	10 042	10 754	10 522	9 096	9 285	10 221	11 083	8 792	533	- 561	304	493	189	+ 2,1	+	+
84	131 132	124	Zweibrücken Pirmasens		1	38 377	37 995	37 712	28 138	28 888	37 815	36 925	28 175	180	787	- 37	713	750	+ 2,7	-	+
85	133 134 135 155	125+ 126+ 127+ 145	Pforzheim Sindelfingen-Böblingen-Calw Horb Stuttgart Freudenstadt	V	3	472 851	488 365	528 239	461 629	459 052	487 971	526 827	464 631	394	1 412	- 3 002	- 5 579	- 2 577	- 0,6	-	-
86	136	128	Göppingen	V	2	54 470	52 571	52 635	43 530	42 453	55 282	54 115	44 312	- 2 711	- 1 480	- 782	- 1 859	- 1 077	- 2,5	-	-
87	137 138	129	Schwäbisch Gmünd Aalen		2	49 903	50 609	55 199	46 984	45 816	51 182	53 271	47 196	- 573	1 928	- 212	- 1 380	- 1 168	- 2,5	-	-
88	139	130	Heidenheim-Dillingen		3	38 370	38 725	40 584	36 554	34 060	38 767	41 014	35 080	- 42	- 430	1 474	- 1 020	- 2 494	- 6,8	+	-
89	140 149	131	Nördlingen Donauwörth		3	10 994	12 179	13 149	13 362	11 603	11 579	12 782	11 352	600	367	2 010	251	- 1 759	- 13,2	+	+
90	143 144	135 136	Regensburg Cham		3	38 027	41 862	45 307	37 900	40 289	38 583	43 843	39 581	3 279	1 464	- 1 681	708	2 389	+ 6,3	-	+

Lfd. Nr.	Nr. der Arbeitsmarktregion 1970	Nr. der Arbeitsmarktregion 1975	Bezeichnung der Arbeitsmarktregion 1970	Gebietskategorie[1)]	Vergleichbarkeit d. Gebietsstandes[2)]	Zahl der Beschäftigten: effektiv 1962	effektiv 1966	effektiv 1970	effektiv 1975	prognostiziert 1975	bei bundesdurchschnittl. Entwicklung der Sektoren 1966	1970	1975	Standorteinfluß: effektiv 1962/66	effektiv 1966/70	effektiv 1970/75	prognostiziert 1970/75	Fehler: absolut	relativ (Sp.11-10 in vH v.Sp.10)	Richtung des Standorteinflusses: effektiv	prognostiziert
(1)	(2)	(3)	(4)	(5)	(6)	(7)	(8)	(9)	(10)	(11)	(12)	(13)	(14)	(15)	(16)	(17)	(18)	(19)	(20)	(21)	(22)
91	145 146	137+ 138	Deggendorf Passau		2	36 196	40 145	46 175	44 182	44 700	36 339	40 549	38 934	3 806	5 626	5 248	5 766	518	+ 1,2	+	+
92	147 148	139+ 140	Straubing Landshut		3	26 519	29 588	31 840	33 771	30 235	27 396	31 547	28 127	2 192	293	5 644	2 108	3 536	- 10,5	+	+
93	152 153 160 161 174 175 176	142 143 149 150 162 163	Ulm Tübingen-Reutlingen Sigmaringen Biberach Wangen		1	241 560	253 119	277 903	249 395	252 636	244 247	264 189	237 715	8 872	13 714	11 680	14 921	3 241	+ 1,3	+	+
94	154	144	Balingen		3	39 610	39 486	42 817	40 906	37 240	38 269	39 138	33 592	1 217	3 679	7 314	3 648	- 3 666	- 9,0	+	+
95	156	146	Mittelbaden		3	40 944	46 202	50 084	47 408	46 606	40 640	46 882	43 465	5 562	3 202	3 943	3 141	- 802	- 1,7	+	+
96	157 158 159	147+ 148	Freiburg/Breisgau Schwarzwald-Baar-Heuberg Donaueschìng.u.Hochschwarzw.		3	127 701	132 210	145 261	127 912	134 381	128 973	140 450	127 140	3 237	4 811	772	7 241	6 469	+ 5,1	+	+
97	162	151	Memmingen		3	12 751	13 078	13 700	12 728	11 731	13 163	13 640	11 852	- 85	60	876	- 121	- 997	- 7,8	+	-
98	163	152	Landsberg/Lech		3	2 486	2 695	3 020	3 165	2 964	2 462	2 640	2 529	233	380	636	435	- 201	- 6,4	+	+
99	165 167 169	155+ 157	Wasserburg am Inn Mühldorf-Altötting Rosenheim		2	42 402	45 709	51 638	45 103	49 000	43 270	46 965	44 817	2 439	4 673	286	4 183	3 897	+ 8,6	+	+
100	168	156	Traunstein-Bad Reichenhall		1	18 614	19 572	21 055	17 914	19 018	18 762	20 773	18 392	810	282	- 478	626	1 104	+ 6,2	-	+
101	170	158	Garmisch-Partenkirchen-Schongau-Weilheim		1	14 189	13 618	13 615	12 430	12 501	13 095	12 721	11 250	523	894	1 180	1 251	71	+ 0,6	+	+
102	171	159	Kaufbeuren		3	14 461	15 240	16 426	13 048	15 541	14 443	15 728	13 924	797	698	- 876	1 617	2 493	+ 19,1	-	+
103	172	160	Kempten/Allgäu		1	18 255	19 288	20 440	15 669	17 445	18 131	20 009	17 067	1 157	431	- 1 398	378	1 776	+ 11,3	-	+
104	173	161	Lindau		1	9 177	9 710	10 431	8 716	9 261	9 432	9 931	8 664	278	500	52	597	545	+ 6,3	+	+
105	177 178	164+ 165	Waldshut Hochrhein		3	45 205	47 156	50 198	44 823	44 200	44 635	47 859	41 919	2 521	2 339	2 904	2 281	- 623	- 1,4	+	+
106	179	166	Berlin (West)	V	1	303 274	278 581	265 163	201 009	202 352	312 606	300 309	236 779	-34 025	-35 146	-35 770	-34 427	1 343	+ 0,7	-	-

1) V = Vergleichsgebiet gehört zur Gruppe der Verdichtungsgebiete. - 2) 1 = gute intertemporale Vergleichbarkeit, 2 = mittlere intertemporale Vergleichbarkeit, 3 = ungenügende intertemporale Vergleichbarkeit.

Je nach dem, wie stark sich die Außengrenzen der Vergleichsgebiete im Zeitablauf geändert haben, war die intertemporale Vergleichbarkeit gut (Bewertungsziffer 1) oder nur mittelmäßig (Bewertungsziffer 2) bzw. ungenügend (Bewertungsziffer 3), wobei das Ausmaß der flächenmäßigen Unterschiede der Gebiete in den Grenzen vom 27. 5. 1970 und in den Grenzen vom 1. 1. 1975 die Bewertungsgrundlage bildete.

Das Ausmaß der Verschiebungen läßt sich an Hand der Karten 1 und 2 erkennen. In Karte 1 sind die Arbeitsmarktregionen in ihrer Abgrenzung vom August 1974 auf dem Gebietsstand vom 27. 5. 1970 eingezeichnet, in Karte 2 die Arbeitsmarktregionen in der Abgrenzung vom Mai 1976 auf der Basis des Gebietsstandes vom 1. 1. 1975. Tabelle 2.2 nimmt in den Spalten 2 und 3 auf diese unterschiedlichen Definitionen der Arbeitsmarktregionen Bezug.

In Spalte 19 der Tabelle 2.2 sind die absoluten Differenzen (absolute Fehler), in Spalte 20 die relativen Differenzen (relative Fehler) zwischen den prognostizierten und den effektiven Arbeitsplatzbeständen für jedes der 106 Vergleichsgebiete angegeben. Bei der Berechnung des mittleren Fehlers mußte berücksichtigt werden, daß sich positive und negative Fehler kompensieren, denn Prognosefehler können bei dem hier angewandten Prognose-Ansatz nur auf einer Fehleinschätzung der Standorteinflüsse, nicht dagegen der standortneutralen Beschäftigtenbestände beruhen. Das arithmetische Mittel über sämtliche relativen Fehler hätte daher zu einem zu geringen Wert geführt. Aus diesem Grunde wurde von der Formel

$$\bar{F} = \frac{1}{106} \sum_{r=1}^{106} |F^r| \tag{2.2}$$

ausgegangen, in der der durchschnittliche Fehler $\bar{F}$ als arithmetisches Mittel der *Beträge* der relativen Fehler für die einzelnen Vergleichsgebiete berechnet wird. Wie Tabelle 2.3 zeigt, beträgt das arithmetische Mittel der Beträge aller relativen Fehler 7,1 vH. Dieser Wert hängt allerdings von dem Grad der intertemporalen Vergleichbarkeit der Gebiete ab: Legt man nur die Gebiete mit guter Vergleichbarkeit zugrunde, so ergibt sich ein Fehler von 6,6 vH, bei den Gebieten mit mittlerer bzw. ungenügender Vergleichbarkeit ein Fehler von 7,2 vH bzw. 7,8 vH. Wie erwartet ist der Fehler umso größer, je stärker sich die Außengrenzen der Vergleichsgebiete im Zeitablauf änderten.

Die Aussagefähigkeit des arithmetischen Mittels ist dadurch beschränkt, daß alle Gebiete mit gleichem Gewicht in die Fehlerberechnung eingehen. Da bei kleinen Gebieten die relativen Prognosefehler naturgemäß meist größer sind als bei großen Arbeitsmarktregionen (Fehlerkompensation), können schon wenige Ausreißer das arithmetische Mittel so stark verzerren, daß es seine Aussagefähigkeit verliert. Aus diesem Grunde wurde

Tabelle 2.3

Berechnung des gewogenen Durchschnitts der relativen Fehler

Intertemporale Vergleichbarkeit d. Gebietsstandes	Zahl der Gebiete mit			Beschäftigtenbestand der Gebiete mit			gewogener[1] Durchschnitt			arithmet. Mittel d. relativen Fehler 3) in vH
	positivem Fehler	negativem Fehler	insgesamt	positivem Fehler	negativem Fehler	insgesamt	positiver Fehlerbereich	negativer Fehlerbereich	insgesamt	
gut	30	21	51	1516570	1918615	3435185	4,2(5,4)	-3,3(-4,9)	3,7(5,2)	6,6
mittel	16	9	25	1919987	703238	2623255	6,8(8,0)	-5,5(-5,7)	6,5(7,3)	7,2
ungenügend	11	19	30	771613	1578538	2350151	8,4(4,2)	-4,4(-6,5)	5,7(5,2)	7,8
Alle Vergleichsgebiete	57	49	106	4208170	4200391	8408561[2]	6,1(6,1)	-4,1(-5,6)	5,1(5,9)	7,1
Alle Arbeitsmarktregionen	-	-	178	-	-	8672393[2]	-	-	-	-

1) Als Gewichte wurden die Beschäftigtenbestände der Gebiete im Jahre 1970 verwendet.
2) Die Zahl der Beschäftigten in den nicht kontrollierten Gebieten ist geringfügig höher als sich aus den letzten beiden Zahlen in Spalte 6 ergibt, weil einige Arbeitsmarktregionen jeweils mehreren Kontrollgebieten zugeordnet wurden.
3) Arithmetisches Mittel der Beträge der relativen Fehler (Vermeidung des Saldierungseffektes zwischen positiven und negativen Fehlern).
4) Die in Klammern angegebenen Fehler ergeben sich, wenn die strukturbedingten Besschäftigtenbestände (Tabelle 2.2, Spalte 14) als Prognosewerte verwendet werden.

auch der gewogene Durchschnitt der relativen Fehler berechnet, und zwar getrennt für die Regionen mit positiven Fehlern und mit negativen Fehlern. Als Gewichte wurden hierbei die Beschäftigtenbestände der Vergleichsgebiete zum Basiszeitpunkt der Prognose herangezogen. Der gewogene Durchschnitt der relativen positiven bzw. negativen Fehler $\overline{F}_{g,+}$ bzw. $\overline{F}_{g,-}$ ist somit

(2.3) $$\overline{F}_{g,+} = \sum_r \frac{A^r(70)}{\sum_r A^r(70)} \cdot F^r \text{, für alle r mit } F^r > 0$$

$$\overline{F}_{g,-} = \sum_r \frac{A^r(70)}{\sum_r A^r(70)} \cdot F^r \text{, für alle r mit } F^r < 0$$

Läßt man analog zu Gleichung (2.2) das Vorzeichen des relativen Fehlers unberücksichtigt, so ergibt sich folgende Definition für den gewogenen Durchschnitt des gesamten relativen Fehlers:

(2.4) $$\overline{F}_g = \sum_r \frac{A^r(70)}{\sum_r A^r(70)} \cdot |F^r|, \; r \varepsilon \{1, \ldots, 106\}$$

In Tabelle 2.3 sind die entsprechenden Ergebnisse wiedergegeben. Die *gewogene* durchschnittliche positive Fehlerabweichung beträgt bei den Gebieten mit guter intertemporaler Vergleichbarkeit 4,2 vH, die negative – 3,3 vH. Bei den Gebieten mit nur mittlerer intertemporaler Vergleichbarkeit betragen die Abweichungen im Mittel 6,8 vH bzw. – 5,5 vH. Auch hier zeigt sich, daß die Fehler umso größer sind, je stärker sich die Gebietsgrenzen änderten.

Insgesamt ergibt sich, daß der Standortfaktor in den Regionen hinsichtlich seines *Vorzeichens* relativ gut, hinsichtlich seiner *Intensität* weniger gut prognostiziert wurde: In 75 vH aller Fälle war das Vorzeichen des Standortfaktors richtig (vgl. Tabelle 2.4). Die besonders gravierenden Schätzfehler hinsichtlich der Intensität des Standorteinflusses beruhen mit großer Wahrscheinlichkeit auf regionalen Sonderentwicklungen (Betriebsgründungen, -erweiterungen, -schließungen), die einmaligen Charakter haben, und die in wie auch immer gearteten formalen Prognoseansätzen naturgemäß nicht berücksichtigt werden können. Sie schlagen umso stärker durch, je kleiner die Prognoseräume sind. Um derartige meist nur einmal auftretende Ereignisse prognostizieren zu können, müßten zusätzliche Informationen verfügbar sein, die in qualitativer und quantitativer Hinsicht weit über das hinausgehen, was von der amtlichen Regionalstatistik an Daten zur Verfügung gestellt wird.

Aufschlußreich im Hinblick auf die Frage, ob sich die relativ aufwendige Berechnung von sektorspezifischen Standortfaktoren in Anbetracht der

Fehlerspielräume lohnt, ist eine Fehlerrechnung, bei der die fiktiven standortneutralen Beschäftigtenbestände (Tabelle 2.2, Spalte 14) als Pronosewerte verwendet wurden: In diesem Fall ergeben sich *größere* Durchschnittsfehler. Die durchschnittliche gewogene positive Abweichung steigt von 4,2 auf 5,4 vH, die negative von – 3,3 auf – 4,9 vH (vgl. Tabelle 2.3).

Tabelle 2.4

Prognostiziertes und effektives Vorzeichen des Standortfaktors

Intertemporale Vergleichbarkeit des Gebietsstandes	Anzahl der Gebiete mit ...		
	richtiger Prognose des Vorzeichens des Standortfaktors	falscher Prognose des Vorzeichens des Standortfaktors	insgesamt
gut	38	13	51
mittel	19	6	25
ungenügend	19	11	30
insgesamt	76	30	106

4. Schlußfolgerungen

Es ist nur unter Vorbehalten möglich, aus den durchschnittlichen relativen Fehlern, die das Prognoseverfahren bei einer Ex-post-Prognose für die Industriesektoren gezeigt hat, darauf zu schließen, wie groß die Fehler sein würden, wenn sämtliche Sektoren in den Regionen in die Kontrolle einbezogen werden könnten. Obwohl es wahrscheinlich ist, daß sich bei Einbeziehung sämtlicher Sektoren geringere Fehlerabweichungen zeigen würden, geben die ermittelten durchschnittlichen gewogenen Fehlerabweichungen von 4,2 vH nach oben und – 3,3 vH nach unten Anlaß, das Prognoseverfahren weiter zu verbessern. Dabei ist jedoch zu bedenken, daß man mit schematischen Prognose-Ansätzen keine bedeutenden Fortschritte mehr wird erzielen können, zumal das Vorzeichen der regionalen Standortfaktoren bereits mit dem vorhandenen Verfahren in 75 vH aller Fälle richtig prognostiziert wurde. Eine ins Gewicht fallende Steigerung der Qualität der Ergebnisse setzt vielmehr voraus, daß wesentlich mehr Informationen als bisher in die Analyse einbezogen werden können. Hierbei wäre als Ziel u. a. die Ableitung regionaler Investitionsfunktionen und die Verknüpfung der Angebots- und Nachfrageseite in einem simultanen Modell anzusteuern – eine Aufgabe, die parallel zu den vorliegenden Arbeiten vorangetrieben wurde[12].

[12] Vgl. Fußnote 2 auf Seite 9.

In diesem Zusammenhang haben Informationen über geplante Betriebsansiedlungen, -erweiterungen bzw. -stillegungen eine große Bedeutung, da es sich in diesen Fällen um Vorgänge handelt, die sich meist nicht wiederholen, so daß sie naturgemäß mit formalisierten Prognosemodellen kaum vorauszusagen sind. Über derartige Veränderungen sind indessen die Planungsträger in den Bundesländern oft schon deshalb gut unterrichtet, weil die entsprechenden Investitionsprojekte mit öffentlicher Förderung durchgeführt werden. Die Einspeisung dieser Informationen würde daher vermutlich zu einer nicht unbeträchtlichen Verbesserung der Vorausschätzungen führen.

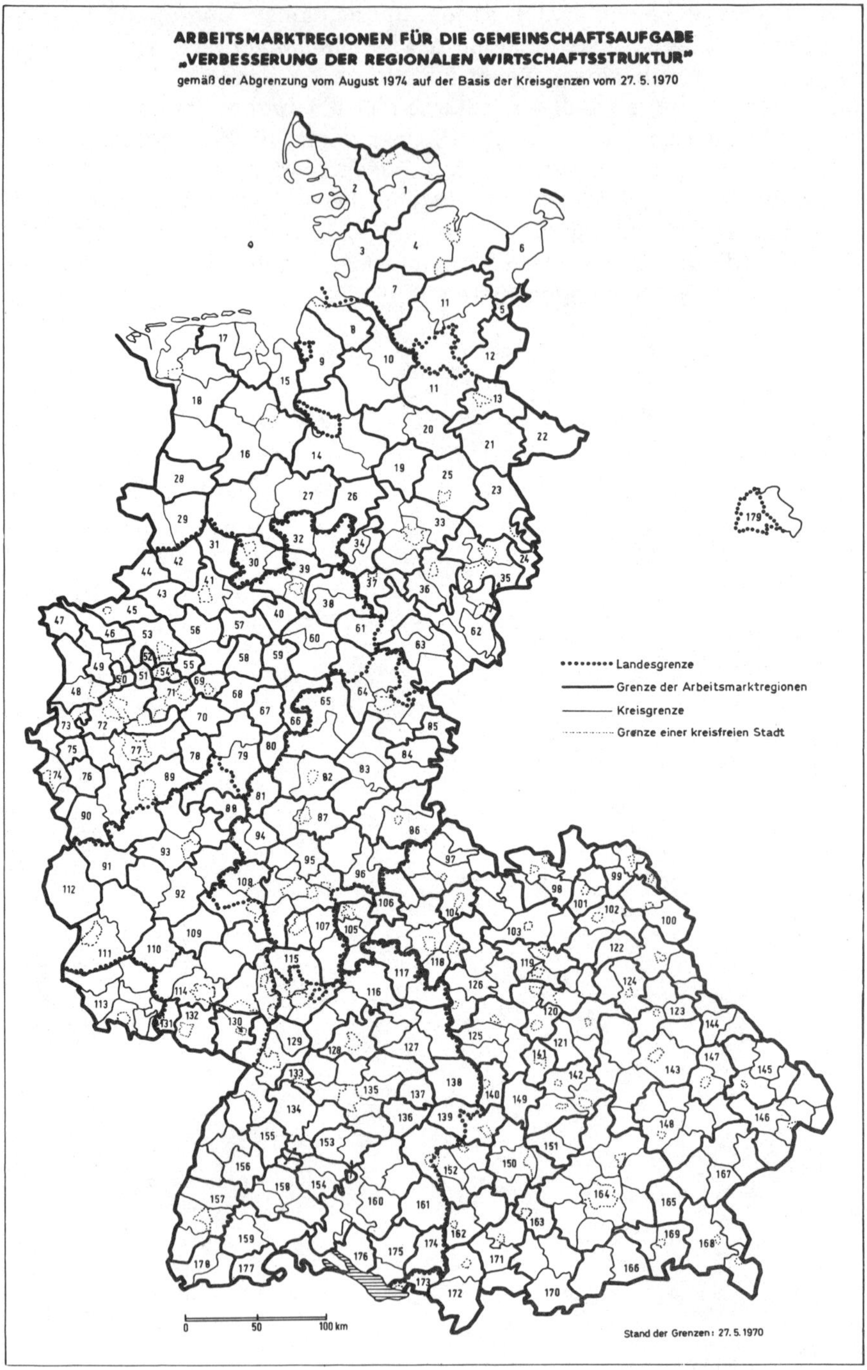
ARBEITSMARKTREGIONEN FÜR DIE GEMEINSCHAFTSAUFGABE
„VERBESSERUNG DER REGIONALEN WIRTSCHAFTSSTRUKTUR"
gemäß der Abgrenzung vom August 1974 auf der Basis der Kreisgrenzen vom 27. 5. 1970
Landesgrenze
Grenze der Arbeitsmarktregionen
Kreisgrenze
Grenze einer kreisfreien Stadt
0
50
100 km
Stand der Grenzen: 27. 5. 1970

ARBEITSMARKTREGIONEN FÜR DIE GEMEINSCHAFTSAUFGABE „VERBESSERUNG DER REGIONALEN WIRTSCHAFTSSTRUKTUR"

gemäß der Abgrenzung vom Mai 1976 auf der Basis der Kreisgrenzen vom 1. 1. 1975

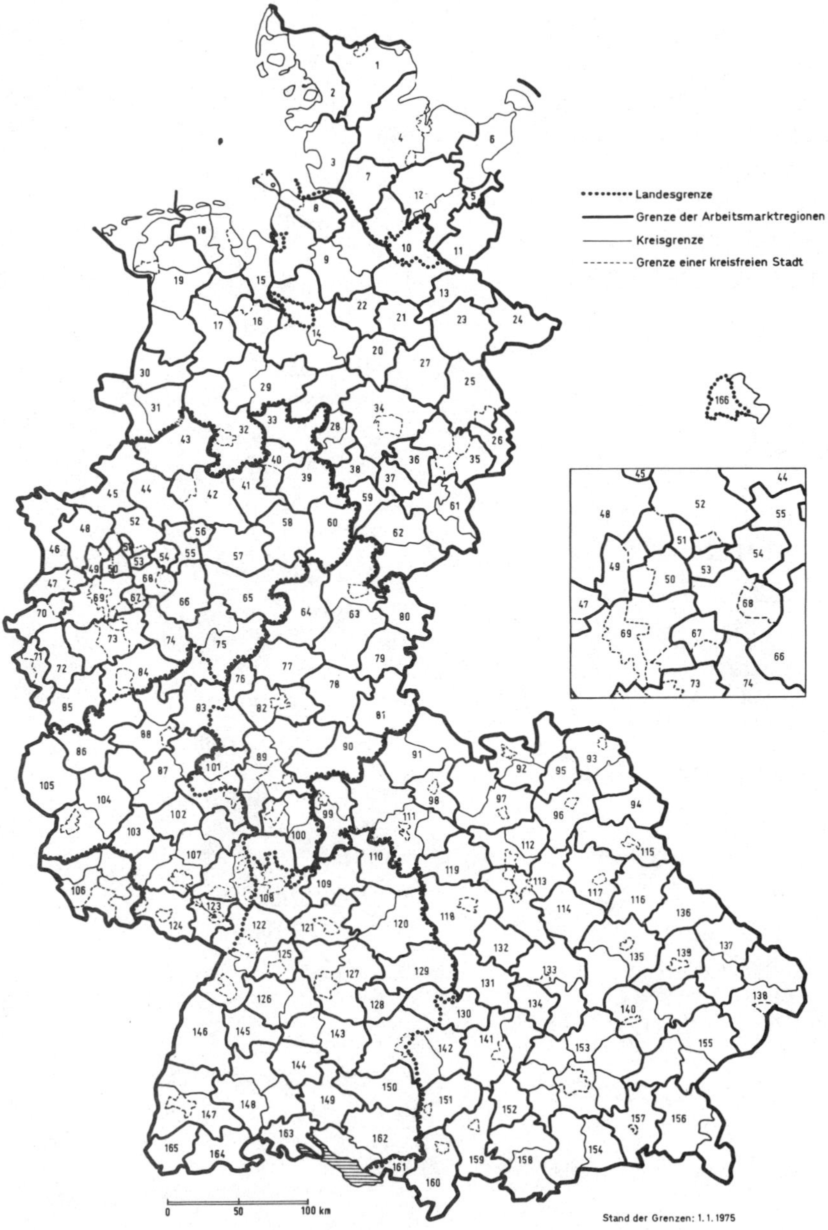

Zuordnung der Kreise zu den Arbeitsmarktregionen nach dem Gebietsstand vom 1. 1. 1975

(Abgrenzung vom Mai 1976)

1 FLENSBURG – SCHLESWIG

FLENSBURG
SCHLESWIG – FLENSBURG

2 NORDFRIESLAND

NORDFRIESLAND

3 HEIDE – MELDORF

DITHMARSCHEN

4 KIEL – NEUMÜNSTER

KIEL
NEUMÜNSTER
PLÖN
RENDSBURG – ECKERNFÖRDE

5 LÜBECK

LÜBECK

6 OSTHOLSTEIN

OSTHOLSTEIN

7 ITZEHOE

STEINBURG

8 CUXHAVEN

CUXHAVEN
LAND HADELN

9 BREMERHAVEN – STADE – BREMERVÖRDE

BREMERVÖRDE
STADE
WESERMÜNDE
BREMERHAVEN

10 HAMBURG

PINNEBERG
HAMBURG
HARBURG

11 HERZOGTUM LAUENBURG

HERZOGTUM LAUENBURG

12 SEGEBERG – STORMARN

SEGEBERG
STORMARN

13 LÜNEBURG

LÜNEBURG

14 BREMEN

GRAFSCHAFT HOYA
OSTERHOLZ
VERDEN
DELMENHORST
BREMEN

15 UNTERWESER

WESERMARSCH

16 OLDENBURG

OLDENBURG (OLDENBURG) KfS
OLDENBURG (OLDENBURG) LK

17 CLOPPENBURG

AMMERLAND
CLOPPENBURG

18 WILHELMSHAVEN

WITTMUND
WILHELMSHAVEN
FRIESLAND

19 EMDEN – LEER

ASCHENDORF – HÜMMLING
EMDEN
AURICH (OSTFRIESLAND)
LEER
NORDEN

20 FALLINGBOSTEL

FALLINGBOSTEL

21 SOLTAU

SOLTAU

22 ROTENBURG

ROTENBURG (WÜMME)

23 UELZEN

UELZEN

24 LÜCHOW – DANNENBERG

LÜCHOW – DANNENBERG

25 WOLFSBURG

WOLFSBURG
GIFHORN

26 HELMSTEDT

HELMSTEDT

27 CELLE

CELLE

28 NIENBURG – GRAFSCHAFT–
SCHAUMBURG

GRAFSCHAFT SCHAUMBURG
NIENBURG (WESER)
SCHAUMBURG-LIPPE

29 VECHTA – DIEPHOLZ

GRAFSCHAFT DIEPHOLZ
VECHTA

30 MEPPEN

MEPPEN

31 LINGEN – NORDHORN –
RHEINE

GRAFSCHAFT BENTHEIM
LINGEN

32 OSNABRÜCK

OSNABRÜCK KfS
OSNABRÜCK LK

33 MINDEN – LÜBBECKE

MINDEN – LÜBBECKE

34 HANNOVER

HANNOVER KfS
HANNOVER LK

35 BRAUNSCHWEIG – SALZGITTER

BRAUNSCHWEIG
SALZGITTER
WOLFENBÜTTEL
PEINE

36 HILDESHEIM

HILDESHEIM

37 ALFELD

ALFELD (LEINE)

38 HAMELN

HAMELN – PYRMONT

39 DETMOLD – LEMGO

LIPPE

40 BIELEFELD

BIELEFELD
HERFORD

41 RHEDA – WIEDENBRÜCK –
GÜTERSLOH

GÜTERSLOH

42 MÜNSTER

MÜNSTER (WESTF.)
WARENDORF

43 STEINFURT

STEINFURT

44 COESFELD

COESFELD

45 AHAUS – BORKEN

BORKEN

46 KLEVE – EMMERICH

KLEVE

47 KREFELD

KREFELD
VIERSEN

48 WESEL – MOERS

WESEL

49 DUISBURG – OBERHAUSEN

DUISBURG
OBERHAUSEN

50 ESSEN – MÜLHEIM

ESSEN
MÜLHEIM A. D. RUHR

51 GELSENKIRCHEN

GELSENKIRCHEN

52 RECKLINGHAUSEN

BOTTROP
RECKLINGHAUSEN
HERNE

53 BOCHUM

BOCHUM

54 DORTMUND

DORTMUND

55 LÜDINGHAUSEN – UNNA

UNNA

56 HAMM – BECKUM

HAMM

57 SOEST

SOEST

58 PADERBORN

PADERBORN

59 HOLZMINDEN

HOLZMINDEN

60 HÖXTER

HÖXTER

61 HARZ

OSTERODE AM HARZ
GANDERSHEIM
GOSLAR

62 GÖTTINGEN

GÖTTINGEN
NORTHEIM

63 KASSEL

KASSEL KfS
KASSEL LK
SCHWALM-EDER-KREIS

64 KORBACH

WALDECK-FRANKENBERG

65 HOCHSAUERLAND

HOCHSAUERLANDKREIS

66 ISERLOHN – LÜDENSCHEID

MÄRKISCHER KREIS

67 WUPPERTAL

REMSCHEID
WUPPERTAL

68 HAGEN

HAGEN
ENNEPE-RUHR-KREIS

69 DÜSSELDORF – NEUSS – SOLINGEN

DÜSSELDORF
SOLINGEN
METTMANN
NEUSS

70 MÖNCHENGLADBACH – RHEYDT

MÖNCHENGLADBACH
HEINSBERG

71 AACHEN

AACHEN KfS
AACHEN LK

72 JÜLICH – DÜREN

DÜREN

73 KÖLN – LEVERKUSEN

KÖLN
LEVERKUSEN
ERFTKREIS
RHEINISCH-BERGISCHER KREIS

74 GUMMERSBACH

OBERBERGISCHER KREIS

75 SIEGEN – HÜTTENTAL

OLPE
SIEGEN
ALTENKIRCHEN (WESTERWALD)

76 DILLENBURG

DILLKREIS

77 MARBURG

MARBURG-BIEDENKOPF

78 ALSFELD – ZIEGENHAIN

VOGELSBERGKREIS

79 BAD HERSFELD – ROTENBURG

HERSFELD-ROTENBURG

80 ESCHWEGE

WERRA-MEISSNER-KREIS

81 FULDA

FULDA

82 GIESSEN – WETZLAR

GIESSEN KfS
GIESSEN LK
WETZLAR

83 LIMBURG – WESTERWALD

LIMBURG-WEILBURG
WESTERWALDKREIS

84 BONN

BONN
RHEIN-SIEG-KREIS
AHRWEILER

85 EUSKIRCHEN – SCHLEIDEN

EUSKIRCHEN

86 DAUN

DAUN

87 MOSEL – HUNSRÜCK – LAHN

COCHEM-ZELL
RHEIN-HUNSRÜCK-KREIS
RHEIN-LAHN-KREIS

88 KOBLENZ

KOBLENZ
MAYEN-KOBLENZ
NEUWIED

89 FRANKFURT

FRANKFURT (MAIN)
OFFENBACH (MAIN) KfS
GROSS-GERAU
MAIN-TAUNUS-KREIS
OFFENBACH LK
HOCHTAUNUSKREIS
WETTERAUKREIS

90 GELNHAUSEN – SCHLÜCHTERN

MAIN-KINZIG-KREIS

91 BAD KISSINGEN – BAD NEUSTADT

BAD KISSINGEN
RHÖN-GRABFELD

92 COBURG

COBURG KfS
COBURG LK
KRONACH
LICHTENFELS

93 HOF – MARKTREDWITZ – WUNSIEDEL

HOF KfS
HOF LK
WUNSIEDEL I. FICHTELGEBIRGE

94 TIRSCHENREUTH

TIRSCHENREUTH

95 KULMBACH

KULMBACH

96 BAYREUTH

BAYREUTH KfS
BAYREUTH LK

97 BAMBERG

BAMBERG KfS
BAMBERG LK
HASSBERGE

98 SCHWEINFURT

SCHWEINFURT KfS
SCHWEINFURT LK

99 ASCHAFFENBURG

ASCHAFFENBURG KfS
ASCHAFFENBURG LK
MILTENBERG

100 DARMSTADT

DARMSTADT KfS
DARMSTADT LK
DIEBURG
ODENWALDKREIS

101 WIESBADEN – MAINZ

WIESBADEN
RHEINGAUKREIS
UNTERTAUNUSKREIS
MAINZ
MAINZ-BINGEN

102 BAD KREUZNACH

BAD KREUZNACH

103 IDAR – OBERSTEIN

BIRKENFELD

104 TRIER

TRIER
BERNKASTEL-WITTLICH
TRIER-SAARBURG

105 BITBURG – PRÜM

BITBURG-PRÜM

106 SAARBRÜCKEN

SAARBRÜCKEN
MERZIG-WADERN
NEUNKIRCHEN
SAARLOUIS
SAAR-PFALZ-KREIS
SANKT WENDEL

107 KAISERSLAUTERN

KAISERSLAUTERN KfS
ALZEY-WORMS
DONNERSBERGKREIS
KAISERSLAUTERN LK
KUSEL

108 RHEIN – NECKAR

BERGSTRASSE
FRANKENTHAL (PFALZ)
LUDWIGSHAFEN AM RHEIN KfS
NEUSTADT AN DER WEINSTRASSE
SPEYER
WORMS
BAD DÜRKHEIM
LUDWIGSHAFEN LK
HEIDELBERG
MANNHEIM
RHEIN-NECKAR-KREIS

109 BUCHEN

NECKAR-ODENWALD-KREIS

110 MAIN–TAUBER–KREIS

MAIN-TAUBER-KREIS

111 WÜRZBURG – LOHR A. MAIN

WÜRZBURG KfS
KITZINGEN
MAIN-SPESSART
WÜRZBURG LK

112 ERLANGEN – FORCHHEIM

FORCHHEIM
ERLANGEN
ERLANGEN-HÖCHSTADT

113 NÜRNBERG – FÜRTH

FÜRTH KfS
NÜRNBERG
SCHWABACH
FÜRTH LK
NÜRNBERGER LAND
ROTH

114 NEUMARKT I. D. OPF.

NEUMARKT I. D. OPF.

115 WEIDEN I. D. OPF.

WEIDEN I. D. OPF.
NEUSTADT A. D. WALDNAAB

116 SCHWANDORF I. BAY.

SCHWANDORF

117 AMBERG

AMBERG
AMBERG-SULZBACH

118 ANSBACH

ANSBACH KfS
ANSBACH LK

119 NEUSTADT – BAD WINDSHEIM

NEUSTADT A. D. AISCH – BAD WINDS-HEIM

120 SCHWÄBISCH HALL – CRAILS-HEIM

HOHENLOHEKREIS
SCHWÄBISCH HALL

121 HEILBRONN

HEILBRONN KfS
HEILBRONN LK

122 KARLSRUHE – BADEN-BADEN

GERMERSHEIM
BADEN-BADEN
KARLSRUHE KfS
KARLSRUHE LK
RASTATT

123 LANDAU I. D. PFALZ

LANDAU I. D. PFALZ
LANDAU – BAD BERGZABERN

124 ZWEIBRÜCKEN – PIRMASENS

PIRMASENS KfS
ZWEIBRÜCKEN
PIRMASENS LK

125 PFORZHEIM

PFORZHEIM
ENZKREIS

126 SINDELFINGEN – BÖBLINGEN – CALW

BÖBLINGEN
CALW

127 STUTTGART

STUTTGART
ESSLINGEN
LUDWIGSBURG
REMS-MURR-KREIS

128 GÖPPINGEN

GÖPPINGEN

129 AALEN – SCHWÄBISCH GMÜND

OSTALBKREIS

130 HEIDENHEIM – DILLINGEN

HEIDENHEIM
DILLINGEN A. D. DONAU

131 NÖRDLINGEN – DONAUWÖRTH

DONAU-RIES

132 WEISSENBURG I. BAY.

WEISSENBURG-GUNZENHAUSEN

133 INGOLSTADT

INGOLSTADT
EICHSTÄTT
PFAFFENHOFEN A. D. ILM

134 AICHACH – SCHROBENHAUSEN

NEUBURG-SCHROBENHAUSEN

135 REGENSBURG

KELHEIM
REGENSBURG KfS
REGENSBURG LK

136 CHAM

CHAM

137 DEGGENDORF

DEGGENDORF
REGEN

138 PASSAU

PASSAU KfS
FREYUNG-GRAFENAU
PASSAU LK

139 STRAUBING

STRAUBING
STRAUBING-BOGEN

140 LANDSHUT

LANDSHUT KfS
LANDSHUT LK
DINGOLFING-LANDAU

141 AUGSBURG

AUGSBURG KfS
AICHACH-FRIEDBERG
AUGSBURG LK

142 ULM

ULM
ALB-DONAU-KREIS
GÜNZBURG
NEU-ULM

143 TÜBINGEN – REUTLINGEN

REUTLINGEN
TÜBINGEN

144 BALINGEN

ZOLLERNALBKREIS

145 FREUDENSTADT

FREUDENSTADT

146 MITTELBADEN

ORTENAUKREIS

147 FREIBURG

FREIBURG IM BREISGAU
BREISGAU-HOCHSCHWARZWALD
EMMENDINGEN

148 SCHWARZWALD – BAAR – DONAUESCHINGEN

ROTTWEIL
SCHWARZWALD-BAAR-KREIS
TUTTLINGEN

149 SIGMARINGEN

SIGMARINGEN

150 BIBERACH

BIBERACH

151 MEMMINGEN

MEMMINGEN
UNTERALLGÄU

152 LANDSBERG A. LECH

LANDSBERG A. LECH

153 MÜNCHEN

MÜNCHEN KfS
DACHAU
EBERSBERG
ERDING
FREISING
FÜRSTENFELDBRUCK
MÜNCHEN LK
STARNBERG

154 BAD TÖLZ

BAD TÖLZ-WOLFRATSHAUSEN
MIESBACH

155 MÜHLDORF-ALTÖTTING

ALTÖTTING
MÜHLDORF A. INN
ROTTAL-INN

156 TRAUNSTEIN – BAD REICHENHALL

BERCHTESGADENER LAND
TRAUNSTEIN

157 ROSENHEIM

ROSENHEIM KfS
ROSENHEIM LK

158 GARMISCH-PARTENKIRCHEN – SCHONGAU – WEILHEIM

GARMISCH-PARTENKIRCHEN
WEILHEIM-SCHONGAU

159 KAUFBEUREN

KAUFBEUREN
OSTALLGÄU

160 KEMPTEN/ALLGÄU

KEMPTEN / ALLGÄU
OBERALLGÄU

161 LINDAU (BODENSEE)

LINDAU (BODENSEE)

162 BODENSEE – WANGEN

BODENSEEKREIS
RAVENSBURG

163 KONSTANZ

KONSTANZ

164 WALDSHUT

WALDSHUT

165 HOCHRHEIN

LÖRRACH

166 BERLIN

BERLIN (WEST)

Tabellenanhang

ARBEITSMARKTREGION NR. 1 FLENSBURG - SCHLESWIG

LFD. NR.	SEKTOR	ZAHL DER ARBEITSPLAETZE			
		EFFEKTIVE			STANDORT-NEUTRALE ENTWICKLUNG
		1961	1970	1975	1980
1	LAND- U. FORSTWIRTSCHAFT	22642	14123	11855	9537
2	ENERGIEWIRTSCHAFT	581	750	847	863
3	BERGBAU	0	0	0	0
4	CHEM.IND, MINERALOELVERARB	270	450	493	548
5	GEW. STEINE ERDEN,FK,GLAS	990	754	723	689
6	E- NE-METALLERZ. U. BEARB.	899	274	192	183
7	STAHL- MASCH- FAHRZEUGBAU	4924	6866	6868	7381
8	EL., FEINMECH., EBM-WAREN	1565	3103	3887	4141
9	HOLZ-, PAPIER- U. DRUCKGEW	2770	2806	2615	2575
10	TEXTIL-BEKLEID.- LEDERGEW.	2553	1457	833	818
11	NAHRUNGS- GENUSSMITTELGEW.	6804	6183	6089	6169
12	BAUGEWERBE	9399	9483	7922	7656
13	HANDEL	16429	15320	13507	13895
14	VERKEHR U. NACHRICHTENUEB.	6531	6274	6578	6651
15	KREDITINST.,VERSICHERUNGEN	1498	1978	2113	2325
16	SONSTIGE DIENSTLEISTUNGEN	8068	8467	8116	8571
17	STAAT	9735	16523	22898	24203
18	ORGANISATIONEN O. E.	2566	2950	2988	3196
19	SUMME 1 - 18	98224	97761	98524	99401

ARBEITSMARKTREGION NR. 2 NORDFRIESLAND

LFD. NR.	SEKTOR	ZAHL DER ARBEITSPLAETZE			
		EFFEKTIVE			STANDORT-NEUTRALE ENTWICKLUNG
		1961	1970	1975	1980
1	LAND- U. FORSTWIRTSCHAFT	18237	11253	9389	7554
2	ENERGIEWIRTSCHAFT	351	375	379	386
3	BERGBAU	0	0	0	0
4	CHEM.IND, MINERALOELVERARB	40	30	22	24
5	GEW. STEINE ERDEN,FK,GLAS	425	374	197	188
6	E- NE-METALLERZ. U. BEARB.	432	111	77	73
7	STAHL- MASCH- FAHRZEUGBAU	1259	2445	2859	3073
8	EL., FEINMECH., EBM-WAREN	984	1068	475	506
9	HOLZ-, PAPIER- U. DRUCKGEW	1050	1231	1136	1118
10	TEXTIL-BEKLEID.- LEDERGEW.	832	456	264	259
11	NAHRUNGS- GENUSSMITTELGEW.	2066	1941	1907	1932
12	BAUGEWERBE	7008	5987	4524	4372
13	HANDEL	8647	8729	8042	8273
14	VERKEHR U. NACHRICHTENUEB.	3313	2834	2772	2803
15	KREDITINST.,VERSICHERUNGEN	784	1169	1335	1469
16	SONSTIGE DIENSTLEISTUNGEN	7576	8422	8335	8801
17	STAAT	5846	8416	10609	11213
18	ORGANISATIONEN O. E.	1662	1821	1795	1920
19	SUMME 1 - 18	60512	56662	54117	53964

ARBEITSMARKTREGION NR. 3 HEIDE - MELDORF

LFD. NR.	SEKTOR	ZAHL DER ARBEITSPLAETZE EFFEKTIVE ENTWICKLUNG 1961	1970	1975	STANDORT-NEUTRALE 1980
1	LAND- U. FORSTWIRTSCHAFT	15783	9171	7400	5953
2	ENERGIEWIRTSCHAFT	298	253	224	228
3	BERGBAU	296	7	4	3
4	CHEM.IND, MINERALOELVERARB	2018	1649	1227	1362
5	GEW. STEINE ERDEN,FK,GLAS	358	226	166	158
6	E- NE-METALLERZ. U. BEARB.	343	77	53	51
7	STAHL- MASCH- FAHRZEUGBAU	1478	2429	2649	2847
8	EL., FEINMECH., EBM-WAREN	174	1029	1212	1291
9	HOLZ-, PAPIER- U. DRUCKGEW	1545	1903	1946	1916
10	TEXTIL-BEKLEID.- LEDERGEW.	1101	964	724	711
11	NAHRUNGS- GENUSSMITTELGEW.	3006	2426	2143	2171
12	BAUGEWERBE	4791	4924	4124	3986
13	HANDEL	7870	7389	6539	6727
14	VERKEHR U. NACHRICHTENUEB.	2811	2825	3022	3056
15	KREDITINST.,VERSICHERUNGEN	779	919	921	1013
16	SONSTIGE DIENSTLEISTUNGEN	4090	4344	4190	4424
17	STAAT	4925	5991	6878	7270
18	ORGANISATIONEN O. E.	323	676	923	987
19	SUMME 1 - 18	51989	47202	44345	44154

ARBEITSMARKTREGION NR. 4 KIEL - NEUMUENSTER

LFD. NR.	SEKTOR	ZAHL DER ARBEITSPLAETZE EFFEKTIVE ENTWICKLUNG 1961	1970	1975	STANDORT-NEUTRALE 1980
1	LAND- U. FORSTWIRTSCHAFT	33316	20378	16929	13620
2	ENERGIEWIRTSCHAFT	3238	3114	3118	3176
3	BERGBAU	220	181	167	140
4	CHEM.IND, MINERALOELVERARB	2064	3158	2913	3233
5	GEW. STEINE ERDEN,FK,GLAS	2658	2121	1897	1808
6	E- NE-METALLERZ. U. BEARB.	5952	4630	3421	3262
7	STAHL- MASCH- FAHRZEUGBAU	28099	29238	28285	30397
8	EL., FEINMECH., EBM-WAREN	14006	14477	12716	13546
9	HOLZ-, PAPIER- U. DRUCKGEW	5340	5983	6017	5924
10	TEXTIL-BEKLEID.- LEDERGEW.	13403	6558	4281	4204
11	NAHRUNGS- GENUSSMITTELGEW.	11304	10376	9232	9352
12	BAUGEWERBE	26071	25278	20794	20096
13	HANDEL	45840	40362	34646	35641
14	VERKEHR U. NACHRICHTENUEB.	16825	14945	14948	15114
15	KREDITINST.,VERSICHERUNGEN	6116	8154	8827	9712
16	SONSTIGE DIENSTLEISTUNGEN	25482	27345	26601	28091
17	STAAT	28898	46504	62726	66299
18	ORGANISATIONEN O. E.	4091	4888	5061	5413
19	SUMME 1 - 18	272923	267690	262579	269028

ARBEITSMARKTREGION NR. 5 LUEBECK

LFD. NR.	SEKTOR	ZAHL DER ARBEITSPLAETZE EFFEKTIVE 1961	1970	1975	STANDORT-NEUTRALE ENTWICKLUNG 1980
1	LAND- U. FORSTWIRTSCHAFT	2152	1347	1132	911
2	ENERGIEWIRTSCHAFT	1466	1385	1307	1332
3	BERGBAU	0	0	0	0
4	CHEM.IND, MINERALOELVERARB	950	1377	1211	1344
5	GEW. STEINE ERDEN,FK,GLAS	3572	2706	2155	2053
6	E- NE-METALLERZ. U. BEARB.	3434	3056	2595	2475
7	STAHL- MASCH- FAHRZEUGBAU	10452	14691	13069	14045
8	EL., FEINMECH., EBM-WAREN	7096	7215	6609	7041
9	HOLZ-, PAPIER- U. DRUCKGEW	5228	4783	3882	3822
10	TEXTIL-BEKLEID.- LEDERGEW.	2890	1733	1056	1037
11	NAHRUNGS- GENUSSMITTELGEW.	5621	4482	3918	3969
12	BAUGEWERBE	9277	8468	6638	6415
13	HANDEL	20704	18516	15949	16408
14	VERKEHR U. NACHRICHTENUEB.	8581	9251	10293	10407
15	KREDITINST.,VERSICHERUNGEN	2264	2704	2729	3003
16	SONSTIGE DIENSTLEISTUNGEN	10298	10893	10486	11073
17	STAAT	11087	13441	15402	16279
18	ORGANISATIONEN O. E.	1465	1443	1341	1434
19	SUMME 1 - 18	106537	107491	99772	103048

ARBEITSMARKTREGION NR. 6 OSTHOLSTEIN

LFD. NR.	SEKTOR	ZAHL DER ARBEITSPLAETZE EFFEKTIVE 1961	1970	1975	STANDORT-NEUTRALE ENTWICKLUNG 1980
1	LAND- U. FORSTWIRTSCHAFT	13285	7458	5904	4750
2	ENERGIEWIRTSCHAFT	367	476	536	546
3	BERGBAU	0	0	0	0
4	CHEM.IND, MINERALOELVERARB	719	810	751	834
5	GEW. STEINE ERDEN,FK,GLAS	734	618	802	764
6	E- NE-METALLERZ. U. BEARB.	398	176	122	116
7	STAHL- MASCH- FAHRZEUGBAU	1004	2550	2982	3205
8	EL., FEINMECH., EBM-WAREN	865	1352	1196	1274
9	HOLZ-, PAPIER- U. DRUCKGEW	1169	1260	1232	1213
10	TEXTIL-BEKLEID.- LEDERGEW.	1448	854	515	506
11	NAHRUNGS- GENUSSMITTELGEW.	3968	3522	3358	3402
12	BAUGEWERBE	6625	6511	5319	5140
13	HANDEL	9110	8471	7456	7670
14	VERKEHR U. NACHRICHTENUEB.	3160	2966	3055	3089
15	KREDITINST.,VERSICHERUNGEN	663	870	925	1018
16	SONSTIGE DIENSTLEISTUNGEN	8488	9479	9404	9930
17	STAAT	6909	8734	10244	10828
18	ORGANISATIONEN O. E.	1326	1328	1246	1333
19	SUMME 1 - 18	60238	57435	55047	55618

ARBEITSMARKTREGION NR. 7 ITZEHOE

LFD. NR.	SEKTOR	ZAHL DER ARBEITSPLAETZE EFFEKTIVE 1961	1970	1975	STANDORT-NEUTRALE ENTWICKLUNG 1980
1	LAND- U. FORSTWIRTSCHAFT	10620	7077	6161	4957
2	ENERGIEWIRTSCHAFT	209	281	323	329
3	BERGBAU	0	0	0	0
4	CHEM.IND, MINERALOELVERARB	340	558	504	559
5	GEW. STEINE ERDEN,FK,GLAS	2332	1721	1474	1404
6	E- NE-METALLERZ. U. BEARB.	380	78	54	51
7	STAHL- MASCH- FAHRZEUGBAU	2166	2682	2551	2742
8	EL., FEINMECH., EBM-WAREN	960	1519	1231	1311
9	HOLZ-, PAPIER- U. DRUCKGEW	4471	5533	5627	5540
10	TEXTIL-BEKLEID.- LEDERGEW.	1520	1032	455	447
11	NAHRUNGS- GENUSSMITTELGEW.	2626	2240	2166	2194
12	BAUGEWERBE	4956	4666	3722	3597
13	HANDEL	7453	6483	5498	5656
14	VERKEHR U. NACHRICHTENUEB.	3099	2613	2536	2564
15	KREDITINST.,VERSICHERUNGEN	752	1100	1243	1368
16	SONSTIGE DIENSTLEISTUNGEN	3918	3594	3196	3375
17	STAAT	3692	5136	6353	6715
18	ORGANISATIONEN O. E.	369	468	500	535
19	SUMME 1 - 18	49863	46781	43594	43344

ARBEITSMARKTREGION NR. 8 CUXHAVEN

LFD. NR.	SEKTOR	ZAHL DER ARBEITSPLAETZE EFFEKTIVE 1961	1970	1975	STANDORT-NEUTRALE ENTWICKLUNG 1980
1	LAND- U. FORSTWIRTSCHAFT	12398	8009	6858	5518
2	ENERGIEWIRTSCHAFT	235	216	202	206
3	BERGBAU	121	105	103	86
4	CHEM.IND, MINERALOELVERARB	22	98	112	124
5	GEW. STEINE ERDEN,FK,GLAS	801	608	550	524
6	E- NE-METALLERZ. U. BEARB.	261	239	206	196
7	STAHL- MASCH- FAHRZEUGBAU	1954	1661	1571	1689
8	EL., FEINMECH., EBM-WAREN	375	913	1028	1095
9	HOLZ-, PAPIER- U. DRUCKGEW	932	816	724	713
10	TEXTIL-BEKLEID.- LEDERGEW.	1191	832	559	549
11	NAHRUNGS- GENUSSMITTELGEW.	4597	4734	4716	4778
12	BAUGEWERBE	4024	4043	3346	3234
13	HANDEL	6017	6369	6028	6201
14	VERKEHR U. NACHRICHTENUEB.	2675	2550	2659	2689
15	KREDITINST.,VERSICHERUNGEN	502	742	842	926
16	SONSTIGE DIENSTLEISTUNGEN	4035	3801	3431	3623
17	STAAT	3583	4676	5612	5931
18	ORGANISATIONEN O. E.	575	594	572	611
19	SUMME 1 - 18	44298	41006	39119	38693

ARBEITSMARKTREGION NR. 9 BREMERHAVEN - STADE - BREMERVOERDE

LFD. NR.	SEKTOR	ZAHL DER ARBEITSPLAETZE EFFEKTIVE 1961	1970	1975	STANDORT-NEUTRALE ENTWICKLUNG 1980
1	LAND- U. FORSTWIRTSCHAFT	49114	31640	26921	21658
2	ENERGIEWIRTSCHAFT	1118	979	948	966
3	BERGBAU	779	760	776	649
4	CHEM.IND, MINERALOELVERARB	1410	1705	3220	3574
5	GEW. STEINE ERDEN,FK,GLAS	2084	2017	1792	1708
6	E- NE-METALLERZ. U. BEARB.	566	650	641	611
7	STAHL- MASCH- FAHRZEUGBAU	10585	12749	13603	14619
8	EL., FEINMECH., EBM-WAREN	1315	3512	3933	4190
9	HOLZ-, PAPIER- U. DRUCKGEW	3636	2937	2529	2491
10	TEXTIL-BEKLEID.- LEDERGEW.	2466	1973	1433	1407
11	NAHRUNGS- GENUSSMITTELGEW.	9189	10158	10399	10535
12	BAUGEWERBE	14737	15242	13060	12621
13	HANDEL	24583	26529	25462	26194
14	VERKEHR U. NACHRICHTENUEB.	11186	9530	9333	9437
15	KREDITINST.,VERSICHERUNGEN	2267	3182	3516	3869
16	SONSTIGE DIENSTLEISTUNGEN	12968	14909	15070	15914
17	STAAT	13530	18199	22504	23787
18	ORGANISATIONEN O. E.	1831	2736	3228	3452
19	SUMME 1 - 18	163364	159407	158368	157682

ARBEITSMARKTREGION NR. 10 HAMBURG

LFD. NR.	SEKTOR	ZAHL DER ARBEITSPLAETZE EFFEKTIVE 1961	1970	1975	STANDORT-NEUTRALE ENTWICKLUNG 1980
1	LAND- U. FORSTWIRTSCHAFT	38021	25791	22860	18392
2	ENERGIEWIRTSCHAFT	9579	8416	7654	7798
3	BERGBAU	1695	422	331	277
4	CHEM.IND, MINERALOELVERARB	49806	48487	43812	48627
5	GEW. STEINE ERDEN,FK,GLAS	8717	6934	5602	5338
6	E- NE-METALLERZ. U. BEARB.	12314	10595	8978	8562
7	STAHL- MASCH- FAHRZEUGBAU	103419	93416	75696	81349
8	EL., FEINMECH., EBM-WAREN	51163	52824	46611	49655
9	HOLZ-, PAPIER- U. DRUCKGEW	37563	33884	28995	28546
10	TEXTIL-BEKLEID.- LEDERGEW.	26037	14461	8393	8242
11	NAHRUNGS- GENUSSMITTELGEW.	61206	48404	42303	42857
12	BAUGEWERBE	88941	79502	61916	59838
13	HANDEL	213641	218842	203657	209512
14	VERKEHR U. NACHRICHTENUEB.	143389	129489	130635	132087
15	KREDITINST.,VERSICHERUNGEN	35712	48376	52419	57675
16	SONSTIGE DIENSTLEISTUNGEN	128032	140890	138702	146463
17	STAAT	98585	112673	125225	132358
18	ORGANISATIONEN O. E.	15030	22110	25699	27486
19	SUMME 1 - 18	1122850	1095516	1029488	1065062

ARBEITSMARKTREGION NR. 11 HERZOGTUM LAUENBURG

LFD. NR.	SEKTOR	ZAHL DER ARBEITSPLAETZE EFFEKTIVE 1961	1970	1975	STANDORT-NEUTRALE ENTWICKLUNG 1980
1	LAND- U. FORSTWIRTSCHAFT	10248	5900	4737	3811
2	ENERGIEWIRTSCHAFT	254	345	398	405
3	BERGBAU	0	0	0	0
4	CHEM.IND, MINERALOELVERARB	977	1020	846	939
5	GEW. STEINE ERDEN,FK,GLAS	1365	945	742	707
6	E- NE-METALLERZ. U. BEARB.	724	483	349	333
7	STAHL- MASCH- FAHRZEUGBAU	3589	4278	4286	4606
8	EL., FEINMECH., EBM-WAREN	151	363	369	393
9	HOLZ-, PAPIER- U. DRUCKGEW	2260	2538	2387	2350
10	TEXTIL-BEKLEID.- LEDERGEW.	2628	1965	1681	1651
11	NAHRUNGS- GENUSSMITTELGEW.	1634	1390	1186	1202
12	BAUGEWERBE	4441	5057	4483	4332
13	HANDEL	6168	5685	4979	5122
14	VERKEHR U. NACHRICHTENUEB.	1841	1514	1449	1465
15	KREDITINST.,VERSICHERUNGEN	502	637	664	731
16	SONSTIGE DIENSTLEISTUNGEN	3698	3692	3442	3635
17	STAAT	3785	4740	5530	5845
18	ORGANISATIONEN O. E.	902	964	938	1003
19	SUMME 1 - 18	45167	41516	38466	38530

ARBEITSMARKTREGION NR. 12 SEGEBERG - STORMARN

LFD. NR.	SEKTOR	ZAHL DER ARBEITSPLAETZE EFFEKTIVE 1961	1970	1975	STANDORT-NEUTRALE ENTWICKLUNG 1980
1	LAND- U. FORSTWIRTSCHAFT	20531	12661	10561	8496
2	ENERGIEWIRTSCHAFT	437	361	322	328
3	BERGBAU	151	33	20	17
4	CHEM.IND, MINERALOELVERARB	2717	5300	6412	7117
5	GEW. STEINE ERDEN,FK,GLAS	2122	2795	2646	2521
6	E- NE-METALLERZ. U. BEARB.	1166	1169	1079	1029
7	STAHL- MASCH- FAHRZEUGBAU	2843	8524	12339	13261
8	EL., FEINMECH., EBM-WAREN	1052	3198	2427	2586
9	HOLZ-, PAPIER- U. DRUCKGEW	3048	6483	6448	6348
10	TEXTIL-BEKLEID.- LEDERGEW.	4410	3018	1963	1928
11	NAHRUNGS- GENUSSMITTELGEW.	5996	6292	6129	6209
12	BAUGEWERBE	8245	9994	9172	8864
13	HANDEL	11173	15260	16637	17115
14	VERKEHR U. NACHRICHTENUEB.	2987	3199	3555	3594
15	KREDITINST.,VERSICHERUNGEN	809	1641	2216	2438
16	SONSTIGE DIENSTLEISTUNGEN	7180	9519	10391	10972
17	STAAT	5639	8516	11173	11809
18	ORGANISATIONEN O. E.	1606	1982	2089	2234
19	SUMME 1 - 18	82112	99945	105579	106866

ARBEITSMARKTREGION NR. 13 LUENEBURG

LFD. NR.	SEKTOR	ZAHL DER ARBEITSPLAETZE EFFEKTIVE 1961	1970	1975	STANDORT-NEUTRALE ENTWICKLUNG 1980
1	LAND- U. FORSTWIRTSCHAFT	9801	5371	4195	3375
2	ENERGIEWIRTSCHAFT	647	450	362	369
3	BERGBAU	224	0	0	0
4	CHEM.IND, MINERALOELVERARB	732	880	824	915
5	GEW. STEINE ERDEN,FK,GLAS	634	552	444	423
6	E- NE-METALLERZ. U. BEARB.	2043	818	572	545
7	STAHL- MASCH- FAHRZEUGBAU	1930	2728	2699	2901
8	EL., FEINMECH., EBM-WAREN	471	1167	1394	1485
9	HOLZ-, PAPIER- U. DRUCKGEW	2593	1950	1690	1664
10	TEXTIL-BEKLEID.- LEDERGEW.	2096	2082	1679	1649
11	NAHRUNGS- GENUSSMITTELGEW.	1750	2070	2392	2423
12	BAUGEWERBE	4765	4738	3895	3764
13	HANDEL	7182	7629	7230	7438
14	VERKEHR U. NACHRICHTENUEB.	2290	2265	2402	2429
15	KREDITINST.,VERSICHERUNGEN	917	1135	1168	1285
16	SONSTIGE DIENSTLEISTUNGEN	4320	5094	5209	5500
17	STAAT	5265	6887	8232	8701
18	ORGANISATIONEN O. E.	609	969	1176	1258
19	SUMME 1 - 18	48269	46785	45563	46124

ARBEITSMARKTREGION NR. 14 BREMEN

LFD. NR.	SEKTOR	ZAHL DER ARBEITSPLAETZE EFFEKTIVE 1961	1970	1975	STANDORT-NEUTRALE ENTWICKLUNG 1980
1	LAND- U. FORSTWIRTSCHAFT	45211	26809	21915	17630
2	ENERGIEWIRTSCHAFT	4209	4395	4398	4481
3	BERGBAU	187	85	63	53
4	CHEM.IND, MINERALOELVERARB	5642	3916	3298	3660
5	GEW. STEINE ERDEN,FK,GLAS	5052	4057	3379	3219
6	E- NE-METALLERZ. U. BEARB.	7929	8541	8162	7784
7	STAHL- MASCH- FAHRZEUGBAU	55139	50960	43119	46338
8	EL., FEINMECH., EBM-WAREN	14746	19236	19864	21161
9	HOLZ-, PAPIER- U. DRUCKGEW	10631	11195	10689	10524
10	TEXTIL-BEKLEID.- LEDERGEW.	18286	13203	8914	8753
11	NAHRUNGS- GENUSSMITTELGEW.	25502	28828	30525	30925
12	BAUGEWERBE	35910	37051	31289	30238
13	HANDEL	71649	72126	66671	68588
14	VERKEHR U. NACHRICHTENUEB.	56081	52100	53374	53967
15	KREDITINST.,VERSICHERUNGEN	8867	11538	12272	13503
16	SONSTIGE DIENSTLEISTUNGEN	37492	43119	43488	45922
17	STAAT	32972	4[illegible]714	57289	60552
18	ORGANISATIONEN O. E.	5600	[illegible]839	7178	7678
19	SUMME 1 - 18	441105	439912	425887	434976

ARBEITSMARKTREGION NR. 15 UNTERWESER

LFD. NR.	SEKTOR	ZAHL DER ARBEITSPLAETZE EFFEKTIVE 1961	1970	ENTWICKLUNG 1975	STANDORT-NEUTRALE 1980
1	LAND- U. FORSTWIRTSCHAFT	10453	5955	4753	3824
2	ENERGIEWIRTSCHAFT	178	363	457	466
3	BERGBAU	8	16	15	13
4	CHEM.IND, MINERALOELVERARB	344	978	1140	1265
5	GEW. STEINE ERDEN,FK,GLAS	91	77	63	60
6	E- NE-METALLERZ. U. BEARB.	1396	1173	964	919
7	STAHL- MASCH- FAHRZEUGBAU	6739	7723	7050	7577
8	EL., FEINMECH., EBM-WAREN	2369	3103	2671	2845
9	HOLZ-, PAPIER- U. DRUCKGEW	420	710	799	787
10	TEXTIL-BEKLEID.- LEDERGEW.	523	440	323	317
11	NAHRUNGS- GENUSSMITTELGEW.	1619	1446	1470	1489
12	BAUGEWERBE	3028	2631	2006	1939
13	HANDEL	4027	3656	3175	3266
14	VERKEHR U. NACHRICHTENUEB.	2731	3490	4267	4314
15	KREDITINST.,VERSICHERUNGEN	406	507	524	577
16	SONSTIGE DIENSTLEISTUNGEN	2343	2656	2657	2806
17	STAAT	2834	3454	3969	4195
18	ORGANISATIONEN O. E.	324	442	492	526
19	SUMME 1 - 18	39833	38820	36795	37185

ARBEITSMARKTREGION NR. 16 OLDENBURG

LFD. NR.	SEKTOR	ZAHL DER ARBEITSPLAETZE EFFEKTIVE 1961	1970	ENTWICKLUNG 1975	STANDORT-NEUTRALE 1980
1	LAND- U. FORSTWIRTSCHAFT	13329	7611	6087	4897
2	ENERGIEWIRTSCHAFT	857	683	589	600
3	BERGBAU	143	104	95	80
4	CHEM.IND, MINERALOELVERARB	384	428	383	426
5	GEW. STEINE ERDEN,FK,GLAS	1658	1487	1418	1351
6	E- NE-METALLERZ. U. BEARB.	567	492	417	398
7	STAHL- MASCH- FAHRZEUGBAU	1861	4643	5392	5794
8	EL., FEINMECH., EBM-WAREN	3615	4755	4030	4293
9	HOLZ-, PAPIER- U. DRUCKGEW	2068	2176	3168	3118
10	TEXTIL-BEKLEID.- LEDERGEW.	2944	1819	1151	1130
11	NAHRUNGS- GENUSSMITTELGEW.	3416	3394	3413	3458
12	BAUGEWERBE	8433	9105	7907	7642
13	HANDEL	15286	16330	15540	15987
14	VERKEHR U. NACHRICHTENUEB.	7037	6591	6783	6858
15	KREDITINST.,VERSICHERUNGEN	2606	3562	3875	4263
16	SONSTIGE DIENSTLEISTUNGEN	7184	9008	9544	10078
17	STAAT	7884	13094	17764	18776
18	ORGANISATIONEN O. E.	2500	3294	3637	3890
19	SUMME 1 - 18	81772	88576	91193	93039

ARBEITSMARKTREGION NR. 17 CLOPPENBURG

LFD. NR.	SEKTOR	ZAHL DER ARBEITSPLAETZE EFFEKTIVE 1961	1970	1975	STANDORT-NEUTRALE ENTWICKLUNG 1980
1	LAND- U. FORSTWIRTSCHAFT	34644	19277	15189	12220
2	ENERGIEWIRTSCHAFT	234	373	435	443
3	BERGBAU	1818	780	633	529
4	CHEM.IND, MINERALOELVERARB	634	865	860	954
5	GEW. STEINE ERDEN,FK,GLAS	879	1237	1355	1291
6	E- NE-METALLERZ. U. BEARB.	462	755	762	727
7	STAHL- MASCH- FAHRZEUGBAU	1576	5715	6359	6834
8	EL., FEINMECH., EBM-WAREN	1041	871	1126	1200
9	HOLZ-, PAPIER- U. DRUCKGEW	1731	1667	1523	1500
10	TEXTIL-BEKLEID.- LEDERGEW.	2393	2542	2268	2227
11	NAHRUNGS- GENUSSMITTELGEW.	2969	4141	5050	5116
12	BAUGEWERBE	6486	7617	6894	6663
13	HANDEL	7306	8852	9050	9311
14	VERKEHR U. NACHRICHTENUEB.	2096	2127	2304	2330
15	KREDITINST.,VERSICHERUNGEN	623	897	1005	1106
16	SONSTIGE DIENSTLEISTUNGEN	3374	4370	4712	4976
17	STAAT	3085	3739	4301	4546
18	ORGANISATIONEN O. E.	941	1265	1399	1496
19	SUMME 1 - 18	72292	67090	65225	63469

ARBEITSMARKTREGION NR. 18 WILHELMSHAVEN

LFD. NR.	SEKTOR	ZAHL DER ARBEITSPLAETZE EFFEKTIVE 1961	1970	1975	STANDORT-NEUTRALE ENTWICKLUNG 1980
1	LAND- U. FORSTWIRTSCHAFT	18082	10429	8395	6754
2	ENERGIEWIRTSCHAFT	580	488	458	466
3	BERGBAU	0	57	45	38
4	CHEM.IND, MINERALOELVERARB	218	225	202	224
5	GEW. STEINE ERDEN,FK,GLAS	2616	1872	1572	1498
6	E- NE-METALLERZ. U. BEARB.	1625	837	586	559
7	STAHL- MASCH- FAHRZEUGBAU	15922	17015	15202	16337
8	EL., FEINMECH., EBM-WAREN	1564	1725	1539	1639
9	HOLZ-, PAPIER- U. DRUCKGEW	2653	2557	2118	2085
10	TEXTIL-BEKLEID.- LEDERGEW.	5445	3603	2644	2596
11	NAHRUNGS- GENUSSMITTELGEW.	2808	2668	2574	2608
12	BAUGEWERBE	9432	8338	6460	6243
13	HANDEL	12853	13287	12405	12762
14	VERKEHR U. NACHRICHTENUEB.	4027	3819	3957	4001
15	KREDITINST.,VERSICHERUNGEN	1243	1711	1890	2079
16	SONSTIGE DIENSTLEISTUNGEN	8247	9815	10092	10657
17	STAAT	8456	15840	22957	24266
18	ORGANISATIONEN O. E.	1647	2177	2476	2648
19	SUMME 1 - 18	97418	96463	95572	97460

ARBEITSMARKTREGION NR. 19 EMDEN - LEER

LFD. NR.	SEKTOR	ZAHL DER ARBEITSPLAETZE EFFEKTIVE 1961	1970	ENTWICKLUNG 1975	STANDORT-NEUTRALE 1980
1	LAND- U. FORSTWIRTSCHAFT	55543	29157	22269	17916
2	ENERGIEWIRTSCHAFT	1150	1252	1311	1335
3	BERGBAU	1471	606	525	438
4	CHEM.IND, MINERALOELVERARB	698	1721	1810	2009
5	GEW. STEINE ERDEN,FK,GLAS	1450	1146	1074	1024
6	E- NE-METALLERZ. U. BEARB.	937	500	396	378
7	STAHL- MASCH- FAHRZEUGBAU	11243	24568	28214	30320
8	EL., FEINMECH., EBM-WAREN	1323	2299	2264	2412
9	HOLZ-, PAPIER- U. DRUCKGEW	3022	3440	3291	3240
10	TEXTIL-BEKLEID.- LEDERGEW.	3322	3505	2955	2902
11	NAHRUNGS- GENUSSMITTELGEW.	5758	5348	5213	5282
12	BAUGEWERBE	16356	17078	14448	13964
13	HANDEL	22320	23399	22071	22706
14	VERKEHR U. NACHRICHTENUEB.	11438	9181	8931	9030
15	KREDITINST.,VERSICHERUNGEN	1663	2594	3039	3343
16	SONSTIGE DIENSTLEISTUNGEN	12160	13006	12663	13371
17	STAAT	12850	16967	21018	22215
18	ORGANISATIONEN O. E.	2480	2915	3030	3241
19	SUMME 1 - 18	165184	158682	154522	155126

ARBEITSMARKTREGION NR. 20 FALLINGBOSTEL

LFD. NR.	SEKTOR	ZAHL DER ARBEITSPLAETZE EFFEKTIVE 1961	1970	ENTWICKLUNG 1975	STANDORT-NEUTRALE 1980
1	LAND- U. FORSTWIRTSCHAFT	7063	3920	3084	2481
2	ENERGIEWIRTSCHAFT	95	103	105	107
3	BERGBAU	59	42	73	61
4	CHEM.IND, MINERALOELVERARB	3394	4105	3773	4188
5	GEW. STEINE ERDEN,FK,GLAS	452	478	414	394
6	E- NE-METALLERZ. U. BEARB.	119	94	74	71
7	STAHL- MASCH- FAHRZEUGBAU	272	747	874	939
8	EL., FEINMECH., EBM-WAREN	123	687	773	823
9	HOLZ-, PAPIER- U. DRUCKGEW	870	694	575	566
10	TEXTIL-BEKLEID.- LEDERGEW.	918	452	255	250
11	NAHRUNGS- GENUSSMITTELGEW.	1303	2067	2604	2638
12	BAUGEWERBE	2306	3154	3095	2991
13	HANDEL	2774	2961	2813	2894
14	VERKEHR U. NACHRICHTENUEB.	882	720	686	694
15	KREDITINST.,VERSICHERUNGEN	230	323	357	393
16	SONSTIGE DIENSTLEISTUNGEN	1887	2287	2374	2507
17	STAAT	1398	2059	2628	2778
18	ORGANISATIONEN O. E.	147	297	405	433
19	SUMME 1 - 18	24292	25190	24962	25208

ARBEITSMARKTREGION NR. 21 SOLTAU

LFD. NR.	SEKTOR	ZAHL DER ARBEITSPLAETZE EFFEKTIVE 1961	1970	STANDORT-NEUTRALE ENTWICKLUNG 1975	1980
1	LAND- U. FORSTWIRTSCHAFT	5995	3583	2936	2362
2	ENERGIEWIRTSCHAFT	85	93	95	97
3	BERGBAU	40	43	41	34
4	CHEM.IND, MINERALOELVERARB	30	108	125	139
5	GEW. STEINE ERDEN,FK,GLAS	434	676	621	592
6	E- NE-METALLERZ. U. BEARB.	383	351	303	289
7	STAHL- MASCH- FAHRZEUGBAU	342	749	876	941
8	EL., FEINMECH., EBM-WAREN	179	402	453	483
9	HOLZ-, PAPIER- U. DRUCKGEW	691	549	468	461
10	TEXTIL-BEKLEID.- LEDERGEW.	1280	1269	847	832
11	NAHRUNGS- GENUSSMITTELGEW.	878	984	1030	1043
12	BAUGEWERBE	3428	2658	1903	1839
13	HANDEL	3157	3944	4090	4208
14	VERKEHR U. NACHRICHTENUEB.	1127	1039	1058	1070
15	KREDITINST.,VERSICHERUNGEN	275	409	466	513
16	SONSTIGE DIENSTLEISTUNGEN	2236	2706	2807	2964
17	STAAT	2017	4613	7141	7548
18	ORGANISATIONEN O. E.	223	439	599	641
19	SUMME 1 - 18	22800	24615	25859	26056

ARBEITSMARKTREGION NR. 22 ROTENBURG

LFD. NR.	SEKTOR	ZAHL DER ARBEITSPLAETZE EFFEKTIVE 1961	1970	STANDORT-NEUTRALE ENTWICKLUNG 1975	1980
1	LAND- U. FORSTWIRTSCHAFT	9309	5697	4732	3807
2	ENERGIEWIRTSCHAFT	71	92	104	106
3	BERGBAU	1	1	1	1
4	CHEM.IND, MINERALOELVERARB	281	367	351	390
5	GEW. STEINE ERDEN,FK,GLAS	148	132	112	107
6	E- NE-METALLERZ. U. BEARB.	71	57	45	43
7	STAHL- MASCH- FAHRZEUGBAU	685	1178	1243	1336
8	EL., FEINMECH., EBM-WAREN	57	202	227	242
9	HOLZ-, PAPIER- U. DRUCKGEW	767	832	794	782
10	TEXTIL-BEKLEID.- LEDERGEW.	567	438	313	307
11	NAHRUNGS- GENUSSMITTELGEW.	743	732	713	722
12	BAUGEWERBE	1713	1737	1443	1395
13	HANDEL	2514	2767	2675	2752
14	VERKEHR U. NACHRICHTENUEB.	894	790	786	795
15	KREDITINST.,VERSICHERUNGEN	214	328	380	418
16	SONSTIGE DIENSTLEISTUNGEN	1294	1644	1752	1850
17	STAAT	1057	1882	2669	2821
18	ORGANISATIONEN O. E.	918	1414	1685	1802
19	SUMME 1 - 18	21304	20290	20025	19676

ARBEITSMARKTREGION NR. 23 UELZEN

LFD. NR.	SEKTOR	ZAHL DER ARBEITSPLAETZE EFFEKTIVE 1961	1970	ENTWICKLUNG 1975	STANDORT-NEUTRALE 1980
1	LAND- U. FORSTWIRTSCHAFT	13129	7247	5683	4572
2	ENERGIEWIRTSCHAFT	204	194	184	187
3	BERGBAU	0	11	9	8
4	CHEM.IND, MINERALOELVERARB	68	317	369	410
5	GEW. STEINE ERDEN,FK,GLAS	377	301	267	254
6	E- NE-METALLERZ. U. BEARB.	185	117	82	78
7	STAHL- MASCH- FAHRZEUGBAU	1167	1610	1648	1771
8	EL., FEINMECH., EBM-WAREN	322	630	672	716
9	HOLZ-, PAPIER- U. DRUCKGEW	1782	1398	1153	1135
10	TEXTIL-BEKLEID.- LEDERGEW.	1048	892	662	650
11	NAHRUNGS- GENUSSMITTELGEW.	1937	2555	2565	2599
12	BAUGEWERBE	3479	3872	3389	3275
13	HANDEL	6719	6701	6133	6309
14	VERKEHR U. NACHRICHTENUEB.	2710	2258	2177	2201
15	KREDITINST.,VERSICHERUNGEN	540	809	926	1019
16	SONSTIGE DIENSTLEISTUNGEN	2963	3433	3476	3671
17	STAAT	2668	3553	4289	4533
18	ORGANISATIONEN O. E.	386	699	911	974
19	SUMME 1 - 18	39684	36597	34595	34362

ARBEITSMARKTREGION NR. 24 LUECHOW - DANNENBERG

LFD. NR.	SEKTOR	ZAHL DER ARBEITSPLAETZE EFFEKTIVE 1961	1970	ENTWICKLUNG 1975	STANDORT-NEUTRALE 1980
1	LAND- U. FORSTWIRTSCHAFT	11125	6430	5173	4162
2	ENERGIEWIRTSCHAFT	80	83	81	83
3	BERGBAU	0	0	0	0
4	CHEM.IND, MINERALOELVERARB	12	395	460	511
5	GEW. STEINE ERDEN,FK,GLAS	370	291	258	246
6	E- NE-METALLERZ. U. BEARB.	78	78	70	67
7	STAHL- MASCH- FAHRZEUGBAU	707	1929	1868	2008
8	EL., FEINMECH., EBM-WAREN	19	62	70	75
9	HOLZ-, PAPIER- U. DRUCKGEW	487	373	293	288
10	TEXTIL-BEKLEID.- LEDERGEW.	824	541	478	469
11	NAHRUNGS- GENUSSMITTELGEW.	746	665	635	643
12	BAUGEWERBE	1620	1835	1622	1568
13	HANDEL	2483	2600	2443	2513
14	VERKEHR U. NACHRICHTENUEB.	869	737	717	725
15	KREDITINST.,VERSICHERUNGEN	263	329	340	374
16	SONSTIGE DIENSTLEISTUNGEN	1670	1605	1464	1546
17	STAAT	1586	1896	2155	2278
18	ORGANISATIONEN O. E.	188	303	370	396
19	SUMME 1 - 18	23127	20152	18497	17952

ARBEITSMARKTREGION NR. 25 WOLFSBURG

LFD. NR.	SEKTOR	ZAHL DER ARBEITSPLAETZE EFFEKTIVE 1961	1970	ENTWICKLUNG 1975	STANDORT-NEUTRALE 1980
1	LAND- U. FORSTWIRTSCHAFT	17911	9445	7221	5809
2	ENERGIEWIRTSCHAFT	517	789	954	972
3	BERGBAU	604	179	145	122
4	CHEM.IND, MINERALOELVERARB	145	841	789	876
5	GEW. STEINE ERDEN,FK,GLAS	736	757	555	529
6	E- NE-METALLERZ. U. BEARB.	330	159	110	105
7	STAHL- MASCH- FAHRZEUGBAU	39726	64085	69889	75109
8	EL., FEINMECH., EBM-WAREN	417	886	978	1042
9	HOLZ-, PAPIER- U. DRUCKGEW	1729	1440	1400	1378
10	TEXTIL-BEKLEID.- LEDERGEW.	1250	1313	1089	1069
11	NAHRUNGS- GENUSSMITTELGEW.	2613	2717	2562	2595
12	BAUGEWERBE	8666	7715	6007	5805
13	HANDEL	9004	11353	11835	12175
14	VERKEHR U. NACHRICHTENUEB.	2621	2334	2337	2363
15	KREDITINST.,VERSICHERUNGEN	1029	1888	2420	2663
16	SONSTIGE DIENSTLEISTUNGEN	5587	7436	8141	8596
17	STAAT	4759	6871	8683	9177
18	ORGANISATIONEN O. E.	746	1528	1969	2106
19	SUMME 1 - 18	98390	121736	127084	132491

ARBEITSMARKTREGION NR. 26 HELMSTEDT

LFD. NR.	SEKTOR	ZAHL DER ARBEITSPLAETZE EFFEKTIVE 1961	1970	ENTWICKLUNG 1975	STANDORT-NEUTRALE 1980
1	LAND- U. FORSTWIRTSCHAFT	7677	3448	2411	1940
2	ENERGIEWIRTSCHAFT	1014	907	831	847
3	BERGBAU	4073	3591	2831	2367
4	CHEM.IND, MINERALOELVERARB	439	1051	1224	1359
5	GEW. STEINE ERDEN,FK,GLAS	916	502	366	349
6	E- NE-METALLERZ. U. BEARB.	237	208	175	167
7	STAHL- MASCH- FAHRZEUGBAU	2597	2027	1571	1688
8	EL., FEINMECH., EBM-WAREN	155	329	370	394
9	HOLZ-, PAPIER- U. DRUCKGEW	1099	657	517	509
10	TEXTIL-BEKLEID.- LEDERGEW.	1442	1036	737	724
11	NAHRUNGS- GENUSSMITTELGEW.	2766	2367	2132	2160
12	BAUGEWERBE	3509	2838	2081	2011
13	HANDEL	5243	5124	4636	4769
14	VERKEHR U. NACHRICHTENUEB.	1742	1369	1278	1292
15	KREDITINST.,VERSICHERUNGEN	344	479	526	579
16	SONSTIGE DIENSTLEISTUNGEN	3100	2821	2498	2638
17	STAAT	3371	3628	3891	4113
18	ORGANISATIONEN O. E.	289	463	564	603
19	SUMME 1 - 18	40013	32845	28639	28509

ARBEITSMARKTREGION NR. 27 CELLE

LFD. NR.	SEKTOR	ZAHL DER ARBEITSPLAETZE EFFEKTIVE 1961	1970	ENTWICKLUNG 1975	STANDORT-NEUTRALE 1980
1	LAND- U. FORSTWIRTSCHAFT	10844	6082	4812	3871
2	ENERGIEWIRTSCHAFT	354	562	707	720
3	BERGBAU	5176	2958	2525	2111
4	CHEM.IND, MINERALOELVERARB	2056	1677	1128	1252
5	GEW. STEINE ERDEN,FK,GLAS	761	944	833	794
6	E- NE-METALLERZ. U. BEARB.	269	468	512	488
7	STAHL- MASCH- FAHRZEUGBAU	3492	4086	3866	4155
8	EL., FEINMECH., EBM-WAREN	1288	3759	4156	4427
9	HOLZ-, PAPIER- U. DRUCKGEW	2034	2167	2021	1990
10	TEXTIL-BEKLEID.- LEDERGEW.	2264	1336	805	790
11	NAHRUNGS- GENUSSMITTELGEW.	3220	2344	2057	2084
12	BAUGEWERBE	6651	6101	4796	4635
13	HANDEL	9158	9605	9038	9298
14	VERKEHR U. NACHRICHTENUEB.	2352	2489	2740	2770
15	KREDITINST.,VERSICHERUNGEN	843	1018	1034	1138
16	SONSTIGE DIENSTLEISTUNGEN	6070	5889	5404	5706
17	STAAT	4757	8549	12192	12887
18	ORGANISATIONEN O. E.	1305	1523	1556	1664
19	SUMME 1 - 18	62894	61557	60182	60780

ARBEITSMARKTREGION NR. 28 NIENBURG - GRAFSCH. SCHAUMBURG

LFD. NR.	SEKTOR	ZAHL DER ARBEITSPLAETZE EFFEKTIVE 1961	1970	ENTWICKLUNG 1975	STANDORT-NEUTRALE 1980
1	LAND- U. FORSTWIRTSCHAFT	29438	16292	12849	10337
2	ENERGIEWIRTSCHAFT	583	852	978	996
3	BERGBAU	1188	977	739	618
4	CHEM.IND, MINERALOELVERARB	1938	3329	2126	2360
5	GEW. STEINE ERDEN,FK,GLAS	5586	5702	5154	4910
6	E- NE-METALLERZ. U. BEARB.	1893	2713	2850	2718
7	STAHL- MASCH- FAHRZEUGBAU	2185	4957	5529	5942
8	EL., FEINMECH., EBM-WAREN	1144	1802	1614	1719
9	HOLZ-, PAPIER- U. DRUCKGEW	6002	5927	5278	5196
10	TEXTIL-BEKLEID.- LEDERGEW.	4704	4585	3967	3895
11	NAHRUNGS- GENUSSMITTELGEW.	3812	3745	3601	3649
12	BAUGEWERBE	8716	8956	7558	7304
13	HANDEL	13702	14367	13580	13971
14	VERKEHR U. NACHRICHTENUEB.	3942	3536	3562	3601
15	KREDITINST.,VERSICHERUNGEN	1078	1697	1998	2198
16	SONSTIGE DIENSTLEISTUNGEN	8041	9632	9969	10527
17	STAAT	6276	9960	13255	14010
18	ORGANISATIONEN O. E.	968	1360	1554	1662
19	SUMME 1 - 18	101196	100389	96161	95613

ARBEITSMARKTREGION NR. 29 VECHTA - DIEPHOLZ

LFD. NR.	SEKTOR	ZAHL DER ARBEITSPLAETZE EFFEKTIVE 1961	1970	1975	STANDORT-NEUTRALE ENTWICKLUNG 1980
1	LAND- U. FORSTWIRTSCHAFT	29970	17742	14481	11650
2	ENERGIEWIRTSCHAFT	128	231	290	295
3	BERGBAU	3112	1751	1900	1588
4	CHEM.IND, MINERALOELVERARB	498	1399	1467	1628
5	GEW. STEINE ERDEN,FK,GLAS	697	861	901	858
6	E- NE-METALLERZ. U. BEARB.	307	321	300	286
7	STAHL- MASCH- FAHRZEUGBAU	3017	5092	5553	5968
8	EL., FEINMECH., EBM-WAREN	691	1469	1230	1310
9	HOLZ-, PAPIER- U. DRUCKGEW	1823	1749	1566	1542
10	TEXTIL-BEKLEID.- LEDERGEW.	3507	3535	3121	3064
11	NAHRUNGS- GENUSSMITTELGEW.	1926	3027	3577	3624
12	BAUGEWERBE	5343	5334	4488	4338
13	HANDEL	7843	8207	7714	7936
14	VERKEHR U. NACHRICHTENUEB.	2180	2008	2047	2069
15	KREDITINST.,VERSICHERUNGEN	706	984	1083	1192
16	SONSTIGE DIENSTLEISTUNGEN	3537	4257	4422	4670
17	STAAT	2754	5599	8149	8613
18	ORGANISATIONEN O. E.	1251	1809	2111	2258
19	SUMME 1 - 18	69290	65375	64400	62889

ARBEITSMARKTREGION NR. 30 MEPPEN

LFD. NR.	SEKTOR	ZAHL DER ARBEITSPLAETZE EFFEKTIVE 1961	1970	1975	STANDORT-NEUTRALE ENTWICKLUNG 1980
1	LAND- U. FORSTWIRTSCHAFT	10123	5374	4124	3318
2	ENERGIEWIRTSCHAFT	149	111	91	93
3	BERGBAU	1570	957	779	651
4	CHEM.IND, MINERALOELVERARB	203	1097	1278	1418
5	GEW. STEINE ERDEN,FK,GLAS	204	213	179	171
6	E- NE-METALLERZ. U. BEARB.	189	231	234	223
7	STAHL- MASCH- FAHRZEUGBAU	764	1024	1068	1148
8	EL., FEINMECH., EBM-WAREN	27	211	237	252
9	HOLZ-, PAPIER- U. DRUCKGEW	633	637	582	573
10	TEXTIL-BEKLEID.- LEDERGEW.	1490	1684	1296	1273
11	NAHRUNGS- GENUSSMITTELGEW.	635	1090	1275	1292
12	BAUGEWERBE	2839	3256	2898	2801
13	HANDEL	2745	3167	3142	3232
14	VERKEHR U. NACHRICHTENUEB.	1975	1643	1583	1601
15	KREDITINST.,VERSICHERUNGEN	219	325	370	407
16	SONSTIGE DIENSTLEISTUNGEN	1337	1740	1879	1984
17	STAAT	1826	4557	7055	7457
18	ORGANISATIONEN O. E.	682	1059	1268	1356
19	SUMME 1 - 18	27610	28376	29338	29250

ARBEITSMARKTREGION NR. 31 LINGEN - NORDHORN - RHEINE

LFD. NR.	SEKTOR	ZAHL DER ARBEITSPLAETZE EFFEKTIVE 1961	1970	ENTWICKLUNG 1975	STANDORT-NEUTRALE 1980
1	LAND- U. FORSTWIRTSCHAFT	21947	13084	10719	8624
2	ENERGIEWIRTSCHAFT	308	373	404	411
3	BERGBAU	2353	2330	2438	2038
4	CHEM.IND, MINERALOELVERARB	1320	1471	1296	1438
5	GEW. STEINE ERDEN,FK,GLAS	352	556	679	647
6	F- NE-METALLERZ. U. BEARB.	247	363	395	376
7	STAHL- MASCH- FAHRZEUGBAU	1938	3235	3804	4088
8	EL., FEINMECH., EBM-WAREN	627	1632	1747	1862
9	HOLZ-, PAPIER- U. DRUCKGEW	1140	1740	1788	1760
10	TEXTIL-BEKLEID.- LEDERGEW.	16339	15306	12943	12710
11	NAHRUNGS- GENUSSMITTELGEW.	1438	2226	2682	2717
12	BAUGEWERBE	6438	6568	5510	5325
13	HANDEL	8282	9196	8939	9196
14	VERKEHR U. NACHRICHTENUEB.	3389	2418	2229	2254
15	KREDITINST.,VERSICHERUNGEN	618	1063	1313	1445
16	SONSTIGE DIENSTLEISTUNGEN	3769	4666	4902	5176
17	STAAT	3635	5758	7779	8222
18	ORGANISATIONEN O. E.	1145	1855	2281	2439
19	SUMME 1 - 18	75285	73840	71848	70728

ARBEITSMARKTREGION NR. 32 OSNABRUECK

LFD. NR.	SEKTOR	ZAHL DER ARBEITSPLAETZE EFFEKTIVE 1961	1970	ENTWICKLUNG 1975	STANDORT-NEUTRALE 1980
1	LAND- U. FORSTWIRTSCHAFT	36009	19190	14759	11874
2	ENERGIEWIRTSCHAFT	1115	1146	1135	1157
3	BERGBAU	349	82	99	83
4	CHEM.IND, MINERALOELVERARB	2085	4060	4443	4931
5	GEW. STEINE ERDEN,FK,GLAS	2928	2714	2665	2539
6	E- NE-METALLERZ. U. BEARB.	17856	17546	15732	15003
7	STAHL- MASCH- FAHRZEUGBAU	12047	15014	14402	15477
8	EL., FEINMECH., EBM-WAREN	2858	3857	3808	4057
9	HOLZ-, PAPIER- U. DRUCKGEW	9993	8664	7785	7664
10	TEXTIL-BEKLEID.- LEDERGEW.	12303	9841	7188	7058
11	NAHRUNGS- GENUSSMITTELGEW.	7593	10141	10755	10896
12	BAUGEWERBE	14623	15361	13142	12701
13	HANDEL	28899	29888	27929	28732
14	VERKEHR U. NACHRICHTENUEB.	12347	11332	11584	11713
15	KREDITINST.,VERSICHERUNGEN	2503	3516	3883	4273
16	SONSTIGE DIENSTLEISTUNGEN	13355	15812	16212	17119
17	STAAT	10203	13517	16362	17294
18	ORGANISATIONEN O. E.	3408	4556	5020	5369
19	SUMME 1 - 18	190474	186237	176903	177940

ARBEITSMARKTREGION NR. 33 MINDEN - LUEBBECKE

LFD. NR.	SEKTOR	ZAHL DER ARBEITSPLAETZE EFFEKTIVE 1961	1970	1975	STANDORTNEUTRALE ENTWICKLUNG 1980
1	LAND- U. FORSTWIRTSCHAFT	25473	13677	10562	8497
2	ENERGIEWIRTSCHAFT	1236	1047	931	948
3	BERGBAU	636	170	108	90
4	CHEM.IND, MINERALOELVERARB	2927	3815	3862	4286
5	GEW. STEINE ERDEN,FK,GLAS	3819	2769	2097	1998
6	E- NE-METALLERZ. U. BEARB.	1265	1073	887	846
7	STAHL- MASCH- FAHRZEUGBAU	9620	9663	8664	9311
8	EL., FEINMECH., EBM-WAREN	4693	6943	6757	7198
9	HOLZ-, PAPIER- U. DRUCKGEW	11237	13353	13022	12820
10	TEXTIL-BEKLEID.- LEDERGEW.	7904	7461	4418	4338
11	NAHRUNGS- GENUSSMITTELGEW.	6125	4376	3786	3836
12	BAUGEWERBE	9850	9715	7951	7684
13	HANDEL	16360	16343	14970	15400
14	VERKEHR U. NACHRICHTENUEB.	7040	6047	5929	5995
15	KREDITINST.,VERSICHERUNGEN	1308	1844	2041	2246
16	SONSTIGE DIENSTLEISTUNGEN	8643	9180	8858	9354
17	STAAT	5970	9071	11783	12454
18	ORGANISATIONEN O. E.	1796	1916	1862	1992
19	SUMME 1 - 18	125902	118463	108488	109293

ARBEITSMARKTREGION NR. 34 HANNOVER

LFD. NR.	SEKTOR	ZAHL DER ARBEITSPLAETZE EFFEKTIVE 1961	1970	1975	STANDORTNEUTRALE ENTWICKLUNG 1980
1	LAND- U. FORSTWIRTSCHAFT	24797	14325	11592	9326
2	ENERGIEWIRTSCHAFT	3447	4271	4718	4807
3	BERGBAU	6871	4422	4328	3618
4	CHEM.IND, MINERALOELVERARB	42304	40232	31659	35139
5	GEW. STEINE ERDEN,FK,GLAS	6963	5849	4160	3963
6	E- NE-METALLERZ. U. BEARB.	5633	8619	9410	8974
7	STAHL- MASCH- FAHRZEUGBAU	54066	68276	57255	61531
8	EL., FEINMECH., EBM-WAREN	31448	28240	24620	26228
9	HOLZ-, PAPIER- U. DRUCKGEW	14322	12869	10108	9951
10	TEXTIL-BEKLEID.- LEDERGEW.	13975	8636	4899	4811
11	NAHRUNGS- GENUSSMITTELGEW.	22986	23823	23214	23518
12	BAUGEWERBE	42247	41650	35245	34061
13	HANDEL	79846	86035	83545	85947
14	VERKEHR U. NACHRICHTENUEB.	41539	40382	42534	43007
15	KREDITINST.,VERSICHERUNGEN	13989	19534	21613	23780
16	SONSTIGE DIENSTLEISTUNGEN	53814	57177	55623	58735
17	STAAT	37676	59677	79441	83966
18	ORGANISATIONEN O. E.	10053	13626	15196	16253
19	SUMME 1 - 18	505976	537643	519160	537615

ARBEITSMARKTREGION NR. 35 BRAUNSCHWEIG - SALZGITTER

LFD. NR.	SEKTOR	ZAHL DER ARBEITSPLAETZE			
		EFFEKTIVE			STANDORT-NEUTRALE
				ENTWICKLUNG	
		1961	1970	1975	1980
1	LAND- U. FORSTWIRTSCHAFT	22413	10941	8020	6451
2	ENERGIEWIRTSCHAFT	1760	2106	2310	2353
3	BERGBAU	8859	4023	2909	2433
4	CHEM.IND, MINERALOELVERARB	3003	2841	2804	3112
5	GEW. STEINE ERDEN,FK,GLAS	3917	3565	3318	3162
6	E- NE-METALLERZ. U. BEARB.	22249	19290	16199	15448
7	STAHL- MASCH- FAHRZEUGBAU	36607	39536	35145	37770
8	EL., FEINMECH., EBM-WAREN	19888	24292	20713	22065
9	HOLZ-, PAPIER- U. DRUCKGEW	8619	7302	6226	6130
10	TEXTIL-BEKLEID.- LEDERGEW.	7342	4688	2966	2913
11	NAHRUNGS- GENUSSMITTELGEW.	13554	10304	9021	9138
12	BAUGEWERBE	29106	22187	15957	15422
13	HANDEL	42052	43330	40473	41636
14	VERKEHR U. NACHRICHTENUEB.	15603	14810	15357	15528
15	KREDITINST.,VERSICHERUNGEN	4698	6317	6816	7499
16	SONSTIGE DIENSTLEISTUNGEN	24526	25219	23958	25299
17	STAAT	22287	30142	36748	38841
18	ORGANISATIONEN O. E.	3670	5932	7156	7654
19	SUMME 1 - 18	290153	276825	256096	262854

ARBEITSMARKTREGION NR. 36 HILDESHEIM

LFD. NR.	SEKTOR	ZAHL DER ARBEITSPLAETZE			
		EFFEKTIVE			STANDORT-NEUTRALE
				ENTWICKLUNG	
		1961	1970	1975	1980
1	LAND- U. FORSTWIRTSCHAFT	9269	4939	3798	3056
2	ENERGIEWIRTSCHAFT	682	677	657	669
3	BERGBAU	1338	1772	1751	1464
4	CHEM.IND, MINERALOELVERARB	1868	2163	1871	2077
5	GEW. STEINE ERDEN,FK,GLAS	1711	921	677	645
6	E- NE-METALLERZ. U. BEARB.	2198	2246	2059	1964
7	STAHL- MASCH- FAHRZEUGBAU	4109	5218	4807	5166
8	EL., FEINMECH., EBM-WAREN	16035	18481	15055	16038
9	HOLZ-, PAPIER- U. DRUCKGEW	2477	3353	3473	3419
10	TEXTIL-BEKLEID.- LEDERGEW.	2504	1348	773	759
11	NAHRUNGS- GENUSSMITTELGEW.	3937	2968	2617	2651
12	BAUGEWERBE	7331	7178	5851	5655
13	HANDEL	14198	14426	13339	13723
14	VERKEHR U. NACHRICHTENUEB.	3664	3458	3573	3613
15	KREDITINST.,VERSICHERUNGEN	1182	1602	1735	1909
16	SONSTIGE DIENSTLEISTUNGEN	6905	7879	7911	8354
17	STAAT	6006	8773	11149	11784
18	ORGANISATIONEN O. E.	1980	2631	2889	3090
19	SUMME 1 - 18	87394	90033	83985	86036

ARBEITSMARKTREGION NR. 37 ALFELD

LFD. NR.	SEKTOR	ZAHL DER ARBEITSPLAETZE EFFEKTIVE 1961	1970	ENTWICKLUNG 1975	STANDORT-NEUTRALE 1980
1	LAND- U. FORSTWIRTSCHAFT	5394	2794	2114	1701
2	ENERGIEWIRTSCHAFT	107	154	183	186
3	BERGBAU	0	0	0	0
4	CHEM.IND, MINERALOELVERARB	209	278	269	299
5	GEW. STEINE ERDEN,FK,GLAS	1003	608	501	477
6	E- NE-METALLERZ. U. BEARB.	728	403	338	322
7	STAHL- MASCH- FAHRZEUGBAU	3793	4477	4390	4718
8	EL., FEINMECH., EBM-WAREN	791	495	356	379
9	HOLZ-, PAPIER- U. DRUCKGEW	5051	3417	3170	3121
10	TEXTIL-BEKLEID.- LEDERGEW.	934	479	321	315
11	NAHRUNGS- GENUSSMITTELGEW.	1450	1342	1345	1363
12	BAUGEWERBE	2895	2503	1903	1839
13	HANDEL	4037	3754	3304	3399
14	VERKEHR U. NACHRICHTENUEB.	1190	957	904	914
15	KREDITINST.,VERSICHERUNGEN	306	564	723	795
16	SONSTIGE DIENSTLEISTUNGEN	2192	2098	1911	2018
17	STAAT	1351	1893	2350	2484
18	ORGANISATIONEN O. E.	296	670	914	978
19	SUMME 1 - 18	31727	26886	24996	25308

ARBEITSMARKTREGION NR. 38 HAMELN

LFD. NR.	SEKTOR	ZAHL DER ARBEITSPLAETZE EFFEKTIVE 1961	1970	ENTWICKLUNG 1975	STANDORT-NEUTRALE 1980
1	LAND- U. FORSTWIRTSCHAFT	7076	3803	2938	2364
2	ENERGIEWIRTSCHAFT	1314	724	583	594
3	BERGBAU	0	0	0	0
4	CHEM.IND, MINERALOELVERARB	993	1251	1275	1415
5	GEW. STEINE ERDEN,FK,GLAS	1244	1121	896	854
6	E- NE-METALLERZ. U. BEARB.	921	644	478	456
7	STAHL- MASCH- FAHRZEUGBAU	2881	5154	5859	6297
8	EL., FEINMECH., EBM-WAREN	4122	3895	2967	3161
9	HOLZ-, PAPIER- U. DRUCKGEW	6318	5908	5860	5769
10	TEXTIL-BEKLEID.- LEDERGEW.	5400	3565	2432	2388
11	NAHRUNGS- GENUSSMITTELGEW.	3377	3175	2926	2964
12	BAUGEWERBE	4509	5208	4653	4497
13	HANDEL	9092	9810	9379	9649
14	VERKEHR U. NACHRICHTENUEB.	3638	2777	2550	2578
15	KREDITINST.,VERSICHERUNGEN	1622	3053	3968	4366
16	SONSTIGE DIENSTLEISTUNGEN	6058	7007	7088	7485
17	STAAT	4803	5691	6439	6806
18	ORGANISATIONEN O. E.	893	1400	1685	1802
19	SUMME 1 - 18	64261	64186	61976	63445

ARBEITSMARKTREGION NR. 39 DETMOLD - LEMGO

LFD. NR.	SEKTOR	ZAHL DER ARBEITSPLAETZE EFFEKTIVE 1961	1970	1975	STANDORT-NEUTRALE ENTWICKLUNG 1980
1	LAND- U. FORSTWIRTSCHAFT	21929	7584	4775	3842
2	ENERGIEWIRTSCHAFT	490	420	376	383
3	BERGBAU	4	3	2	2
4	CHEM.IND, MINERALOELVERARB	2194	3154	3192	3543
5	GEW. STEINE ERDEN,FK,GLAS	2314	1482	1124	1071
6	E- NE-METALLERZ. U. BEARB.	1997	2159	1968	1877
7	STAHL- MASCH- FAHRZEUGBAU	3796	6915	6742	7246
8	EL., FEINMECH., EBM-WAREN	4829	5976	6261	6670
9	HOLZ-, PAPIER- U. DRUCKGEW	18481	16936	16263	16011
10	TEXTIL-BEKLEID.- LEDERGEW.	8711	7564	5399	5302
11	NAHRUNGS- GENUSSMITTELGEW.	6263	5374	4940	5005
12	BAUGEWERBE	10596	9908	7872	7608
13	HANDEL	14852	14901	13682	14075
14	VERKEHR U. NACHRICHTENUEB.	3244	3191	3373	3410
15	KREDITINST.,VERSICHERUNGEN	1375	1731	1799	1979
16	SONSTIGE DIENSTLEISTUNGEN	11591	11189	10237	10810
17	STAAT	8178	10885	13137	13885
18	ORGANISATIONEN O. E.	1584	1721	1690	1808
19	SUMME 1 - 18	122428	111093	102832	104527

ARBEITSMARKTREGION NR. 40 BIELEFELD

LFD. NR.	SEKTOR	ZAHL DER ARBEITSPLAETZE EFFEKTIVE 1961	1970	1975	STANDORT-NEUTRALE ENTWICKLUNG 1980
1	LAND- U. FORSTWIRTSCHAFT	12231	6793	5349	4304
2	ENERGIEWIRTSCHAFT	1154	2172	2570	2618
3	BERGBAU	0	6	5	4
4	CHEM.IND, MINERALOELVERARB	5866	6670	6890	7647
5	GEW. STEINE ERDEN,FK,GLAS	2693	2351	2293	2185
6	E- NE-METALLERZ. U. BEARB.	6123	5775	6244	5955
7	STAHL- MASCH- FAHRZEUGBAU	38344	33477	29099	31273
8	EL., FEINMECH., EBM-WAREN	11171	10635	9970	10621
9	HOLZ-, PAPIER- U. DRUCKGEW	28427	25572	22469	22121
10	TEXTIL-BEKLEID.- LEDERGEW.	37938	29263	19669	19315
11	NAHRUNGS- GENUSSMITTELGEW.	16593	12400	11348	11497
12	BAUGEWERBE	17385	16983	13832	13367
13	HANDEL	38456	40846	38730	39844
14	VERKEHR U. NACHRICHTENUEB.	12152	11517	11929	12062
15	KREDITINST.,VERSICHERUNGEN	4701	6136	6517	7171
16	SONSTIGE DIENSTLEISTUNGEN	17761	19491	19175	20248
17	STAAT	16345	15967	16236	17160
18	ORGANISATIONEN O. E.	5503	6846	7306	7814
19	SUMME 1 - 18	272843	252900	229631	235206

ARBEITSMARKTREGION NR. 41 RHEDA - WIEDENBRUECK - GUETERSLOH

LFD. NR.	SEKTOR	ZAHL DER ARBEITSPLAETZE EFFEKTIVE 1961	1970	ENTWICKLUNG 1975	STANDORT-NEUTRALE 1980
1	LAND- U. FORSTWIRTSCHAFT	18966	9765	7368	5928
2	ENERGIEWIRTSCHAFT	281	301	304	310
3	BERGBAU	0	2	2	2
4	CHEM.IND, MINERALOELVERARB	525	1466	1643	1824
5	GEW. STEINE ERDEN,FK,GLAS	1059	991	838	798
6	E- NE-METALLERZ. U. BEARB.	3097	2801	2509	2393
7	STAHL- MASCH- FAHRZEUGBAU	6562	12984	13483	14490
8	EL., FEINMECH., EBM-WAREN	6505	4804	5402	5755
9	HOLZ-, PAPIER- U. DRUCKGEW	15952	17601	17068	16804
10	TEXTIL-BEKLEID.- LEDERGEW.	13120	10004	7605	7468
11	NAHRUNGS- GENUSSMITTELGEW.	8772	10211	9906	10036
12	BAUGEWERBE	7443	7854	6674	6450
13	HANDEL	14473	16885	16859	17344
14	VERKEHR U. NACHRICHTENUEB.	3245	3037	3123	3158
15	KREDITINST.,VERSICHERUNGEN	1059	1463	1601	1762
16	SONSTIGE DIENSTLEISTUNGEN	6370	8177	8765	9255
17	STAAT	4147	6500	8591	9080
18	ORGANISATIONEN O. E.	1510	1668	1652	1767
19	SUMME 1 - 18	113086	116514	113393	114624

ARBEITSMARKTREGION NR. 42 MUENSTER

LFD. NR.	SEKTOR	ZAHL DER ARBEITSPLAETZE EFFEKTIVE 1961	1970	ENTWICKLUNG 1975	STANDORT-NEUTRALE 1980
1	LAND- U. FORSTWIRTSCHAFT	22272	12973	10567	8502
2	ENERGIEWIRTSCHAFT	1414	1587	1650	1681
3	BERGBAU	4004	3382	3341	2794
4	CHEM.IND, MINERALOELVERARB	2623	4145	4148	4604
5	GEW. STEINE ERDEN,FK,GLAS	3846	4319	4328	4124
6	E- NE-METALLERZ. U. BEARB.	2171	1820	1720	1640
7	STAHL- MASCH- FAHRZEUGBAU	13082	15219	14309	15378
8	EL., FEINMECH., EBM-WAREN	9452	9293	8540	9098
9	HOLZ-, PAPIER- U. DRUCKGEW	10533	9892	8750	8614
10	TEXTIL-BEKLEID.- LEDERGEW.	7921	6373	4696	4611
11	NAHRUNGS- GENUSSMITTELGEW.	6181	4981	4157	4211
12	BAUGEWERBE	17706	16428	13009	12572
13	HANDEL	27868	30971	30103	30969
14	VERKEHR U. NACHRICHTENUEB.	12162	12301	13270	13418
15	KREDITINST.,VERSICHERUNGEN	6259	9257	10539	11595
16	SONSTIGE DIENSTLEISTUNGEN	15307	19479	20811	21976
17	STAAT	20604	29934	37935	40096
18	ORGANISATIONEN O. E.	6613	9577	11120	11893
19	SUMME 1 - 18	190018	201931	202993	207776

ARBEITSMARKTREGION NR. 43 STEINFURT

LFD. NR.	SEKTOR	ZAHL DER ARBEITSPLAETZE EFFEKTIVE 1961	1970	ENTWICKLUNG 1975	STANDORT-NEUTRALE 1980
1	LAND- U. FORSTWIRTSCHAFT	25855	14029	10898	8768
2	ENERGIEWIRTSCHAFT	758	565	467	476
3	BERGBAU	7198	5185	4949	4138
4	CHEM.IND, MINERALOELVERARB	516	1802	1802	2000
5	GEW. STEINE ERDEN,FK,GLAS	2834	2047	1781	1697
6	E- NE-METALLERZ. U. BEARB.	1168	811	600	572
7	STAHL- MASCH- FAHRZEUGBAU	7369	9738	9472	10179
8	EL., FEINMECH., EBM-WAREN	902	759	696	741
9	HOLZ-, PAPIER- U. DRUCKGEW	3707	4512	4160	4096
10	TEXTIL-BEKLEID.- LEDERGEW.	35439	27004	20563	20192
11	NAHRUNGS- GENUSSMITTELGEW.	4436	4063	3668	3716
12	BAUGEWERBE	10358	9940	8013	7744
13	HANDEL	13767	15770	15586	16034
14	VERKEHR U. NACHRICHTENUEB.	5666	5507	5784	5848
15	KREDITINST.,VERSICHERUNGEN	987	1519	1765	1942
16	SONSTIGE DIENSTLEISTUNGEN	7009	8058	8124	8579
17	STAAT	5639	9536	13147	13896
18	ORGANISATIONEN O. E.	2463	3396	3806	4071
19	SUMME 1 - 18	136071	124241	115281	114689

ARBEITSMARKTREGION NR. 44 COESFELD

LFD. NR.	SEKTOR	ZAHL DER ARBEITSPLAETZE EFFEKTIVE 1961	1970	ENTWICKLUNG 1975	STANDORT-NEUTRALE 1980
1	LAND- U. FORSTWIRTSCHAFT	15529	8848	7062	5681
2	ENERGIEWIRTSCHAFT	111	150	171	174
3	BERGBAU	0	0	0	0
4	CHEM.IND, MINERALOELVERARB	107	288	335	372
5	GEW. STEINE ERDEN,FK,GLAS	780	872	822	783
6	E- NE-METALLERZ. U. BEARB.	608	568	495	472
7	STAHL- MASCH- FAHRZEUGBAU	2476	3457	3410	3665
8	EL., FEINMECH., EBM-WAREN	408	544	493	525
9	HOLZ-, PAPIER- U. DRUCKGEW	1905	1983	1862	1833
10	TEXTIL-BEKLEID.- LEDERGEW.	5996	4068	2680	2632
11	NAHRUNGS- GENUSSMITTELGEW.	2102	2443	2619	2653
12	BAUGEWERBE	4904	4664	3741	3615
13	HANDEL	5362	6226	6199	6377
14	VERKEHR U. NACHRICHTENUEB.	2056	1733	1682	1701
15	KREDITINST.,VERSICHERUNGEN	488	601	616	678
16	SONSTIGE DIENSTLEISTUNGEN	3098	3575	3611	3813
17	STAAT	2662	3933	5030	5317
18	ORGANISATIONEN O. E.	1708	2086	2185	2337
19	SUMME 1 - 18	50300	46039	43013	42628

ARBEITSMARKTREGION NR. 45 AHAUS - BORKEN

LFD. NR.	SEKTOR	ZAHL DER ARBEITSPLAETZE EFFEKTIVE 1961	1970	1975	STANDORT-NEUTRALE ENTWICKLUNG 1980
1	LAND- U. FORSTWIRTSCHAFT	23359	13622	11015	8862
2	ENERGIEWIRTSCHAFT	261	379	455	464
3	BERGBAU	27	24	24	20
4	CHEM.IND, MINERALOELVERARB	533	1302	1853	2057
5	GEW. STEINE ERDEN,FK,GLAS	1341	779	566	539
6	E- NE-METALLERZ. U. BEARB.	1398	1494	1542	1471
7	STAHL- MASCH- FAHRZEUGBAU	5490	8249	8268	8885
8	EL., FEINMECH., EBM-WAREN	3066	4535	3408	3631
9	HOLZ-, PAPIER- U. DRUCKGEW	3929	6067	6634	6531
10	TEXTIL-BEKLEID.- LEDERGEW.	30067	22108	16513	16215
11	NAHRUNGS- GENUSSMITTELGEW.	2483	3430	3935	3987
12	BAUGEWERBE	7885	9851	9194	8885
13	HANDEL	11462	13234	13138	13516
14	VERKEHR U. NACHRICHTENUEB.	2939	3185	3554	3593
15	KREDITINST.,VERSICHERUNGEN	821	1400	1721	1894
16	SONSTIGE DIENSTLEISTUNGEN	5273	6329	6536	6902
17	STAAT	4027	5731	7179	7588
18	ORGANISATIONEN O. E.	2301	3081	3397	3633
19	SUMME 1 - 18	106662	104800	98932	98673

ARBEITSMARKTREGION NR. 46 KLEVE - EMMERICH

LFD. NR.	SEKTOR	ZAHL DER ARBEITSPLAETZE EFFEKTIVE 1961	1970	1975	STANDORT-NEUTRALE ENTWICKLUNG 1980
1	LAND- U. FORSTWIRTSCHAFT	19945	12647	10712	8618
2	ENERGIEWIRTSCHAFT	365	300	262	267
3	BERGBAU	0	0	0	0
4	CHEM.IND, MINERALOELVERARB	946	1717	1457	1617
5	GEW. STEINE ERDEN,FK,GLAS	1440	1259	1140	1086
6	E- NE-METALLERZ. U. BEARB.	769	580	449	428
7	STAHL- MASCH- FAHRZEUGBAU	2696	3515	3241	3483
8	EL., FEINMECH., EBM-WAREN	2054	2269	2062	2197
9	HOLZ-, PAPIER- U. DRUCKGEW	4629	4374	3511	3457
10	TEXTIL-BEKLEID.- LEDERGEW.	9133	4890	3310	3250
11	NAHRUNGS- GENUSSMITTELGEW.	10234	8667	7751	7853
12	BAUGEWERBE	7283	7454	6227	6018
13	HANDEL	11063	12370	12062	12409
14	VERKEHR U. NACHRICHTENUEB.	4020	3929	4139	4185
15	KREDITINST.,VERSICHERUNGEN	1048	1403	1508	1659
16	SONSTIGE DIENSTLEISTUNGEN	5335	5993	5965	6299
17	STAAT	5750	7982	9862	10424
18	ORGANISATIONEN O. E.	2060	2582	2744	2935
19	SUMME 1 - 18	88770	81931	76402	76185

ARBEITSMARKTREGION NR. 47 KREFELD

LFD. NR.	SEKTOR	ZAHL DER ARBEITSPLAETZE EFFEKTIVE 1961	1970	ENTWICKLUNG 1975	STANDORT-NEUTRALE 1980
1	LAND- U. FORSTWIRTSCHAFT	10219	6520	5545	4461
2	ENERGIEWIRTSCHAFT	1411	1200	1068	1088
3	BERGBAU	0	0	0	0
4	CHEM.IND, MINERALOELVERARB	13421	16689	14971	16616
5	GEW. STEINE ERDEN,FK,GLAS	4195	2318	1934	1843
6	E- NE-METALLERZ. U. BEARB.	14063	14735	13583	12953
7	STAHL- MASCH- FAHRZEUGBAU	19938	20016	19227	20663
8	EL., FEINMECH., EBM-WAREN	7362	10138	10217	10884
9	HOLZ-, PAPIER- U. DRUCKGEW	7577	6974	5949	5857
10	TEXTIL-BEKLEID.- LEDERGEW.	36976	25706	18361	18030
11	NAHRUNGS- GENUSSMITTELGEW.	11979	9119	7750	7851
12	BAUGEWERBE	14683	13927	11171	10796
13	HANDEL	27959	30526	29407	30252
14	VERKEHR U. NACHRICHTENUEB.	10264	10112	10703	10822
15	KREDITINST.,VERSICHERUNGEN	2606	3259	3402	3744
16	SONSTIGE DIENSTLEISTUNGEN	14377	16231	16201	17108
17	STAAT	12263	15671	18492	19545
18	ORGANISATIONEN O. E.	3436	4944	5688	6084
19	SUMME 1 - 18	212729	208085	193669	198597

ARBEITSMARKTREGION NR. 48 WESEL - MOERS

LFD. NR.	SEKTOR	ZAHL DER ARBEITSPLAETZE EFFEKTIVE 1961	1970	ENTWICKLUNG 1975	STANDORT-NEUTRALE 1980
1	LAND- U. FORSTWIRTSCHAFT	15020	8720	7033	5658
2	ENERGIEWIRTSCHAFT	1057	2111	2660	2710
3	BERGBAU	29666	16741	17029	14239
4	CHEM.IND, MINERALOELVERARB	3198	3305	3768	4182
5	GEW. STEINE ERDEN,FK,GLAS	4705	5228	4807	4580
6	E- NE-METALLERZ. U. BEARB.	2347	2138	1390	1326
7	STAHL- MASCH- FAHRZEUGBAU	8077	10196	10218	10981
8	EL., FEINMECH., EBM-WAREN	2073	4207	4019	4281
9	HOLZ-, PAPIER- U. DRUCKGEW	2655	2851	2447	2409
10	TEXTIL-BEKLEID.- LEDERGEW.	4528	4865	3487	3424
11	NAHRUNGS- GENUSSMITTELGEW.	4206	3992	4049	4102
12	BAUGEWERBE	12808	12867	10640	10283
13	HANDEL	15934	18025	17692	18201
14	VERKEHR U. NACHRICHTENUEB.	4313	4608	5102	5159
15	KREDITINST.,VERSICHERUNGEN	1257	2065	2487	2736
16	SONSTIGE DIENSTLEISTUNGEN	8414	10466	11024	11641
17	STAAT	7536	10497	12992	13732
18	ORGANISATIONEN O. E.	2916	4603	5562	5949
19	SUMME 1 - 18	130710	127485	126406	125593

ARBEITSMARKTREGION NR. 49 DUISBURG - OBERHAUSEN

LFD. NR.	SEKTOR	ZAHL DER ARBEITSPLAETZE EFFEKTIVE 1961	1970	ENTWICKLUNG 1975	STANDORT-NEUTRALE 1980
1	LAND- U. FORSTWIRTSCHAFT	2230	1786	1710	1376
2	ENERGIEWIRTSCHAFT	4236	3940	3695	3764
3	BERGBAU	43223	20534	13358	11169
4	CHEM.IND, MINERALOELVERARB	9565	7334	7748	8600
5	GEW. STEINE ERDEN,FK,GLAS	3965	3396	3477	3313
6	E- NE-METALLERZ. U. BEARB.	91440	79745	72383	69028
7	STAHL- MASCH- FAHRZEUGBAU	44018	37546	31290	33627
8	EL., FEINMECH., EBM-WAREN	8194	9258	5942	6330
9	HOLZ-, PAPIER- U. DRUCKGEW	7272	5252	4114	4050
10	TEXTIL-BEKLEID.- LEDERGEW.	5525	3822	2479	2434
11	NAHRUNGS- GENUSSMITTELGEW.	11240	9113	7893	7996
12	BAUGEWERBE	37169	27184	18876	18242
13	HANDEL	59293	48640	40072	41224
14	VERKEHR U. NACHRICHTENUEB.	33555	28206	27519	27825
15	KREDITINST.,VERSICHERUNGEN	4181	5282	5529	6083
16	SONSTIGE DIENSTLEISTUNGEN	29006	31150	30244	31936
17	STAAT	20504	22120	23760	25114
18	ORGANISATIONEN O. E.	8544	9244	9141	9777
19	SUMME 1 - 18	423160	353552	309230	311888

ARBEITSMARKTREGION NR. 50 ESSEN - MUELHEIM

LFD. NR.	SEKTOR	ZAHL DER ARBEITSPLAETZE EFFEKTIVE 1961	1970	ENTWICKLUNG 1975	STANDORT-NEUTRALE 1980
1	LAND- U. FORSTWIRTSCHAFT	3724	3059	2979	2397
2	ENERGIEWIRTSCHAFT	5554	5333	5082	5177
3	BERGBAU	51428	22123	11519	9631
4	CHEM.IND, MINERALOELVERARB	7599	7994	6525	7242
5	GEW. STEINE ERDEN,FK,GLAS	7631	6029	4992	4757
6	E- NE-METALLERZ. U. BEARB.	27126	23510	19853	18933
7	STAHL- MASCH- FAHRZEUGBAU	36822	32377	26720	28716
8	EL., FEINMECH., EBM-WAREN	24413	20714	19375	20640
9	HOLZ-, PAPIER- U. DRUCKGEW	12826	12188	10772	10605
10	TEXTIL-BEKLEID.- LEDERGEW.	14182	9025	5179	5086
11	NAHRUNGS- GENUSSMITTELGEW.	12748	11591	10416	10552
12	BAUGEWERBE	44606	39763	30771	29738
13	HANDEL	77282	73123	65049	66919
14	VERKEHR U. NACHRICHTENUEB.	23620	19219	18289	18492
15	KREDITINST.,VERSICHERUNGEN	6578	9272	10261	11290
16	SONSTIGE DIENSTLEISTUNGEN	38821	41483	40166	42414
17	STAAT	23666	29799	34873	36859
18	ORGANISATIONEN O. E.	11190	11950	11621	12430
19	SUMME 1 - 18	429816	378552	334442	341878

ARBEITSMARKTREGION NR. 51 GELSENKIRCHEN

LFD. NR.	SEKTOR	ZAHL DER ARBEITSPLAETZE EFFEKTIVE 1961	1970	1975	STANDORT-NEUTRALE ENTWICKLUNG 1980
1	LAND- U. FORSTWIRTSCHAFT	994	1015	1000	805
2	ENERGIEWIRTSCHAFT	1643	2644	3332	3395
3	BERGBAU	38759	18834	18569	15526
4	CHEM.IND, MINERALOELVERARB	8022	6221	10032	11135
5	GEW. STEINE ERDEN,FK,GLAS	5423	5586	4740	4516
6	E- NE-METALLERZ. U. BEARB.	14122	10214	8059	7686
7	STAHL- MASCH- FAHRZEUGBAU	5312	6242	5579	5996
8	EL., FEINMECH., EBM-WAREN	4889	4721	4385	4671
9	HOLZ-, PAPIER- U. DRUCKGEW	2317	1940	1602	1577
10	TEXTIL-BEKLEID.- LEDERGEW.	6674	7406	6355	6240
11	NAHRUNGS- GENUSSMITTELGEW.	5158	4415	4227	4282
12	BAUGEWERBE	10873	9223	6942	6709
13	HANDEL	25375	21421	17870	18384
14	VERKEHR U. NACHRICHTENUEB.	5008	4333	4266	4313
15	KREDITINST.,VERSICHERUNGEN	1437	1710	1723	1896
16	SONSTIGE DIENSTLEISTUNGEN	10770	13330	14003	14787
17	STAAT	9551	11983	13995	14792
18	ORGANISATIONEN O. E.	3531	4025	4059	4341
19	SUMME 1 - 18	159858	135263	130738	131051

ARBEITSMARKTREGION NR. 52 RECKLINGHAUSEN

LFD. NR.	SEKTOR	ZAHL DER ARBEITSPLAETZE EFFEKTIVE 1961	1970	1975	STANDORT-NEUTRALE ENTWICKLUNG 1980
1	LAND- U. FORSTWIRTSCHAFT	9382	5983	5053	4065
2	ENERGIEWIRTSCHAFT	2049	2239	2299	2342
3	BERGBAU	108943	49516	38407	32114
4	CHEM.IND, MINERALOELVERARB	23369	23971	21331	23675
5	GEW. STEINE ERDEN,FK,GLAS	3973	4369	3385	3225
6	E- NE-METALLERZ. U. BEARB.	4513	4114	3792	3617
7	STAHL- MASCH- FAHRZEUGBAU	15900	19761	19113	20540
8	EL., FEINMECH., EBM-WAREN	5036	11216	5783	6160
9	HOLZ-, PAPIER- U. DRUCKGEW	5751	4990	4053	3990
10	TEXTIL-BEKLEID.- LEDERGEW.	10894	8296	5712	5609
11	NAHRUNGS- GENUSSMITTELGEW.	10654	9763	9278	9399
12	BAUGEWERBE	34373	33667	27486	26563
13	HANDEL	48674	45345	40069	41220
14	VERKEHR U. NACHRICHTENUEB.	14098	12834	13124	13270
15	KREDITINST.,VERSICHERUNGEN	2552	3727	4216	4639
16	SONSTIGE DIENSTLEISTUNGEN	23943	26542	26266	27735
17	STAAT	19360	24249	28348	29963
18	ORGANISATIONEN O. E.	6589	9675	11248	12031
19	SUMME 1 - 18	350053	300257	268963	270157

ARBEITSMARKTREGION NR. 53 BOCHUM

LFD. NR.	SEKTOR	ZAHL DER ARBEITSPLAETZE			
		EFFEKTIVE			STANDORT-NEUTRALE ENTWICKLUNG
		1961	1970	1975	1980
1	LAND- U. FORSTWIRTSCHAFT	1411	1036	952	766
2	ENERGIEWIRTSCHAFT	2249	1898	1683	1715
3	BERGBAU	28429	8264	0	0
4	CHEM.IND, MINERALOELVERARB	2013	1907	1525	1693
5	GEW. STEINE ERDEN,FK,GLAS	1882	1977	1776	1692
6	E- NE-METALLERZ. U. BEARB.	27027	22583	18709	17842
7	STAHL- MASCH- FAHRZEUGBAU	14887	33300	35180	37807
8	EL., FEINMECH., EBM-WAREN	6297	6779	6335	6749
9	HOLZ-, PAPIER- U. DRUCKGEW	3312	3097	2719	2677
10	TEXTIL-BEKLEID.- LEDERGEW.	4797	3497	2141	2102
11	NAHRUNGS- GENUSSMITTELGEW.	4710	4529	4624	4685
12	BAUGEWERBE	15478	13877	10772	10410
13	HANDEL	29909	29456	26770	27540
14	VERKEHR U. NACHRICHTENUEB.	7221	6591	6685	6759
15	KREDITINST.,VERSICHERUNGEN	2127	2877	3112	3424
16	SONSTIGE DIENSTLEISTUNGEN	12452	14686	15019	15859
17	STAAT	14269	18752	22472	23752
18	ORGANISATIONEN O. E.	4033	4700	4798	5132
19	SUMME 1 - 18	182503	179806	165272	170604

ARBEITSMARKTREGION NR. 54 DORTMUND

LFD. NR.	SEKTOR	ZAHL DER ARBEITSPLAETZE			
		EFFEKTIVE			STANDORT-NEUTRALE ENTWICKLUNG
		1961	1970	1975	1980
1	LAND- U. FORSTWIRTSCHAFT	2998	2082	1854	1492
2	ENERGIEWIRTSCHAFT	3083	3746	4067	4143
3	BERGBAU	25360	21132	18958	15851
4	CHEM.IND, MINERALOELVERARB	2446	2461	1779	1975
5	GEW. STEINE ERDEN,FK,GLAS	1864	2606	2413	2299
6	E- NE-METALLERZ. U. BEARB.	41374	31897	30473	29061
7	STAHL- MASCH- FAHRZEUGBAU	25975	21229	17081	18357
8	EL., FEINMECH., EBM-WAREN	13409	14540	15146	16135
9	HOLZ-, PAPIER- U. DRUCKGEW	6062	5983	4972	4895
10	TEXTIL-BEKLEID.- LEDERGEW.	3736	2912	1939	1904
11	NAHRUNGS- GENUSSMITTELGEW.	12527	10607	10335	10470
12	BAUGEWERBE	29277	23156	16765	16202
13	HANDEL	51525	49602	44512	45792
14	VERKEHR U. NACHRICHTENUEB.	20875	19761	20454	20681
15	KREDITINST.,VERSICHERUNGEN	6527	9460	10633	11699
16	SONSTIGE DIENSTLEISTUNGEN	23339	28179	29197	30831
17	STAAT	18371	23738	28182	29787
18	ORGANISATIONEN O. E.	4759	5506	5597	5986
19	SUMME 1 - 18	293507	278597	264357	267560

ARBEITSMARKTREGION NR. 55 LUEDINGHAUSEN - UNNA

LFD. NR.	SEKTOR	ZAHL DER ARBEITSPLAETZE EFFEKTIVE 1961	1970	ENTWICKLUNG 1975	STANDORT-NEUTRALE 1980
1	LAND- U. FORSTWIRTSCHAFT	6856	3686	2848	2291
2	ENERGIEWIRTSCHAFT	1956	990	796	811
3	BERGBAU	26785	16558	17904	14970
4	CHEM.IND, MINERALOELVERARB	1209	3402	3341	3708
5	GEW. STEINE ERDEN,FK,GLAS	1057	1577	1653	1575
6	E- NE-METALLERZ. U. BEARB.	13852	12996	11807	11260
7	STAHL- MASCH- FAHRZEUGBAU	8386	11096	10809	11616
8	EL., FEINMECH., EBM-WAREN	4002	7982	7900	8416
9	HOLZ-, PAPIER- U. DRUCKGEW	2364	2704	3135	3086
10	TEXTIL-BEKLEID.- LEDERGEW.	2606	3724	2783	2733
11	NAHRUNGS- GENUSSMITTELGEW.	3266	3452	3121	3162
12	BAUGEWERBE	10111	9187	7184	6943
13	HANDEL	14789	16312	15787	16241
14	VERKEHR U. NACHRICHTENUEB.	6862	4974	4439	4488
15	KREDITINST.,VERSICHERUNGEN	766	1421	1832	2016
16	SONSTIGE DIENSTLEISTUNGEN	7851	9185	9351	9874
17	STAAT	5746	8666	11211	11850
18	ORGANISATIONEN O. E.	1961	2914	3404	3641
19	SUMME 1 - 18	120425	120826	119305	118681

ARBEITSMARKTREGION NR. 56 HAMM - BECKUM

LFD. NR.	SEKTOR	ZAHL DER ARBEITSPLAETZE EFFEKTIVE 1961	1970	ENTWICKLUNG 1975	STANDORT-NEUTRALE 1980
1	LAND- U. FORSTWIRTSCHAFT	3404	1976	1593	1282
2	ENERGIEWIRTSCHAFT	278	576	725	739
3	BERGBAU	12416	5350	5797	4847
4	CHEM.IND, MINERALOELVERARB	263	2457	2536	2815
5	GEW. STEINE ERDEN,FK,GLAS	698	454	270	257
6	E- NE-METALLERZ. U. BEARB.	5500	4055	3117	2973
7	STAHL- MASCH- FAHRZEUGBAU	1698	1897	1984	2132
8	EL., FEINMECH., EBM-WAREN	1509	2098	1832	1952
9	HOLZ-, PAPIER- U. DRUCKGEW	1492	1097	842	829
10	TEXTIL-BEKLEID.- LEDERGEW.	1385	1240	799	785
11	NAHRUNGS- GENUSSMITTELGEW.	2090	1876	1692	1714
12	BAUGEWERBE	7003	5580	4056	3920
13	HANDEL	10488	9729	8552	8798
14	VERKEHR U. NACHRICHTENUEB.	5258	5207	5526	5587
15	KREDITINST.,VERSICHERUNGEN	749	1214	1452	1598
16	SONSTIGE DIENSTLEISTUNGEN	4894	5231	5065	5348
17	STAAT	4366	3861	3820	4038
18	ORGANISATIONEN O. E.	1333	2284	2889	3090
19	SUMME 1 - 18	64824	56182	52547	52704

ARBEITSMARKTREGION NR. 57 SOEST

LFD. NR.	SEKTOR	ZAHL DER ARBEITSPLAETZE EFFEKTIVE 1961	1970	ENTWICKLUNG 1975	STANDORT-NEUTRALE 1980
1	LAND- U. FORSTWIRTSCHAFT	16754	8028	5820	4682
2	ENERGIEWIRTSCHAFT	373	389	387	394
3	BERGBAU	0	0	0	0
4	CHEM.IND, MINERALOELVERARB	335	783	886	983
5	GEW. STEINE ERDEN,FK,GLAS	3262	2735	2365	2253
6	E- NE-METALLERZ. U. BEARB.	6536	7504	6424	6126
7	STAHL- MASCH- FAHRZEUGBAU	5013	4860	4448	4780
8	EL., FEINMECH., EBM-WAREN	12667	14316	13503	14385
9	HOLZ-, PAPIER- U. DRUCKGEW	4012	4432	4596	4525
10	TEXTIL-BEKLEID.- LEDERGEW.	3493	2471	1712	1681
11	NAHRUNGS- GENUSSMITTELGEW.	4008	3465	3211	3253
12	BAUGEWERBE	8370	7966	6392	6177
13	HANDEL	12796	13123	12198	12549
14	VERKEHR U. NACHRICHTENUEB.	4444	3672	3524	3563
15	KREDITINST.,VERSICHERUNGEN	873	1303	1488	1637
16	SONSTIGE DIENSTLEISTUNGEN	6872	7525	7385	7798
17	STAAT	6162	8585	10628	11233
18	ORGANISATIONEN O. E.	2501	3624	4176	4466
19	SUMME 1 - 18	98471	94781	89143	90485

ARBEITSMARKTREGION NR. 58 PADERBORN

LFD. NR.	SEKTOR	ZAHL DER ARBEITSPLAETZE EFFEKTIVE 1961	1970	ENTWICKLUNG 1975	STANDORT-NEUTRALE 1980
1	LAND- U. FORSTWIRTSCHAFT	16177	7950	5844	4702
2	ENERGIEWIRTSCHAFT	173	474	597	608
3	BERGBAU	0	0	0	0
4	CHEM.IND, MINERALOELVERARB	457	767	761	845
5	GEW. STEINE ERDEN,FK,GLAS	1325	1260	1223	1165
6	E- NE-METALLERZ. U. BEARB.	3303	4774	4870	4644
7	STAHL- MASCH- FAHRZEUGBAU	3754	6665	7132	7665
8	EL., FEINMECH., EBM-WAREN	2539	2705	2088	2224
9	HOLZ-, PAPIER- U. DRUCKGEW	5865	6219	6143	6048
10	TEXTIL-BEKLEID.- LEDERGEW.	2747	2783	1920	1885
11	NAHRUNGS- GENUSSMITTELGEW.	2243	2265	2445	2477
12	BAUGEWERBE	7589	6760	5228	5052
13	HANDEL	9254	9122	8293	8531
14	VERKEHR U. NACHRICHTENUEB.	5931	4875	4664	4716
15	KREDITINST.,VERSICHERUNGEN	780	1059	1147	1262
16	SONSTIGE DIENSTLEISTUNGEN	5002	5414	5278	5573
17	STAAT	4831	5862	6720	7103
18	ORGANISATIONEN O. E.	2747	3223	3303	3533
19	SUMME 1 - 18	74717	72177	67656	68033

ARBEITSMARKTREGION NR. 59 HOLZMINDEN

LFD. NR.	SEKTOR	ZAHL DER ARBEITSPLAETZE EFFEKTIVE 1961	1970	1975	STANDORT-NEUTRALE ENTWICKLUNG 1980
1	LAND- U. FORSTWIRTSCHAFT	6918	3229	2307	1856
2	ENERGIEWIRTSCHAFT	119	115	110	112
3	BERGBAU	0	0	0	0
4	CHEM.IND, MINERALOELVERARB	1542	2129	1938	2151
5	GEW. STEINE ERDEN,FK,GLAS	4940	4434	4112	3918
6	E- NE-METALLERZ. U. BEARB.	979	804	652	622
7	STAHL- MASCH- FAHRZEUGBAU	1122	1253	1118	1201
8	EL., FEINMECH., EBM-WAREN	1709	2674	2670	2844
9	HOLZ-, PAPIER- U. DRUCKGEW	3683	2738	2315	2279
10	TEXTIL-BEKLEID.- LEDERGEW.	1847	1377	978	960
11	NAHRUNGS- GENUSSMITTELGEW.	1131	1016	990	1003
12	BAUGEWERBE	2901	3019	2545	2460
13	HANDEL	4229	4362	4067	4184
14	VERKEHR U. NACHRICHTENUEB.	1605	1262	1178	1191
15	KREDITINST.,VERSICHERUNGEN	328	437	468	515
16	SONSTIGE DIENSTLEISTUNGEN	2842	2864	2683	2833
17	STAAT	1858	2378	2808	2968
18	ORGANISATIONEN O. E.	467	803	1018	1089
19	SUMME 1 - 18	38220	34894	31957	32186

ARBEITSMARKTREGION NR. 60 HOEXTER

LFD. NR.	SEKTOR	ZAHL DER ARBEITSPLAETZE EFFEKTIVE 1961	1970	1975	STANDORT-NEUTRALE ENTWICKLUNG 1980
1	LAND- U. FORSTWIRTSCHAFT	17757	7090	4644	3736
2	ENERGIEWIRTSCHAFT	116	234	295	301
3	BERGBAU	0	0	0	0
4	CHEM.IND, MINERALOELVERARB	1121	1190	1198	1330
5	GEW. STEINE ERDEN,FK,GLAS	1356	1138	970	924
6	E- NE-METALLERZ. U. BEARB.	393	307	242	231
7	STAHL- MASCH- FAHRZEUGBAU	1547	2123	2158	2319
8	EL., FEINMECH., EBM-WAREN	1244	512	368	392
9	HOLZ-, PAPIER- U. DRUCKGEW	4895	4946	4802	4728
10	TEXTIL-BEKLEID.- LEDERGEW.	2241	2055	1586	1557
11	NAHRUNGS- GENUSSMITTELGEW.	2335	2248	2117	2145
12	BAUGEWERBE	5508	4575	3403	3289
13	HANDEL	6193	6216	5708	5872
14	VERKEHR U. NACHRICHTENUEB.	2848	2521	2513	2541
15	KREDITINST.,VERSICHERUNGEN	469	780	945	1040
16	SONSTIGE DIENSTLEISTUNGEN	4276	4517	4345	4588
17	STAAT	3079	2942	2953	3121
18	ORGANISATIONEN O. E.	1515	2165	2474	2646
19	SUMME 1 - 18	56893	45559	40721	40760

ARBEITSMARKTREGION NR. 61 HARZ

LFD. NR.	SEKTOR	ZAHL DER ARBEITSPLAETZE: EFFEKTIVE ENTWICKLUNG 1961	1970	1975	STANDORT-NEUTRALE 1980
1	LAND- U. FORSTWIRTSCHAFT	15538	7209	5141	4136
2	ENERGIEWIRTSCHAFT	902	882	848	863
3	BERGBAU	4379	1842	1415	1183
4	CHEM.IND, MINERALOELVERARB	3276	3887	3811	4230
5	GEW. STEINE ERDEN,FK,GLAS	3716	3571	3185	3035
6	E- NE-METALLERZ. U. BEARB.	8099	6038	5123	4886
7	STAHL- MASCH- FAHRZEUGBAU	3346	5196	4972	5344
8	EL., FEINMECH., EBM-WAREN	7844	9409	8176	8709
9	HOLZ-, PAPIER- U. DRUCKGEW	8655	9219	7316	7202
10	TEXTIL-BEKLEID.- LEDERGEW.	7690	5273	3308	3249
11	NAHRUNGS- GENUSSMITTELGEW.	6306	6004	5668	5742
12	BAUGEWERBE	11832	10648	8352	8071
13	HANDEL	17524	17064	15413	15856
14	VERKEHR U. NACHRICHTENUEB.	6288	5404	5301	5360
15	KREDITINST.,VERSICHERUNGEN	1328	1797	1943	2138
16	SONSTIGE DIENSTLEISTUNGEN	13818	14434	13819	14593
17	STAAT	9669	12611	15093	15953
18	ORGANISATIONEN O. E.	1659	2540	3025	3235
19	SUMME 1 - 18	131869	123028	111909	113785

ARBEITSMARKTREGION NR. 62 GOETTINGEN

LFD. NR.	SEKTOR	ZAHL DER ARBEITSPLAETZE: EFFEKTIVE ENTWICKLUNG 1961	1970	1975	STANDORT-NEUTRALE 1980
1	LAND- U. FORSTWIRTSCHAFT	30523	15408	11507	9258
2	ENERGIEWIRTSCHAFT	590	843	995	1014
3	BERGBAU	61	105	103	86
4	CHEM.IND, MINERALOELVERARB	3145	2964	3036	3369
5	GEW. STEINE ERDEN,FK,GLAS	3961	3139	2426	2312
6	E- NE-METALLERZ. U. BEARB.	2122	1316	1133	1081
7	STAHL- MASCH- FAHRZEUGBAU	4329	8028	9203	9890
8	EL., FEINMECH., EBM-WAREN	11580	14985	12544	13363
9	HOLZ-, PAPIER- U. DRUCKGEW	11258	9790	8124	7998
10	TEXTIL-BEKLEID.- LEDERGEW.	6991	5303	3644	3578
11	NAHRUNGS- GENUSSMITTELGEW.	5983	5058	4747	4809
12	BAUGEWERBE	13070	14018	12023	11619
13	HANDEL	20657	22092	21021	21625
14	VERKEHR U. NACHRICHTENUEB.	9134	7857	7716	7801
15	KREDITINST.,VERSICHERUNGEN	3042	4377	4901	5392
16	SONSTIGE DIENSTLEISTUNGEN	12134	13110	12819	13536
17	STAAT	14571	19719	24022	25391
18	ORGANISATIONEN O. E.	3873	3980	3793	4057
19	SUMME 1 - 18	157024	152092	143757	146179

ARBEITSMARKTREGION NR. 63 KASSEL

LFD. NR.	SEKTOR	ZAHL DER ARBEITSPLAETZE EFFEKTIVE 1961	1970	1975	STANDORTNEUTRALE ENTWICKLUNG 1980
1	LAND- U. FORSTWIRTSCHAFT	44552	21686	15900	12791
2	ENERGIEWIRTSCHAFT	1939	2764	3065	3122
3	BERGBAU	4020	1718	1545	1292
4	CHEM.IND, MINERALOELVERARB	4788	7009	6388	7090
5	GEW. STEINE ERDEN,FK,GLAS	4374	3443	3096	2950
6	E- NE-METALLERZ. U. BEARB.	1799	3175	3230	3081
7	STAHL- MASCH- FAHRZEUGBAU	32149	40150	34948	37558
8	EL., FEINMECH., EBM-WAREN	12560	10875	8675	9242
9	HOLZ-, PAPIER- U. DRUCKGEW	7834	6771	5670	5582
10	TEXTIL-BEKLEID.- LEDERGEW.	11488	8500	5964	5856
11	NAHRUNGS- GENUSSMITTELGEW.	7477	7021	6638	6725
12	BAUGEWERBE	22581	20466	16275	15729
13	HANDEL	34887	37612	35998	37033
14	VERKEHR U. NACHRICHTENUEB.	18560	17600	18241	18444
15	KREDITINST.,VERSICHERUNGEN	4991	6345	6735	7411
16	SONSTIGE DIENSTLEISTUNGEN	17790	21632	22545	23807
17	STAAT	18830	26530	33529	35439
18	ORGANISATIONEN O. E.	4847	6203	6743	7212
19	SUMME 1 - 18	255466	249500	235185	240364

ARBEITSMARKTREGION NR. 64 KORBACH

LFD. NR.	SEKTOR	ZAHL DER ARBEITSPLAETZE EFFEKTIVE 1961	1970	1975	STANDORTNEUTRALE ENTWICKLUNG 1980
1	LAND- U. FORSTWIRTSCHAFT	24141	13318	10441	8400
2	ENERGIEWIRTSCHAFT	681	357	287	292
3	BERGBAU	0	0	0	0
4	CHEM.IND, MINERALOELVERARB	3700	5993	5540	6149
5	GEW. STEINE ERDEN,FK,GLAS	765	617	549	523
6	E- NE-METALLERZ. U. BEARB.	1808	1057	740	706
7	STAHL- MASCH- FAHRZEUGBAU	2339	3972	4456	4789
8	EL., FEINMECH., EBM-WAREN	2084	3068	2852	3038
9	HOLZ-, PAPIER- U. DRUCKGEW	4042	3610	3237	3187
10	TEXTIL-BEKLEID.- LEDERGEW.	2813	2314	1850	1817
11	NAHRUNGS- GENUSSMITTELGEW.	1960	1953	2018	2044
12	BAUGEWERBE	5473	5469	4509	4358
13	HANDEL	6559	7402	7254	7463
14	VERKEHR U. NACHRICHTENUEB.	2361	2163	2197	2221
15	KREDITINST.,VERSICHERUNGEN	574	892	1041	1145
16	SONSTIGE DIENSTLEISTUNGEN	5832	7236	7611	8037
17	STAAT	4098	5191	6094	6441
18	ORGANISATIONEN O. E.	1002	1402	1583	1693
19	SUMME 1 - 18	70232	66014	62259	62303

ARBEITSMARKTREGION NR. 65 HOCHSAUERLAND

LFD. NR.	SEKTOR	ZAHL DER ARBEITSPLAETZE EFFEKTIVE 1961	1970	1975	STANDORTNEUTRALE ENTWICKLUNG 1980
1	LAND- U. FORSTWIRTSCHAFT	19036	7506	4883	3928
2	ENERGIEWIRTSCHAFT	506	740	890	907
3	BERGBAU	659	52	33	28
4	CHEM.IND, MINERALOELVERARB	1407	1673	1770	1965
5	GEW. STEINE ERDEN,FK,GLAS	3310	2614	1959	1867
6	E- NE-METALLERZ. U. BEARB.	6211	5983	5989	5711
7	STAHL- MASCH- FAHRZEUGBAU	3844	5244	5176	5563
8	EL., FEINMECH., EBM-WAREN	14866	16431	13647	14538
9	HOLZ-, PAPIER- U. DRUCKGEW	9359	8413	8085	7960
10	TEXTIL-BEKLEID.- LEDERGEW.	5177	5026	3388	3327
11	NAHRUNGS- GENUSSMITTELGEW.	2669	2334	2178	2207
12	BAUGEWERBE	8696	9018	7590	7335
13	HANDEL	11636	11739	10811	11122
14	VERKEHR U. NACHRICHTENUEB.	4873	4345	4350	4398
15	KREDITINST.,VERSICHERUNGEN	916	1263	1380	1518
16	SONSTIGE DIENSTLEISTUNGEN	8047	8907	8793	9285
17	STAAT	6509	7892	9044	9559
18	ORGANISATIONEN O. E.	2534	3111	3269	3496
19	SUMME 1 - 18	110255	102291	93235	94714

ARBEITSMARKTREGION NR. 66 ISERLOHN - LUEDENSCHEID

LFD. NR.	SEKTOR	ZAHL DER ARBEITSPLAETZE EFFEKTIVE 1961	1970	1975	STANDORTNEUTRALE ENTWICKLUNG 1980
1	LAND- U. FORSTWIRTSCHAFT	9644	4753	3500	2816
2	ENERGIEWIRTSCHAFT	1138	1103	1056	1076
3	BERGBAU	0	0	0	0
4	CHEM.IND, MINERALOELVERARB	4662	5962	4902	5441
5	GEW. STEINE ERDEN,FK,GLAS	2241	1944	1552	1479
6	E- NE-METALLERZ. U. BEARB.	48122	47345	41614	39686
7	STAHL- MASCH- FAHRZEUGBAU	12889	12435	11398	12249
8	EL., FEINMECH., EBM-WAREN	41058	34228	31882	33964
9	HOLZ-, PAPIER- U. DRUCKGEW	4887	4375	3949	3888
10	TEXTIL-BEKLEID.- LEDERGEW.	3712	2164	1297	1274
11	NAHRUNGS- GENUSSMITTELGEW.	3924	3423	3340	3384
12	BAUGEWERBE	12190	11333	8976	8675
13	HANDEL	21222	21972	20530	21120
14	VERKEHR U. NACHRICHTENUEB.	6304	6398	6884	6960
15	KREDITINST.,VERSICHERUNGEN	1896	2837	3245	3570
16	SONSTIGE DIENSTLEISTUNGEN	11240	12301	12067	12742
17	STAAT	8999	11751	14033	14832
18	ORGANISATIONEN O. E.	2218	3576	4372	4676
19	SUMME 1 - 18	196346	187900	174597	177832

ARBEITSMARKTREGION NR. 67 WUPPERTAL

LFD. NR.	SEKTOR	ZAHL DER ARBEITSPLAETZE EFFEKTIVE ENTWICKLUNG 1961	1970	1975	STANDORT-NEUTRALE 1980
1	LAND- U. FORSTWIRTSCHAFT	2216	1704	1611	1296
2	ENERGIEWIRTSCHAFT	1339	2830	3444	3509
3	BERGBAU	0	0	0	0
4	CHEM.IND, MINERALOELVERARB	15812	13812	11122	12345
5	GEW. STEINE ERDEN,FK,GLAS	769	748	1692	1612
6	E- NE-METALLERZ. U. BEARB.	16779	16853	14036	13386
7	STAHL- MASCH- FAHRZEUGBAU	28120	28823	23250	24987
8	EL., FEINMECH., EBM-WAREN	40688	40338	38721	41250
9	HOLZ-, PAPIER- U. DRUCKGEW	10620	9851	8779	8643
10	TEXTIL-BEKLEID.- LEDERGEW.	32954	21872	13884	13634
11	NAHRUNGS- GENUSSMITTELGEW.	7294	6407	5836	5912
12	BAUGEWERBE	16548	13986	10559	10204
13	HANDEL	45595	44977	40933	42110
14	VERKEHR U. NACHRICHTENUEB.	18684	15969	15649	15823
15	KREDITINST.,VERSICHERUNGEN	4862	6500	7003	7705
16	SONSTIGE DIENSTLEISTUNGEN	19556	19745	18586	19626
17	STAAT	16374	22126	26956	28491
18	ORGANISATIONEN O. E.	4021	4828	5150	5508
19	SUMME 1 - 18	282231	271369	247211	256041

ARBEITSMARKTREGION NR. 68 HAGEN

LFD. NR.	SEKTOR	ZAHL DER ARBEITSPLAETZE EFFEKTIVE ENTWICKLUNG 1961	1970	1975	STANDORT-NEUTRALE 1980
1	LAND- U. FORSTWIRTSCHAFT	6372	3262	2460	1979
2	ENERGIEWIRTSCHAFT	3074	3070	2993	3049
3	BERGBAU	3278	1151	736	615
4	CHEM.IND, MINERALOELVERARB	4426	4729	3971	4407
5	GEW. STEINE ERDEN,FK,GLAS	5205	5033	3850	3668
6	E- NE-METALLERZ. U. BEARB.	71718	67605	56162	53559
7	STAHL- MASCH- FAHRZEUGBAU	28553	26838	24119	25920
8	EL., FEINMECH., EBM-WAREN	18113	17993	17665	18819
9	HOLZ-, PAPIER- U. DRUCKGEW	5470	5350	5155	5075
10	TEXTIL-BEKLEID.- LEDERGEW.	6874	3782	2405	2361
11	NAHRUNGS- GENUSSMITTELGEW.	8460	7308	6893	6983
12	BAUGEWERBE	16430	15047	11843	11445
13	HANDEL	36954	36998	33936	34912
14	VERKEHR U. NACHRICHTENUEB.	15819	15142	15781	15956
15	KREDITINST.,VERSICHERUNGEN	2684	3828	4269	4697
16	SONSTIGE DIENSTLEISTUNGEN	16920	19391	19516	20608
17	STAAT	12291	15793	18703	19768
18	ORGANISATIONEN O. E.	4345	6884	8343	8923
19	SUMME 1 - 18	266986	259204	238800	242744

ARBEITSMARKTREGION NR. 69 DUESSELDORF - NEUSS - SOLINGEN

LFD. NR.	SEKTOR	ZAHL DER ARBEITSPLAETZE			
		EFFEKTIVE			STANDORT-NEUTRALE ENTWICKLUNG
		1961	1970	1975	1980
1	LAND- U. FORSTWIRTSCHAFT	16155	10830	9470	7619
2	ENERGIEWIRTSCHAFT	5766	6442	6776	6903
3	BERGBAU	4039	2213	1970	1648
4	CHEM.IND, MINERALOELVERARB	34384	46243	44568	49466
5	GEW. STEINE ERDEN,FK,GLAS	20016	16848	13357	12726
6	E- NE-METALLERZ. U. BEARB.	75315	69292	60824	58006
7	STAHL- MASCH- FAHRZEUGBAU	83687	89463	80841	86879
8	EL., FEINMECH., EBM-WAREN	74343	66228	56991	60713
9	HOLZ-, PAPIER- U. DRUCKGEW	23972	24262	21034	20709
10	TEXTIL-BEKLEID.- LEDERGEW.	25656	17519	11594	11385
11	NAHRUNGS- GENUSSMITTELGEW.	24113	21798	20223	20487
12	BAUGEWERBE	58227	55414	44862	43356
13	HANDEL	121720	136109	133704	137548
14	VERKEHR U. NACHRICHTENUEB.	40176	43341	48308	48845
15	KREDITINST.,VERSICHERUNGEN	22726	29457	31299	34437
16	SONSTIGE DIENSTLEISTUNGEN	69224	87242	92630	97813
17	STAAT	42784	66191	87187	92154
18	ORGANISATIONEN O. E.	16945	22845	25439	27208
19	SUMME 1 - 18	759248	811737	791077	817902

ARBEITSMARKTREGION NR. 70 MOENCHENGLADBACH - RHEYDT

LFD. NR.	SEKTOR	ZAHL DER ARBEITSPLAETZE			
		EFFEKTIVE			STANDORT-NEUTRALE ENTWICKLUNG
		1961	1970	1975	1980
1	LAND- U. FORSTWIRTSCHAFT	11948	7588	6434	5176
2	ENERGIEWIRTSCHAFT	971	1289	1471	1499
3	BERGBAU	8159	4931	4269	3569
4	CHEM.IND, MINERALOELVERARB	6470	7322	6561	7283
5	GEW. STEINE ERDEN,FK,GLAS	1239	1137	1027	978
6	E- NE-METALLERZ. U. BEARB.	1894	1432	1038	990
7	STAHL- MASCH- FAHRZEUGBAU	15733	20672	21519	23126
8	EL., FEINMECH., EBM-WAREN	7741	7612	7086	7549
9	HOLZ-, PAPIER- U. DRUCKGEW	6061	6458	6128	6033
10	TEXTIL-BEKLEID.- LEDERGEW.	45583	30668	22012	21615
11	NAHRUNGS- GENUSSMITTELGEW.	5074	4420	4145	4199
12	BAUGEWERBE	12414	12973	10972	10603
13	HANDEL	26016	26639	24796	25509
14	VERKEHR U. NACHRICHTENUEB.	7165	7186	7716	7802
15	KREDITINST.,VERSICHERUNGEN	2755	3191	3292	3622
16	SONSTIGE DIENSTLEISTUNGEN	11765	14011	14410	15216
17	STAAT	11474	12692	13937	14731
18	ORGANISATIONEN O. E.	3254	5108	6171	6601
19	SUMME 1 - 18	185716	175329	162984	166101

ARBEITSMARKTREGION NR. 71 AACHEN

LFD. NR.	SEKTOR	ZAHL DER ARBEITSPLAETZE EFFEKTIVE 1961	1970	ENTWICKLUNG 1975	STANDORT-NEUTRALE 1980
1	LAND- U. FORSTWIRTSCHAFT	8172	4072	3037	2443
2	ENERGIEWIRTSCHAFT	2555	1347	1326	1351
3	BERGBAU	20860	10249	8846	7396
4	CHEM.IND, MINERALOELVERARB	8448	8324	7331	8137
5	GEW. STEINE ERDEN,FK,GLAS	9211	8447	7479	7127
6	E- NE-METALLERZ. U. BEARB.	7493	6852	6070	5789
7	STAHL- MASCH- FAHRZEUGBAU	12030	13244	12362	13285
8	EL., FEINMECH., EBM-WAREN	18572	18457	16084	17134
9	HOLZ-, PAPIER- U. DRUCKGEW	4358	3490	2841	2797
10	TEXTIL-BEKLEID.- LEDERGEW.	13267	8140	5217	5123
11	NAHRUNGS- GENUSSMITTELGEW.	12105	10760	9770	9898
12	BAUGEWERBE	15658	14980	12062	11657
13	HANDEL	28848	30719	29159	29997
14	VERKEHR U. NACHRICHTENUEB.	9896	10545	11664	11793
15	KREDITINST.,VERSICHERUNGEN	3280	4877	5563	6121
16	SONSTIGE DIENSTLEISTUNGEN	16895	18999	18922	19981
17	STAAT	18224	23767	28385	30002
18	ORGANISATIONEN O. E.	4609	6066	6704	7170
19	SUMME 1 - 18	214481	203335	192822	197201

ARBEITSMARKTREGION NR. 72 JUELICH - DUEREN

LFD. NR.	SEKTOR	ZAHL DER ARBEITSPLAETZE EFFEKTIVE 1961	1970	ENTWICKLUNG 1975	STANDORT-NEUTRALE 1980
1	LAND- U. FORSTWIRTSCHAFT	10225	5894	4735	3809
2	ENERGIEWIRTSCHAFT	642	642	625	637
3	BERGBAU	4981	4300	3801	3178
4	CHEM.IND, MINERALOELVERARB	1846	2926	2897	3215
5	GEW. STEINE ERDEN,FK,GLAS	1803	1715	1504	1433
6	E- NE-METALLERZ. U. BEARB.	1823	1968	1861	1775
7	STAHL- MASCH- FAHRZEUGBAU	3952	6149	6553	7042
8	EL., FEINMECH., EBM-WAREN	2354	1820	1373	1463
9	HOLZ-, PAPIER- U. DRUCKGEW	11432	12691	11775	11593
10	TEXTIL-BEKLEID.- LEDERGEW.	5130	3954	3086	3030
11	NAHRUNGS- GENUSSMITTELGEW.	3083	2843	2801	2838
12	BAUGEWERBE	8051	6667	4952	4786
13	HANDEL	11609	11298	10200	10493
14	VERKEHR U. NACHRICHTENUEB.	4588	3709	3516	3555
15	KREDITINST.,VERSICHERUNGEN	864	1378	1633	1797
16	SONSTIGE DIENSTLEISTUNGEN	5602	10266	12965	13690
17	STAAT	6466	8145	9534	10077
18	ORGANISATIONEN O. E.	1308	2383	3117	3334
19	SUMME 1 - 18	85759	88748	86928	87745

ARBEITSMARKTREGION NR. 73 KOELN - LEVERKUSEN

LFD. NR.	SEKTOR	ZAHL DER ARBEITSPLAETZE EFFEKTIVE 1961	1970	1975	STANDORT-NEUTRALE ENTWICKLUNG 1980
1	LAND- U. FORSTWIRTSCHAFT	17272	10771	9193	7395
2	ENERGIEWIRTSCHAFT	6710	6670	6601	6726
3	BERGBAU	16392	9803	9170	7667
4	CHEM.IND, MINERALOELVERARB	81131	88096	83232	92379
5	GEW. STEINE ERDEN,FK,GLAS	13456	11911	9114	8684
6	E- NE-METALLERZ. U. BEARB.	14103	15157	14048	13397
7	STAHL- MASCH- FAHRZEUGBAU	84441	98765	90808	97590
8	EL., FEINMECH., EBM-WAREN	38435	38892	33895	36108
9	HOLZ-, PAPIER- U. DRUCKGEW	23900	22386	19609	19305
10	TEXTIL-BEKLEID.- LEDERGEW.	22754	13980	9231	9064
11	NAHRUNGS- GENUSSMITTELGEW.	24716	20035	16616	16833
12	BAUGEWERBE	65807	60517	47845	46238
13	HANDEL	115454	125863	121505	124999
14	VERKEHR U. NACHRICHTENUEB.	58292	53569	54555	55162
15	KREDITINST.,VERSICHERUNGEN	23226	33509	37630	41404
16	SONSTIGE DIENSTLEISTUNGEN	68792	86040	90994	96086
17	STAAT	45702	67199	85757	90642
18	ORGANISATIONEN O. E.	14670	21128	24329	26021
19	SUMME 1 - 18	735253	784291	764132	795700

ARBEITSMARKTREGION NR. 74 GUMMERSBACH

LFD. NR.	SEKTOR	ZAHL DER ARBEITSPLAETZE EFFEKTIVE 1961	1970	1975	STANDORT-NEUTRALE ENTWICKLUNG 1980
1	LAND- U. FORSTWIRTSCHAFT	12284	4646	2953	2376
2	ENERGIEWIRTSCHAFT	480	487	478	487
3	BERGBAU	0	0	0	0
4	CHEM.IND, MINERALOELVERARB	2976	3844	3356	3725
5	GEW. STEINE ERDEN,FK,GLAS	1174	498	299	285
6	E- NE-METALLERZ. U. BEARB.	6151	7620	7220	6885
7	STAHL- MASCH- FAHRZEUGBAU	12756	13934	12215	13127
8	EL., FEINMECH., EBM-WAREN	11435	10338	9853	10496
9	HOLZ-, PAPIER- U. DRUCKGEW	4972	4980	4455	4386
10	TEXTIL-BEKLEID.- LEDERGEW.	10681	5558	3350	3290
11	NAHRUNGS- GENUSSMITTELGEW.	2150	1735	1545	1565
12	BAUGEWERBE	6073	6497	5564	5377
13	HANDEL	10176	10041	9134	9397
14	VERKEHR U. NACHRICHTENUEB.	3521	3269	3346	3383
15	KREDITINST.,VERSICHERUNGEN	806	1028	1076	1184
16	SONSTIGE DIENSTLEISTUNGEN	5377	5875	5758	6080
17	STAAT	4326	5511	6491	6861
18	ORGANISATIONEN O. E.	1557	1713	1694	1812
19	SUMME 1 - 18	96895	87574	78787	80716

ARBEITSMARKTREGION NR. 75 SIEGEN - HUETTENTAL

LFD. NR.	SEKTOR	ZAHL DER ARBEITSPLAETZE EFFEKTIVE 1961	1970	STANDORT-NEUTRALE ENTWICKLUNG 1975	1980
1	LAND- U. FORSTWIRTSCHAFT	29671	9175	5777	4647
2	ENERGIEWIRTSCHAFT	801	984	1085	1105
3	BERGBAU	4986	1100	992	830
4	CHEM.IND, MINERALOELVERARB	2714	4244	3819	4239
5	GEW. STEINE ERDEN,FK,GLAS	2311	1719	1324	1261
6	E- NE-METALLERZ. U. BEARB.	29382	23715	20329	19387
7	STAHL- MASCH- FAHRZEUGBAU	26057	30215	29869	32099
8	EL., FEINMECH., EBM-WAREN	23056	24537	22010	23448
9	HOLZ-, PAPIER- U. DRUCKGEW	8994	8408	8009	7886
10	TEXTIL-BEKLEID.- LEDERGEW.	5422	4161	2975	2921
11	NAHRUNGS- GENUSSMITTELGEW.	6020	5321	4885	4950
12	BAUGEWERBE	15560	14711	11815	11418
13	HANDEL	25940	26616	24766	25478
14	VERKEHR U. NACHRICHTENUEB.	12939	10729	10360	10475
15	KREDITINST.,VERSICHERUNGEN	2196	3155	3532	3885
16	SONSTIGE DIENSTLEISTUNGEN	12600	14949	15351	16210
17	STAAT	9813	11623	13252	14007
18	ORGANISATIONEN O. E.	3066	4361	4974	5320
19	SUMME 1 - 18	221528	199723	185124	189566

ARBEITSMARKTREGION NR. 76 DILLENBURG

LFD. NR.	SEKTOR	ZAHL DER ARBEITSPLAETZE EFFEKTIVE 1961	1970	STANDORT-NEUTRALE ENTWICKLUNG 1975	1980
1	LAND- U. FORSTWIRTSCHAFT	7495	1675	1055	849
2	ENERGIEWIRTSCHAFT	291	282	270	275
3	BERGBAU	414	114	72	60
4	CHEM.IND, MINERALOELVERARB	439	487	426	473
5	GEW. STEINE ERDEN,FK,GLAS	1952	1936	1745	1663
6	E- NE-METALLERZ. U. BEARB.	4705	3068	2287	2181
7	STAHL- MASCH- FAHRZEUGBAU	2781	3448	3512	3774
8	EL., FEINMECH., EBM-WAREN	8381	11537	10177	10842
9	HOLZ-, PAPIER- U. DRUCKGEW	2016	2362	2695	2653
10	TEXTIL-BEKLEID.- LEDERGEW.	875	893	687	675
11	NAHRUNGS- GENUSSMITTELGEW.	1080	1193	1238	1254
12	BAUGEWERBE	2876	2862	2354	2275
13	HANDEL	4880	5529	5432	5588
14	VERKEHR U. NACHRICHTENUEB.	2533	2465	2590	2619
15	KREDITINST.,VERSICHERUNGEN	282	427	492	541
16	SONSTIGE DIENSTLEISTUNGEN	2143	2647	2777	2932
17	STAAT	2309	2842	3284	3471
18	ORGANISATIONEN O. E.	276	931	1270	1358
19	SUMME 1 - 18	45728	44698	42363	43483

ARBEITSMARKTREGION NR. 77 MARBURG

LFD. NR.	SEKTOR	ZAHL DER ARBEITSPLAETZE EFFEKTIVE 1961	1970	STANDORTNEUTRALE ENTWICKLUNG 1975	1980
1	LAND- U. FORSTWIRTSCHAFT	22399	10562	7590	6106
2	ENERGIEWIRTSCHAFT	794	542	435	443
3	BERGBAU	0	0	0	0
4	CHEM.IND, MINERALOELVERARB	1722	2452	2868	3183
5	GEW. STEINE ERDEN,FK,GLAS	1479	1370	1150	1096
6	E- NE-METALLERZ. U. BEARB.	5511	6732	6503	6202
7	STAHL- MASCH- FAHRZEUGBAU	3716	4963	5061	5439
8	EL., FEINMECH., EBM-WAREN	3720	5504	4544	4841
9	HOLZ-, PAPIER- U. DRUCKGEW	3131	3421	3234	3184
10	TEXTIL-BEKLEID.- LEDERGEW.	5275	4751	3703	3636
11	NAHRUNGS- GENUSSMITTELGEW.	2812	3563	3766	3815
12	BAUGEWERBE	8087	8046	6616	6394
13	HANDEL	9737	10809	10498	10800
14	VERKEHR U. NACHRICHTENUEB.	3566	3561	3797	3839
15	KREDITINST.,VERSICHERUNGEN	729	1370	1779	1957
16	SONSTIGE DIENSTLEISTUNGEN	5478	6607	6841	7224
17	STAAT	7218	11227	14776	15618
18	ORGANISATIONEN O. E.	1336	2556	3437	3676
19	SUMME 1 - 18	86710	88036	86598	87453

ARBEITSMARKTREGION NR. 78 ALSFELD - ZIEGENHAIN

LFD. NR.	SEKTOR	ZAHL DER ARBEITSPLAETZE EFFEKTIVE 1961	1970	STANDORTNEUTRALE ENTWICKLUNG 1975	1980
1	LAND- U. FORSTWIRTSCHAFT	23732	13744	11071	8907
2	ENERGIEWIRTSCHAFT	178	78	63	64
3	BERGBAU	7	3	1	1
4	CHEM.IND, MINERALOELVERARB	235	469	449	498
5	GEW. STEINE ERDEN,FK,GLAS	961	832	735	700
6	E- NE-METALLERZ. U. BEARB.	1079	1202	1322	1261
7	STAHL- MASCH- FAHRZEUGBAU	1377	1751	1889	2030
8	EL., FEINMECH., EBM-WAREN	1037	1367	1624	1730
9	HOLZ-, PAPIER- U. DRUCKGEW	3847	4287	4141	4077
10	TEXTIL-BEKLEID.- LEDERGEW.	4797	3976	3208	3150
11	NAHRUNGS- GENUSSMITTELGEW.	1760	1757	1686	1708
12	BAUGEWERBE	4099	4219	3537	3418
13	HANDEL	4371	4876	4749	4886
14	VERKEHR U. NACHRICHTENUEB.	1516	1422	1464	1480
15	KREDITINST.,VERSICHERUNGEN	359	658	842	926
16	SONSTIGE DIENSTLEISTUNGEN	2729	3074	3064	3235
17	STAAT	2150	3047	3807	4024
18	ORGANISATIONEN O. E.	282	667	911	974
19	SUMME 1 - 18	54516	47429	44563	43069

ARBEITSMARKTREGION NR. 79 BAD HERSFELD - ROTENBURG

LFD. NR.	SEKTOR	ZAHL DER ARBEITSPLAETZE EFFEKTIVE 1961	1970	1975	STANDORT-NEUTRALE ENTWICKLUNG 1980
1	LAND- U. FORSTWIRTSCHAFT	16898	8468	6294	5064
2	ENERGIEWIRTSCHAFT	186	184	177	180
3	BERGBAU	5587	3611	3245	2713
4	CHEM.IND, MINERALOELVERARB	735	2934	3430	3807
5	GEW. STEINE ERDEN,FK,GLAS	592	526	445	424
6	E- NE-METALLERZ. U. BEARB.	716	509	470	448
7	STAHL- MASCH- FAHRZEUGBAU	3869	6275	6624	7119
8	EL., FEINMECH., EBM-WAREN	582	613	531	566
9	HOLZ-, PAPIER- U. DRUCKGEW	1440	1423	1318	1298
10	TEXTIL-BEKLEID.- LEDERGEW.	4696	3077	2309	2267
11	NAHRUNGS- GENUSSMITTELGEW.	1276	1302	1170	1185
12	BAUGEWERBE	5249	5157	4211	4070
13	HANDEL	6462	6604	6126	6302
14	VERKEHR U. NACHRICHTENUEB.	4402	3721	3617	3657
15	KREDITINST.,VERSICHERUNGEN	473	776	933	1027
16	SONSTIGE DIENSTLEISTUNGEN	3567	4021	4010	4234
17	STAAT	3603	4462	5173	5468
18	ORGANISATIONEN O. E.	427	639	749	801
19	SUMME 1 - 18	60760	54302	50832	50630

ARBEITSMARKTREGION NR. 80 ESCHWEGE

LFD. NR.	SEKTOR	ZAHL DER ARBEITSPLAETZE EFFEKTIVE 1961	1970	1975	STANDORT-NEUTRALE ENTWICKLUNG 1980
1	LAND- U. FORSTWIRTSCHAFT	14408	6186	4219	3394
2	ENERGIEWIRTSCHAFT	333	263	224	228
3	BERGBAU	994	220	138	115
4	CHEM.IND, MINERALOELVERARB	1228	1787	1820	2020
5	GEW. STEINE ERDEN,FK,GLAS	2192	1699	1335	1272
6	E- NE-METALLERZ. U. BEARB.	774	541	381	363
7	STAHL- MASCH- FAHRZEUGBAU	3390	3867	3694	3970
8	EL., FEINMECH., EBM-WAREN	932	1220	948	1010
9	HOLZ-, PAPIER- U. DRUCKGEW	3812	3026	2676	2635
10	TEXTIL-BEKLEID.- LEDERGEW.	4923	4826	3196	3138
11	NAHRUNGS- GENUSSMITTELGEW.	2826	2118	1772	1795
12	BAUGEWERBE	4878	4518	3571	3451
13	HANDEL	5902	5953	5482	5640
14	VERKEHR U. NACHRICHTENUEB.	2308	1929	1863	1884
15	KREDITINST.,VERSICHERUNGEN	404	599	682	750
16	SONSTIGE DIENSTLEISTUNGEN	3282	3554	3466	3660
17	STAAT	3275	4864	6239	6594
18	ORGANISATIONEN O. E.	707	796	797	852
19	SUMME 1 - 18	56568	47966	42503	42771

ARBEITSMARKTREGION NR. 81 FULDA

LFD. NR.	SEKTOR	ZAHL DER ARBEITSPLAETZE EFFEKTIVE 1961	1970	ENTWICKLUNG 1975	STANDORT-NEUTRALE 1980
1	LAND- U. FORSTWIRTSCHAFT	19871	10858	8468	6813
2	ENERGIEWIRTSCHAFT	522	422	365	372
3	BERGBAU	1148	928	916	766
4	CHEM.IND, MINERALOELVERARB	4413	3181	2619	2907
5	GEW. STEINE ERDEN,FK,GLAS	1873	1252	1186	1130
6	E- NE-METALLERZ. U. BEARB.	418	313	241	230
7	STAHL- MASCH- FAHRZEUGBAU	2499	2919	2916	3134
8	EL., FEINMECH., EBM-WAREN	2574	3680	3668	3908
9	HOLZ-, PAPIER- U. DRUCKGEW	3199	3142	2863	2819
10	TEXTIL-BEKLEID.- LEDERGEW.	10762	9793	8421	8269
11	NAHRUNGS- GENUSSMITTELGEW.	2132	1774	1693	1715
12	BAUGEWERBE	5970	6887	6150	5943
13	HANDEL	8736	10253	10270	10565
14	VERKEHR U. NACHRICHTENUEB.	5181	5012	5250	5308
15	KREDITINST.,VERSICHERUNGEN	732	1321	1677	1845
16	SONSTIGE DIENSTLEISTUNGEN	4641	5857	6219	6567
17	STAAT	4207	6144	7807	8252
18	ORGANISATIONEN O. E.	1145	1738	2055	2198
19	SUMME 1 - 18	80023	75474	72784	72741

ARBEITSMARKTREGION NR. 82 GIESSEN - WETZLAR

LFD. NR.	SEKTOR	ZAHL DER ARBEITSPLAETZE EFFEKTIVE 1961	1970	ENTWICKLUNG 1975	STANDORT-NEUTRALE 1980
1	LAND- U. FORSTWIRTSCHAFT	25677	9939	6616	5322
2	ENERGIEWIRTSCHAFT	716	826	891	908
3	BERGBAU	1876	112	69	57
4	CHEM.IND, MINERALOELVERARB	1613	2074	2055	2281
5	GEW. STEINE ERDEN,FK,GLAS	2821	4327	4401	4193
6	E- NE-METALLERZ. U. BEARB.	15083	15488	14257	13597
7	STAHL- MASCH- FAHRZEUGBAU	5698	8777	7424	7978
8	EL., FEINMECH., EBM-WAREN	17257	19295	17121	18239
9	HOLZ-, PAPIER- U. DRUCKGEW	4771	5700	5734	5645
10	TEXTIL-BEKLEID.- LEDERGEW.	6632	4580	2682	2634
11	NAHRUNGS- GENUSSMITTELGEW.	7241	5842	5021	5087
12	BAUGEWERBE	13451	13672	11405	11023
13	HANDEL	18748	21228	20870	21470
14	VERKEHR U. NACHRICHTENUEB.	7411	7630	8286	8377
15	KREDITINST.,VERSICHERUNGEN	1685	2523	2896	3186
16	SONSTIGE DIENSTLEISTUNGEN	9820	12243	12922	13645
17	STAAT	10473	17644	24326	25712
18	ORGANISATIONEN O. E.	1602	2738	3465	3706
19	SUMME 1 - 18	152575	154638	150441	153060

ARBEITSMARKTREGION NR. 83 LIMBURG - WESTERWALD

LFD. NR.	SEKTOR	ZAHL DER ARBEITSPLAETZE EFFEKTIVE 1961	1970	ENTWICKLUNG 1975	STANDORT-NEUTRALE 1980
1	LAND- U. FORSTWIRTSCHAFT	27974	9809	6387	5138
2	ENERGIEWIRTSCHAFT	446	442	431	440
3	BERGBAU	542	103	65	54
4	CHEM.IND, MINERALOELVERARB	1579	2260	2334	2590
5	GEW. STEINE ERDEN,FK,GLAS	14916	13893	12030	11463
6	E- NE-METALLERZ. U. BEARB.	2210	2469	2422	2310
7	STAHL- MASCH- FAHRZEUGBAU	3499	5404	5670	6093
8	EL., FEINMECH., EBM-WAREN	2871	5569	5781	6158
9	HOLZ-, PAPIER- U. DRUCKGEW	4370	4064	3856	3796
10	TEXTIL-BEKLEID.- LEDERGEW.	5008	4153	2951	2898
11	NAHRUNGS- GENUSSMITTELGEW.	4594	4212	4053	4106
12	BAUGEWERBE	9651	10977	9757	9429
13	HANDEL	13197	14460	13943	14344
14	VERKEHR U. NACHRICHTENUEB.	7084	6858	7188	7268
15	KREDITINST.,VERSICHERUNGEN	946	1628	2023	2226
16	SONSTIGE DIENSTLEISTUNGEN	7495	9338	9845	10396
17	STAAT	6446	8990	11138	11772
18	ORGANISATIONEN O. E.	2352	2832	2943	3148
19	SUMME 1 - 18	115180	107461	102817	103629

ARBEITSMARKTREGION NR. 84 BONN

LFD. NR.	SEKTOR	ZAHL DER ARBEITSPLAETZE EFFEKTIVE 1961	1970	ENTWICKLUNG 1975	STANDORT-NEUTRALE 1980
1	LAND- U. FORSTWIRTSCHAFT	29303	13513	9780	7868
2	ENERGIEWIRTSCHAFT	1070	1142	1154	1176
3	BERGBAU	19	45	44	37
4	CHEM.IND, MINERALOELVERARB	20678	21523	15989	17746
5	GEW. STEINE ERDEN,FK,GLAS	10204	8925	7515	7161
6	E- NE-METALLERZ. U. BEARB.	10243	10803	9476	9036
7	STAHL- MASCH- FAHRZEUGBAU	16965	21723	20182	21689
8	EL., FEINMECH., EBM-WAREN	11400	12570	10162	10826
9	HOLZ-, PAPIER- U. DRUCKGEW	10217	8967	7999	7875
10	TEXTIL-BEKLEID.- LEDERGEW.	6876	3862	2627	2579
11	NAHRUNGS- GENUSSMITTELGEW.	10593	9370	8920	9036
12	BAUGEWERBE	22308	22920	19197	18553
13	HANDEL	38589	39816	37141	38209
14	VERKEHR U. NACHRICHTENUEB.	13508	13055	13805	13958
15	KREDITINST.,VERSICHERUNGEN	5445	7371	7975	8774
16	SONSTIGE DIENSTLEISTUNGEN	30151	32617	31851	33633
17	STAAT	32333	53933	73738	77939
18	ORGANISATIONEN O. E.	12061	15257	16312	17447
19	SUMME 1 - 18	281963	297412	293867	303542

ARBEITSMARKTREGION NR. 85 EUSKIRCHEN - SCHLEIDEN

LFD. NR.	SEKTOR	ZAHL DER ARBEITSPLAETZE EFFEKTIVE 1961	1970	ENTWICKLUNG 1975	STANDORT-NEUTRALE 1980
1	LAND- U. FORSTWIRTSCHAFT	12991	5485	3707	2982
2	ENERGIEWIRTSCHAFT	247	252	248	253
3	BERGBAU	747	0	0	0
4	CHEM.IND, MINERALOELVERARB	171	304	346	384
5	GEW. STEINE ERDEN,FK,GLAS	2465	2199	1809	1724
6	E- NE-METALLERZ. U. BEARB.	2103	1934	931	888
7	STAHL- MASCH- FAHRZEUGBAU	2048	2720	2606	2801
8	EL., FEINMECH., EBM-WAREN	1664	1478	1295	1380
9	HOLZ-, PAPIER- U. DRUCKGEW	3199	2935	1616	1591
10	TEXTIL-BEKLEID.- LEDERGEW.	3650	2148	1649	1619
11	NAHRUNGS- GENUSSMITTELGEW.	1948	1956	1847	1871
12	BAUGEWERBE	4885	5023	4207	4066
13	HANDEL	6351	6256	5685	5848
14	VERKEHR U. NACHRICHTENUEB.	2745	2331	2271	2296
15	KREDITINST.,VERSICHERUNGEN	509	799	938	1032
16	SONSTIGE DIENSTLEISTUNGEN	3677	4254	4304	4545
17	STAAT	3683	5567	7210	7621
18	ORGANISATIONEN O. E.	1020	1358	1492	1596
19	SUMME 1 - 18	54103	46999	42161	42497

ARBEITSMARKTREGION NR. 86 DAUN

LFD. NR.	SEKTOR	ZAHL DER ARBEITSPLAETZE EFFEKTIVE 1961	1970	ENTWICKLUNG 1975	STANDORT-NEUTRALE 1980
1	LAND- U. FORSTWIRTSCHAFT	12655	5875	4185	3367
2	ENERGIEWIRTSCHAFT	176	17	13	13
3	BERGBAU	0	0	0	0
4	CHEM.IND, MINERALOELVERARB	445	181	134	149
5	GEW. STEINE ERDEN,FK,GLAS	775	632	424	404
6	E- NE-METALLERZ. U. BEARB.	293	480	525	501
7	STAHL- MASCH- FAHRZEUGBAU	1135	1179	1019	1095
8	EL., FEINMECH., EBM-WAREN	446	544	601	640
9	HOLZ-, PAPIER- U. DRUCKGEW	606	713	754	742
10	TEXTIL-BEKLEID.- LEDERGEW.	663	801	706	693
11	NAHRUNGS- GENUSSMITTELGEW.	1178	1255	1343	1361
12	BAUGEWERBE	1687	1912	1691	1634
13	HANDEL	1904	2155	2115	2176
14	VERKEHR U. NACHRICHTENUEB.	1414	1149	1092	1104
15	KREDITINST.,VERSICHERUNGEN	189	258	279	307
16	SONSTIGE DIENSTLEISTUNGEN	1234	1505	1568	1656
17	STAAT	980	1960	2967	3136
18	ORGANISATIONEN O. E.	254	460	599	641
19	SUMME 1 - 18	26034	21076	20015	19619

ARBEITSMARKTREGION NR. 87 MOSEL - HUNSRUECK - LAHN

LFD. NR.	SEKTOR	ZAHL DER ARBEITSPLAETZE EFFEKTIVE 1961	1970	ENTWICKLUNG 1975	STANDORT-NEUTRALE 1980
1	LAND- U. FORSTWIRTSCHAFT	42913	20351	14680	11810
2	ENERGIEWIRTSCHAFT	436	497	518	527
3	BERGBAU	127	0	0	0
4	CHEM.IND, MINERALOELVERARB	2105	2507	2054	2280
5	GEW. STEINE ERDEN,FK,GLAS	2389	1775	1656	1577
6	E- NE-METALLERZ. U. BEARB.	1453	1227	1035	988
7	STAHL- MASCH- FAHRZEUGBAU	2454	4763	5150	5535
8	EL., FEINMECH., EBM-WAREN	1939	3014	3050	3249
9	HOLZ-, PAPIER- U. DRUCKGEW	5679	4892	4639	4567
10	TEXTIL-BEKLEID.- LEDERGEW.	3822	3487	2697	2648
11	NAHRUNGS- GENUSSMITTELGEW.	3759	3558	3326	3369
12	BAUGEWERBE	9309	9071	7411	7162
13	HANDEL	12235	11921	10778	11088
14	VERKEHR U. NACHRICHTENUEB.	6721	5560	5388	5449
15	KREDITINST.,VERSICHERUNGEN	1075	1137	1170	1287
16	SONSTIGE DIENSTLEISTUNGEN	10244	10927	10580	11172
17	STAAT	7232	11560	15569	16455
18	ORGANISATIONEN O. E.	2115	3045	3506	3750
19	SUMME 1 - 18	116007	99342	93207	92913

ARBEITSMARKTREGION NR. 88 KOBLENZ

LFD. NR.	SEKTOR	ZAHL DER ARBEITSPLAETZE EFFEKTIVE 1961	1970	ENTWICKLUNG 1975	STANDORT-NEUTRALE 1980
1	LAND- U. FORSTWIRTSCHAFT	23648	9684	6443	5184
2	ENERGIEWIRTSCHAFT	1522	1803	1972	2009
3	BERGBAU	0	0	0	0
4	CHEM.IND, MINERALOELVERARB	2732	4080	3759	4172
5	GEW. STEINE ERDEN,FK,GLAS	15097	10646	8481	8081
6	E- NE-METALLERZ. U. BEARB.	9804	7692	6635	6327
7	STAHL- MASCH- FAHRZEUGBAU	6840	11040	11806	12687
8	EL., FEINMECH., EBM-WAREN	3920	5958	6176	6580
9	HOLZ-, PAPIER- U. DRUCKGEW	8778	9343	8372	8243
10	TEXTIL-BEKLEID.- LEDERGEW.	4827	3713	2676	2628
11	NAHRUNGS- GENUSSMITTELGEW.	8560	7925	7406	7504
12	BAUGEWERBE	16436	15647	12560	12139
13	HANDEL	27858	29147	27424	28212
14	VERKEHR U. NACHRICHTENUEB.	12514	11030	10997	11119
15	KREDITINST.,VERSICHERUNGEN	4014	5131	5390	5931
16	SONSTIGE DIENSTLEISTUNGEN	17421	18966	18556	19594
17	STAAT	15539	28102	40722	43041
18	ORGANISATIONEN O. E.	5167	6478	6939	7421
19	SUMME 1 - 18	184677	186385	186314	190872

ARBEITSMARKTREGION NR. 89 FRANKFURT

LFD. NR.	SEKTOR	ZAHL DER ARBEITSPLAETZE EFFEKTIVE 1961	1970	ENTWICKLUNG 1975	STANDORT-NEUTRALE 1980
1	LAND- U. FORSTWIRTSCHAFT	42394	22227	17059	13726
2	ENERGIEWIRTSCHAFT	6580	6465	6432	6553
3	BERGBAU	767	829	845	707
4	CHEM.IND, MINERALOELVERARB	47536	60892	58552	64987
5	GEW. STEINE ERDEN,FK,GLAS	9551	9504	8979	8556
6	E- NE-METALLERZ. U. BEARB.	10728	11925	10030	9565
7	STAHL- MASCH- FAHRZEUGBAU	127540	122984	105488	113366
8	EL., FEINMECH., EBM-WAREN	61431	74967	64151	68340
9	HOLZ-, PAPIER- U. DRUCKGEW	29697	30938	29245	28791
10	TEXTIL-BEKLEID.- LEDERGEW.	45530	32212	21999	21603
11	NAHRUNGS- GENUSSMITTELGEW.	29150	27219	24988	25315
12	BAUGEWERBE	69737	75947	66032	63813
13	HANDEL	138137	156106	153053	157453
14	VERKEHR U. NACHRICHTENUEB.	66149	77535	91596	92615
15	KREDITINST.,VERSICHERUNGEN	30110	47629	56305	61951
16	SONSTIGE DIENSTLEISTUNGEN	87920	120060	133413	140878
17	STAAT	56569	71910	85039	89883
18	ORGANISATIONEN O. E.	16789	25196	29542	31597
19	SUMME 1 - 18	876315	974545	962748	999699

ARBEITSMARKTREGION NR. 90 GELNHAUSEN - SCHLUECHTERN

LFD. NR.	SEKTOR	ZAHL DER ARBEITSPLAETZE EFFEKTIVE 1961	1970	ENTWICKLUNG 1975	STANDORT-NEUTRALE 1980
1	LAND- U. FORSTWIRTSCHAFT	19242	8912	6341	5101
2	ENERGIEWIRTSCHAFT	997	1059	1067	1087
3	BERGBAU	0	0	0	0
4	CHEM.IND, MINERALOELVERARB	11623	14823	13835	15356
5	GEW. STEINE ERDEN,FK,GLAS	4209	3553	2973	2833
6	E- NE-METALLERZ. U. BEARB.	3870	4256	3997	3812
7	STAHL- MASCH- FAHRZEUGBAU	6286	8300	8861	9523
8	EL., FEINMECH., EBM-WAREN	13742	14629	12364	13171
9	HOLZ-, PAPIER- U. DRUCKGEW	6231	6013	5586	5500
10	TEXTIL-BEKLEID.- LEDERGEW.	7949	5910	4101	4027
11	NAHRUNGS- GENUSSMITTELGEW.	4119	3384	3048	3088
12	BAUGEWERBE	10840	11823	10233	9889
13	HANDEL	15950	17751	17266	17762
14	VERKEHR U. NACHRICHTENUEB.	6001	5796	6067	6134
15	KREDITINST.,VERSICHERUNGEN	991	1727	2150	2366
16	SONSTIGE DIENSTLEISTUNGEN	8887	12678	14411	15217
17	STAAT	6518	9290	11647	12310
18	ORGANISATIONEN O. E.	1315	1414	1380	1476
19	SUMME 1 - 18	128770	131318	125327	128652

ARBEITSMARKTREGION NR. 91 BAD KISSINGEN - BAD NEUSTADT

LFD. NR.	SEKTOR	ZAHL DER ARBEITSPLAETZE EFFEKTIVE 1961	1970	ENTWICKLUNG 1975	STANDORT-NEUTRALE 1980
1	LAND- U. FORSTWIRTSCHAFT	31730	15881	11796	9490
2	ENERGIEWIRTSCHAFT	376	487	551	562
3	BERGBAU	6	17	16	13
4	CHEM.IND, MINERALOELVERARB	166	298	382	424
5	GEW. STEINE ERDEN,FK,GLAS	1498	1488	1253	1194
6	E- NE-METALLERZ. U. BEARB.	636	911	951	907
7	STAHL- MASCH- FAHRZEUGBAU	1949	3591	4433	4764
8	EL., FEINMECH., EBM-WAREN	8696	8827	7674	8175
9	HOLZ-, PAPIER- U. DRUCKGEW	3099	3212	3062	3014
10	TEXTIL-BEKLEID.- LEDERGEW.	3796	3441	2725	2676
11	NAHRUNGS- GENUSSMITTELGEW.	2751	2803	2786	2822
12	BAUGEWERBE	5861	6125	5179	5005
13	HANDEL	6024	6730	6560	6749
14	VERKEHR U. NACHRICHTENUEB.	2224	2205	2341	2367
15	KREDITINST.,VERSICHERUNGEN	591	900	1038	1142
16	SONSTIGE DIENSTLEISTUNGEN	6357	6730	6548	6915
17	STAAT	4689	7624	10288	10874
18	ORGANISATIONEN O. E.	1345	1654	1744	1865
19	SUMME 1 - 18	81794	72924	69327	68958

ARBEITSMARKTREGION NR. 92 COBURG

LFD. NR.	SEKTOR	ZAHL DER ARBEITSPLAETZE EFFEKTIVE 1961	1970	ENTWICKLUNG 1975	STANDORT-NEUTRALE 1980
1	LAND- U. FORSTWIRTSCHAFT	25754	14579	11670	9388
2	ENERGIEWIRTSCHAFT	1284	825	804	819
3	BERGBAU	197	21	12	10
4	CHEM.IND, MINERALOELVERARB	3384	4066	4710	5227
5	GEW. STEINE ERDEN,FK,GLAS	11968	9856	8516	8114
6	E- NE-METALLERZ. U. BEARB.	1651	1184	949	905
7	STAHL- MASCH- FAHRZEUGBAU	6879	6177	5595	6012
8	EL., FEINMECH., EBM-WAREN	12899	14624	13955	14866
9	HOLZ-, PAPIER- U. DRUCKGEW	15550	15645	14128	13909
10	TEXTIL-BEKLEID.- LEDERGEW.	8880	9071	7790	7650
11	NAHRUNGS- GENUSSMITTELGEW.	6356	5054	4044	4096
12	BAUGEWERBE	7846	9109	8169	7895
13	HANDEL	14509	14738	13629	14020
14	VERKEHR U. NACHRICHTENUEB.	5049	4872	5106	5163
15	KREDITINST.,VERSICHERUNGEN	1246	2195	2785	3064
16	SONSTIGE DIENSTLEISTUNGEN	7437	7624	7214	7618
17	STAAT	6739	8625	10297	10884
18	ORGANISATIONEN O. E.	804	1517	1856	1985
19	SUMME 1 - 18	138432	129782	121229	121625

ARBEITSMARKTREGION NR. 93 HOF - MARKTREDWITZ - WUNSIEDEL

LFD. NR.	SEKTOR	ZAHL DER ARBEITSPLAETZE EFFEKTIVE 1961	1970	ENTWICKLUNG 1975	STANDORT-NEUTRALE 1980
1	LAND- U. FORSTWIRTSCHAFT	16915	10468	8748	7038
2	ENERGIEWIRTSCHAFT	859	1289	1520	1549
3	BERGBAU	0	0	0	0
4	CHEM.IND, MINERALOELVERARB	1996	3064	2594	2879
5	GEW. STEINE ERDEN,FK,GLAS	22050	18721	15483	14753
6	E- NE-METALLERZ. U. BEARB.	1665	1652	1519	1448
7	STAHL- MASCH- FAHRZEUGBAU	5451	5865	5806	6240
8	EL., FEINMECH., EBM-WAREN	4510	5521	4782	5094
9	HOLZ-, PAPIER- U. DRUCKGEW	4824	4064	3522	3467
10	TEXTIL-BEKLEID.- LEDERGEW.	35203	29870	23689	23261
11	NAHRUNGS- GENUSSMITTELGEW.	5687	5123	4580	4640
12	BAUGEWERBE	9720	9895	8264	7986
13	HANDEL	16350	16009	14511	14928
14	VERKEHR U. NACHRICHTENUEB.	6443	6073	6269	6339
15	KREDITINST.,VERSICHERUNGEN	1440	2131	2440	2685
16	SONSTIGE DIENSTLEISTUNGEN	8094	8311	7872	8313
17	STAAT	7233	9173	10849	11467
18	ORGANISATIONEN O. E.	1082	1484	1674	1790
19	SUMME 1 - 18	149522	138713	124122	123877

ARBEITSMARKTREGION NR. 94 TIRSCHENREUTH

LFD. NR.	SEKTOR	ZAHL DER ARBEITSPLAETZE EFFEKTIVE 1961	1970	ENTWICKLUNG 1975	STANDORT-NEUTRALE 1980
1	LAND- U. FORSTWIRTSCHAFT	10786	6840	5793	4661
2	ENERGIEWIRTSCHAFT	60	141	177	180
3	BERGBAU	166	61	39	33
4	CHEM.IND, MINERALOELVERARB	447	665	620	688
5	GEW. STEINE ERDEN,FK,GLAS	8350	7147	6106	5818
6	E- NE-METALLERZ. U. BEARB	202	99	69	66
7	STAHL- MASCH- FAHRZEUGBAU	626	1035	1191	1280
8	EL., FEINMECH., EBM-WAREN	1005	611	1111	1184
9	HOLZ-, PAPIER- U. DRUCKGEW	2468	1667	1263	1243
10	TEXTIL-BEKLEID.- LEDERGEW.	2427	2628	2271	2230
11	NAHRUNGS- GENUSSMITTELGEW.	1265	1281	1306	1323
12	BAUGEWERBE	3630	4153	3691	3567
13	HANDEL	2849	2832	2586	2660
14	VERKEHR U. NACHRICHTENUEB.	1092	803	723	731
15	KREDITINST.,VERSICHERUNGEN	357	402	392	431
16	SONSTIGE DIENSTLEISTUNGEN	1565	1722	1695	1790
17	STAAT	1679	2164	2565	2711
18	ORGANISATIONEN O. E.	207	329	399	427
19	SUMME 1 - 18	39181	34580	31997	31023

ARBEITSMARKTREGION NR. 95 KULMBACH

LFD. NR.	SEKTOR	ZAHL DER ARBEITSPLAETZE EFFEKTIVE 1961	1970	ENTWICKLUNG 1975	STANDORT-NEUTRALE 1980
1	LAND- U. FORSTWIRTSCHAFT	9818	6084	5088	4093
2	ENERGIEWIRTSCHAFT	88	266	336	342
3	BERGBAU	0	0	0	0
4	CHEM.IND, MINERALOELVERARB	469	1059	1233	1369
5	GEW. STEINE ERDEN,FK,GLAS	782	580	480	457
6	E- NE-METALLERZ. U. BEARB.	230	168	127	121
7	STAHL- MASCH- FAHRZEUGBAU	1022	1569	1510	1623
8	EL., FEINMECH., EBM-WAREN	316	866	975	1039
9	HOLZ-, PAPIER- U. DRUCKGEW	2200	1633	1566	1542
10	TEXTIL-BEKLEID.- LEDERGEW.	8872	7695	6531	6413
11	NAHRUNGS- GENUSSMITTELGEW.	3149	2902	2865	2903
12	BAUGEWERBE	2739	3019	2627	2539
13	HANDEL	3796	3376	2899	2982
14	VERKEHR U. NACHRICHTENUEB.	1290	1102	1076	1088
15	KREDITINST.,VERSICHERUNGEN	322	502	587	646
16	SONSTIGE DIENSTLEISTUNGEN	2162	2320	2251	2377
17	STAAT	1510	2181	2755	2912
18	ORGANISATIONEN O. E.	323	378	386	413
19	SUMME 1 - 18	39088	35700	33292	32859

ARBEITSMARKTREGION NR. 96 BAYREUTH

LFD. NR.	SEKTOR	ZAHL DER ARBEITSPLAETZE EFFEKTIVE 1961	1970	ENTWICKLUNG 1975	STANDORT-NEUTRALE 1980
1	LAND- U. FORSTWIRTSCHAFT	18495	11891	10154	8169
2	ENERGIEWIRTSCHAFT	632	970	1178	1200
3	BERGBAU	0	0	0	0
4	CHEM.IND, MINERALOELVERARB	624	878	882	979
5	GEW. STEINE ERDEN,FK,GLAS	3574	4000	3788	3610
6	E- NE-METALLERZ. U. BEARB.	530	348	248	236
7	STAHL- MASCH- FAHRZEUGBAU	5204	5775	5404	5808
8	EL., FEINMECH., EBM-WAREN	3771	4170	4015	4277
9	HOLZ-, PAPIER- U. DRUCKGEW	2317	1760	1630	1605
10	TEXTIL-BEKLEID.- LEDERGEW.	9112	9053	7606	7469
11	NAHRUNGS- GENUSSMITTELGEW.	3799	3497	3233	3276
12	BAUGEWERBE	5346	4921	3928	3796
13	HANDEL	8647	9435	9088	9349
14	VERKEHR U. NACHRICHTENUEB.	3406	3232	3351	3388
15	KREDITINST.,VERSICHERUNGEN	957	1751	2246	2471
16	SONSTIGE DIENSTLEISTUNGEN	5206	5810	5760	6082
17	STAAT	7392	9424	11155	11790
18	ORGANISATIONEN O. E.	617	915	1068	1142
19	SUMME 1 - 18	79629	77830	74734	74647

ARBEITSMARKTREGION NR. 97 BAMBERG

LFD. NR.	SEKTOR	ZAHL DER ARBEITSPLAETZE EFFEKTIVE 1961	1970	ENTWICKLUNG 1975	STANDORT-NEUTRALE 1980
1	LAND- U. FORSTWIRTSCHAFT	34845	20448	16592	13349
2	ENERGIEWIRTSCHAFT	1319	1588	1735	1767
3	BERGBAU	0	2	2	2
4	CHEM.IND, MINERALOELVERARB	458	1080	1166	1294
5	GEW. STEINE ERDEN,FK,GLAS	1502	1343	1195	1139
6	E- NE-METALLERZ. U. BEARB.	997	700	546	521
7	STAHL- MASCH- FAHRZEUGBAU	4953	11236	12507	13441
8	EL., FEINMECH., EBM-WAREN	8626	6212	5545	5908
9	HOLZ-, PAPIER- U. DRUCKGEW	4312	4433	4417	4348
10	TEXTIL-BEKLEID.- LEDERGEW.	10479	9195	8176	8029
11	NAHRUNGS- GENUSSMITTELGEW.	5064	4768	4480	4539
12	BAUGEWERBE	7541	8138	7008	6772
13	HANDEL	12364	12997	12250	12602
14	VERKEHR U. NACHRICHTENUEB.	5997	5461	5541	5602
15	KREDITINST.,VERSICHERUNGEN	1164	1596	1755	1931
16	SONSTIGE DIENSTLEISTUNGEN	7035	6956	6462	6824
17	STAAT	6695	9031	11098	11730
18	ORGANISATIONEN O. E.	1558	1551	1472	1574
19	SUMME 1 - 18	114909	106735	101947	101372

ARBEITSMARKTREGION NR. 98 SCHWEINFURT

LFD. NR.	SEKTOR	ZAHL DER ARBEITSPLAETZE EFFEKTIVE 1961	1970	ENTWICKLUNG 1975	STANDORT-NEUTRALE 1980
1	LAND- U. FORSTWIRTSCHAFT	15907	9764	8123	6535
2	ENERGIEWIRTSCHAFT	261	418	475	484
3	BERGBAU	0	0	0	0
4	CHEM.IND, MINERALOELVERARB	161	301	299	332
5	GEW. STEINE ERDEN,FK,GLAS	620	728	771	734
6	E- NE-METALLERZ. U. BEARB.	250	181	142	135
7	STAHL- MASCH- FAHRZEUGBAU	27949	31921	29493	31695
8	EL., FEINMECH., EBM-WAREN	639	884	724	771
9	HOLZ-, PAPIER- U. DRUCKGEW	1283	1089	926	912
10	TEXTIL-BEKLEID.- LEDERGEW.	1221	1089	797	782
11	NAHRUNGS- GENUSSMITTELGEW.	2593	2503	2307	2337
12	BAUGEWERBE	5308	5221	4279	4136
13	HANDEL	8026	9214	9118	9381
14	VERKEHR U. NACHRICHTENUEB.	2690	2550	2643	2672
15	KREDITINST.,VERSICHERUNGEN	585	986	1218	1340
16	SONSTIGE DIENSTLEISTUNGEN	3743	4202	4183	4418
17	STAAT	4526	5359	6062	6407
18	ORGANISATIONEN O. E.	856	984	1059	1133
19	SUMME 1 - 18	76618	77394	72619	74204

ARBEITSMARKTREGION NR. 99 ASCHAFFENBURG

LFD. NR.	SEKTOR	ZAHL DER ARBEITSPLAETZE EFFEKTIVE 1961	1970	1975	STANDORT-NEUTRALE ENTWICKLUNG 1980
1	LAND- U. FORSTWIRTSCHAFT	19980	6175	3887	3127
2	ENERGIEWIRTSCHAFT	595	1214	1455	1483
3	BERGBAU	0	0	0	0
4	CHEM.IND, MINERALOELVERARB	5814	7887	7375	8186
5	GEW. STEINE ERDEN,FK,GLAS	3321	2594	2621	2497
6	E- NE-METALLERZ. U. BEARB.	2344	1916	1788	1705
7	STAHL- MASCH- FAHRZEUGBAU	8203	11614	11890	12778
8	EL., FEINMECH., EBM-WAREN	4544	6787	6959	7414
9	HOLZ-, PAPIER- U. DRUCKGEW	9408	8718	8205	8078
10	TEXTIL-BEKLEID.- LEDERGEW.	21694	23236	19339	18991
11	NAHRUNGS- GENUSSMITTELGEW.	5071	4341	4159	4213
12	BAUGEWERBE	8926	10098	8920	8621
13	HANDEL	12782	14688	14582	15001
14	VERKEHR U. NACHRICHTENUEB.	5550	5117	5239	5297
15	KREDITINST.,VERSICHERUNGEN	1150	1675	1924	2118
16	SONSTIGE DIENSTLEISTUNGEN	7064	8178	8375	8845
17	STAAT	5051	6394	7589	8022
18	ORGANISATIONEN O. E.	990	744	664	710
19	SUMME 1 - 18	122487	121376	114971	117086

ARBEITSMARKTREGION NR.100 DARMSTADT

LFD. NR.	SEKTOR	ZAHL DER ARBEITSPLAETZE EFFEKTIVE 1961	1970	1975	STANDORT-NEUTRALE ENTWICKLUNG 1980
1	LAND- U. FORSTWIRTSCHAFT	20451	9000	6257	5033
2	ENERGIEWIRTSCHAFT	1851	1724	1622	1653
3	BERGBAU	2	2	2	2
4	CHEM.IND, MINERALOELVERARB	17710	24650	22566	25047
5	GEW. STEINE ERDEN,FK,GLAS	2578	2297	1760	1677
6	E- NE-METALLERZ. U. BEARB.	1703	1376	1242	1184
7	STAHL- MASCH- FAHRZEUGBAU	13037	16877	16536	17770
8	EL., FEINMECH., EBM-WAREN	9329	14282	15730	16758
9	HOLZ-, PAPIER- U. DRUCKGEW	9412	11712	9932	9778
10	TEXTIL-BEKLEID.- LEDERGEW.	9562	8063	5670	5568
11	NAHRUNGS- GENUSSMITTELGEW.	7593	7622	7465	7563
12	BAUGEWERBE	13973	14835	13147	12705
13	HANDEL	23617	26397	25834	26578
14	VERKEHR U. NACHRICHTENUEB.	11706	13380	15326	15496
15	KREDITINST.,VERSICHERUNGEN	2336	3607	4231	4655
16	SONSTIGE DIENSTLEISTUNGEN	16456	18234	18278	19301
17	STAAT	14083	21080	27166	28713
18	ORGANISATIONEN O. E.	2641	3644	4100	4385
19	SUMME 1 - 18	178040	198782	196864	203866

ARBEITSMARKTREGION NR.101 WIESBADEN - MAINZ

LFD. NR.	SEKTOR	ZAHL DER ARBEITSPLAETZE EFFEKTIVE 1961	1970	ENTWICKLUNG 1975	STANDORT-NEUTRALE 1980
1	LAND- U. FORSTWIRTSCHAFT	38722	18966	13957	11228
2	ENERGIEWIRTSCHAFT	2447	2799	3093	3152
3	BERGBAU	1	1	1	1
4	CHEM.IND, MINERALOELVERARB	20158	24269	23605	26199
5	GEW. STEINE ERDEN,FK,GLAS	11583	11605	9987	9516
6	E- NE-METALLERZ. U. BEARB.	5911	3913	2897	2763
7	STAHL- MASCH- FAHRZEUGBAU	18409	23536	22637	24327
8	EL., FEINMECH., EBM-WAREN	11857	13175	13656	14547
9	HOLZ-, PAPIER- U. DRUCKGEW	12327	12066	11576	11398
10	TEXTIL-BEKLEID.- LEDERGEW.	6850	4597	2979	2925
11	NAHRUNGS- GENUSSMITTELGEW.	13881	12807	12739	12906
12	BAUGEWERBE	24440	23466	19231	18584
13	HANDEL	48725	49926	46518	47856
14	VERKEHR U. NACHRICHTENUEB.	20426	17854	17741	17938
15	KREDITINST.,VERSICHERUNGEN	8473	12991	15108	16623
16	SONSTIGE DIENSTLEISTUNGEN	34831	41008	42530	44910
17	STAAT	35893	48511	59200	62572
18	ORGANISATIONEN O. E.	6458	8892	9978	10671
19	SUMME 1 - 18	321392	330382	327433	338116

ARBEITSMARKTREGION NR.102 BAD KREUZNACH

LFD. NR.	SEKTOR	ZAHL DER ARBEITSPLAETZE EFFEKTIVE 1961	1970	ENTWICKLUNG 1975	STANDORT-NEUTRALE 1980
1	LAND- U. FORSTWIRTSCHAFT	16722	8428	6284	5056
2	ENERGIEWIRTSCHAFT	491	363	298	304
3	BERGBAU	19	19	19	16
4	CHEM.IND, MINERALOELVERARB	1206	3345	4940	5483
5	GEW. STEINE ERDEN,FK,GLAS	994	600	410	391
6	E- NE-METALLERZ. U. BEARB.	891	968	918	875
7	STAHL- MASCH- FAHRZEUGBAU	4098	4909	4555	4895
8	EL., FEINMECH., EBM-WAREN	2944	3773	3365	3585
9	HOLZ-, PAPIER- U. DRUCKGEW	1685	1518	1307	1287
10	TEXTIL-BEKLEID.- LEDERGEW.	4402	4643	3871	3801
11	NAHRUNGS- GENUSSMITTELGEW.	2964	2333	2027	2054
12	BAUGEWERBE	4421	3832	2920	2822
13	HANDEL	8677	9952	9844	10127
14	VERKEHR U. NACHRICHTENUEB.	2583	2670	2901	2933
15	KREDITINST.,VERSICHERUNGEN	690	887	932	1025
16	SONSTIGE DIENSTLEISTUNGEN	5083	5362	5153	5441
17	STAAT	3846	5763	7429	7852
18	ORGANISATIONEN O. E.	1753	2396	2672	2858
19	SUMME 1 - 18	63469	61761	59845	60805

ARBEITSMARKTREGION NR.103 IDAR - OBERSTEIN

LFD. NR.	SEKTOR	ZAHL DER ARBEITSPLAETZE			
		EFFEKTIVE			STANDORT-NEUTRALE ENTWICKLUNG
		1961	1970	1975	1980
1	LAND- U. FORSTWIRTSCHAFT	8128	3625	2525	2031
2	ENERGIEWIRTSCHAFT	243	275	287	292
3	BERGBAU	94	106	104	87
4	CHEM.IND, MINERALOELVERARB	122	138	121	134
5	GEW. STEINE ERDEN,FK,GLAS	650	470	389	371
6	E- NE-METALLERZ. U. BEARB.	262	209	166	158
7	STAHL- MASCH- FAHRZEUGBAU	667	624	509	547
8	EL., FEINMECH., EBM-WAREN	8870	8812	8508	9064
9	HOLZ-, PAPIER- U. DRUCKGEW	679	597	506	498
10	TEXTIL-BEKLEID.- LEDERGEW.	1076	1122	861	845
11	NAHRUNGS- GENUSSMITTELGEW.	958	917	879	891
12	BAUGEWERBE	2995	3038	2525	2440
13	HANDEL	4495	4514	4146	4265
14	VERKEHR U. NACHRICHTENUEB.	1634	1120	969	980
15	KREDITINST.,VERSICHERUNGEN	353	501	556	612
16	SONSTIGE DIENSTLEISTUNGEN	2928	2862	2637	2785
17	STAAT	2412	7458	11546	12204
18	ORGANISATIONEN O. E.	545	734	811	867
19	SUMME 1 - 18	37111	37122	38045	39071

ARBEITSMARKTREGION NR.104 TRIER

LFD. NR.	SEKTOR	ZAHL DER ARBEITSPLAETZE			
		EFFEKTIVE			STANDORT-NEUTRALE ENTWICKLUNG
		1961	1970	1975	1980
1	LAND- U. FORSTWIRTSCHAFT	51548	25127	18420	14819
2	ENERGIEWIRTSCHAFT	605	681	720	733
3	BERGBAU	0	0	0	0
4	CHEM.IND, MINERALOELVERARB	2763	922	693	769
5	GEW. STEINE ERDEN,FK,GLAS	2631	2032	1899	1810
6	E- NE-METALLERZ. U. BEARB.	1616	2013	2062	1967
7	STAHL- MASCH- FAHRZEUGBAU	3819	6349	6659	7157
8	EL., FEINMECH., EBM-WAREN	1102	2108	1939	2065
9	HOLZ-, PAPIER- U. DRUCKGEW	4559	4209	4013	3951
10	TEXTIL-BEKLEID.- LEDERGEW.	4035	6893	5560	5460
11	NAHRUNGS- GENUSSMITTELGEW.	5259	5341	5382	5453
12	BAUGEWERBE	11668	12281	10640	10282
13	HANDEL	21297	20716	18708	19246
14	VERKEHR U. NACHRICHTENUEB.	9805	8677	8655	8751
15	KREDITINST.,VERSICHERUNGEN	1772	2313	2490	2740
16	SONSTIGE DIENSTLEISTUNGEN	10675	11039	10507	11096
17	STAAT	9802	15281	20201	21351
18	ORGANISATIONEN O. E.	3727	4227	4249	4545
19	SUMME 1 - 18	146683	130209	122797	122195

ARBEITSMARKTREGION NR.105 BITBURG - PRUEM

LFD. NR.	SEKTOR	ZAHL DER ARBEITSPLAETZE EFFEKTIVE 1961	1970	ENTWICKLUNG 1975	STANDORT-NEUTRALE 1980
1	LAND- U. FORSTWIRTSCHAFT	23978	13137	10260	8254
2	ENERGIEWIRTSCHAFT	39	107	134	137
3	BERGBAU	0	0	0	0
4	CHEM.IND, MINERALOELVERARB	31	211	245	272
5	GEW. STEINE ERDEN,FK,GLAS	724	484	342	326
6	E- NE-METALLERZ. U. BEARB.	203	179	151	144
7	STAHL- MASCH- FAHRZEUGBAU	832	1073	1160	1247
8	EL., FEINMECH., EBM-WAREN	113	593	571	608
9	HOLZ-, PAPIER- U. DRUCKGEW	890	873	792	780
10	TEXTIL-BEKLEID.- LEDERGEW.	894	1298	1145	1124
11	NAHRUNGS- GENUSSMITTELGEW.	1002	1238	1386	1404
12	BAUGEWERBE	3108	3028	2462	2379
13	HANDEL	3529	3847	3698	3804
14	VERKEHR U. NACHRICHTENUEB.	1574	1341	1309	1324
15	KREDITINST.,VERSICHERUNGEN	387	422	404	445
16	SONSTIGE DIENSTLEISTUNGEN	2267	2582	2589	2734
17	STAAT	2218	4457	6762	7147
18	ORGANISATIONEN O. E.	529	1027	1391	1488
19	SUMME 1 - 18	42318	35897	34801	33617

ARBEITSMARKTREGION NR.106 SAARBRUECKEN

LFD. NR.	SEKTOR	ZAHL DER ARBEITSPLAETZE EFFEKTIVE 1961	1970	ENTWICKLUNG 1975	STANDORT-NEUTRALE 1980
1	LAND- U. FORSTWIRTSCHAFT	36162	9576	6026	4848
2	ENERGIEWIRTSCHAFT	4943	5086	5058	5153
3	BERGBAU	49241	24161	19494	16300
4	CHEM.IND, MINERALOELVERARB	2860	5056	5080	5638
5	GEW. STEINE ERDEN,FK,GLAS	13265	12040	10531	10035
6	E- NE-METALLERZ. U. BEARB.	58720	54285	46738	44572
7	STAHL- MASCH- FAHRZEUGBAU	27012	40798	40101	43097
8	EL., FEINMECH., EBM-WAREN	10315	14948	14099	15020
9	HOLZ-, PAPIER- U. DRUCKGEW	12472	12764	11904	11719
10	TEXTIL-BEKLEID.- LEDERGEW.	10888	11865	8451	8298
11	NAHRUNGS- GENUSSMITTELGEW.	17409	15801	14653	14846
12	BAUGEWERBE	41529	31255	22105	21362
13	HANDEL	64757	67318	63277	65096
14	VERKEHR U. NACHRICHTENUEB.	26766	24240	24594	24865
15	KREDITINST.,VERSICHERUNGEN	7777	9926	10498	11551
16	SONSTIGE DIENSTLEISTUNGEN	30526	37723	39644	41863
17	STAAT	36594	47776	57461	60734
18	ORGANISATIONEN O. E.	5874	8540	9987	10682
19	SUMME 1 - 18	457110	433158	409701	415679

ARBEITSMARKTREGION NR.107 KAISERSLAUTERN

LFD. NR.	SEKTOR	ZAHL DER ARBEITSPLAETZE EFFEKTIVE 1961	1970	ENTWICKLUNG 1975	STANDORT-NEUTRALE 1980
1	LAND- U. FORSTWIRTSCHAFT	44155	21174	15449	12428
2	ENERGIEWIRTSCHAFT	519	652	727	741
3	BERGBAU	0	0	0	0
4	CHEM.IND, MINERALOELVERARB	615	1196	1371	1522
5	GEW. STEINE ERDEN,FK,GLAS	5041	3852	3145	2998
6	E- NE-METALLERZ. U. BEARB.	3854	3597	3063	2921
7	STAHL- MASCH- FAHRZEUGBAU	11834	13506	12307	13227
8	EL., FEINMECH., EBM-WAREN	2683	4795	4541	4837
9	HOLZ-, PAPIER- U. DRUCKGEW	4436	4318	3932	3870
10	TEXTIL-BEKLEID.- LEDERGEW.	10294	9300	7345	7212
11	NAHRUNGS- GENUSSMITTELGEW.	6311	5186	4912	4977
12	BAUGEWERBE	12489	13265	11330	10949
13	HANDEL	23067	22786	20761	21358
14	VERKEHR U. NACHRICHTENUEB.	9375	8418	8472	8566
15	KREDITINST.,VERSICHERUNGEN	2117	2620	2710	2982
16	SONSTIGE DIENSTLEISTUNGEN	13370	13217	12267	12953
17	STAAT	9856	24406	35713	37746
18	ORGANISATIONEN O. E.	1987	2487	2728	2918
19	SUMME 1 - 18	162003	154775	150773	152205

ARBEITSMARKTREGION NR.108 RHEIN - NECKAR

LFD. NR.	SEKTOR	ZAHL DER ARBEITSPLAETZE EFFEKTIVE 1961	1970	ENTWICKLUNG 1975	STANDORT-NEUTRALE 1980
1	LAND- U. FORSTWIRTSCHAFT	60597	27783	19939	16042
2	ENERGIEWIRTSCHAFT	6822	7136	7218	7354
3	BERGBAU	186	16	13	11
4	CHEM.IND, MINERALOELVERARB	80057	98102	91083	101094
5	GEW. STEINE ERDEN,FK,GLAS	18131	15966	13189	12569
6	E- NE-METALLERZ. U. BEARB.	14250	12871	9640	9193
7	STAHL- MASCH- FAHRZEUGBAU	75590	87266	83128	89336
8	EL., FEINMECH., EBM-WAREN	47769	53374	49129	52337
9	HOLZ-, PAPIER- U. DRUCKGEW	35966	34237	30959	30481
10	TEXTIL-BEKLEID.- LEDERGEW.	40647	23512	15574	15294
11	NAHRUNGS- GENUSSMITTELGEW.	38198	31545	27872	28237
12	BAUGEWERBE	58756	58113	48207	46587
13	HANDEL	99971	103487	97068	99859
14	VERKEHR U. NACHRICHTENUEB.	42912	39553	40614	41065
15	KREDITINST.,VERSICHERUNGEN	13369	17006	17950	19748
16	SONSTIGE DIENSTLEISTUNGEN	56955	67809	70111	74035
17	STAAT	49553	71659	90758	95929
18	ORGANISATIONEN O. E.	10798	14331	15932	17040
19	SUMME 1 - 18	750527	763766	728384	756211

ARBEITSMARKTREGION NR.109 BUCHEN

LFD. NR.	SEKTOR	ZAHL DER ARBEITSPLAETZE EFFEKTIVE 1961	1970	1975	STANDORT-NEUTRALE ENTWICKLUNG 1980
1	LAND- U. FORSTWIRTSCHAFT	17268	8321	6051	4868
2	ENERGIEWIRTSCHAFT	112	353	444	452
3	BERGBAU	0	0	0	0
4	CHEM.IND, MINERALOELVERARB	986	1196	1123	1246
5	GEW. STEINE ERDEN,FK,GLAS	1720	1024	695	662
6	E- NE-METALLERZ. U. BEARB.	1300	1369	906	864
7	STAHL- MASCH- FAHRZEUGBAU	3940	5806	6165	6625
8	EL., FEINMECH., EBM-WAREN	1377	3049	3293	3508
9	HOLZ-, PAPIER- U. DRUCKGEW	2419	2935	2713	2671
10	TEXTIL-BEKLEID.- LEDERGEW.	3487	4299	2583	2536
11	NAHRUNGS- GENUSSMITTELGEW.	1858	1861	1739	1762
12	BAUGEWERBE	4463	5214	4688	4531
13	HANDEL	4087	5060	5222	5372
14	VERKEHR U. NACHRICHTENUEB.	2154	1969	1999	2021
15	KREDITINST.,VERSICHERUNGEN	444	671	771	848
16	SONSTIGE DIENSTLEISTUNGEN	2576	3678	4182	4416
17	STAAT	3244	5062	6674	7054
18	ORGANISATIONEN O. E.	913	1680	2211	2365
19	SUMME 1 - 18	52348	53547	51459	51801

ARBEITSMARKTREGION NR.110 MAIN - TAUBERKREIS

LFD. NR.	SEKTOR	ZAHL DER ARBEITSPLAETZE EFFEKTIVE 1961	1970	1975	STANDORT-NEUTRALE ENTWICKLUNG 1980
1	LAND- U. FORSTWIRTSCHAFT	24383	13239	10288	8277
2	ENERGIEWIRTSCHAFT	250	316	350	357
3	BERGBAU	0	0	0	0
4	CHEM.IND, MINERALOELVERARB	419	550	528	586
5	GEW. STEINE ERDEN,FK,GLAS	3307	3571	3108	2961
6	E- NE-METALLERZ. U. BEARB.	687	472	346	330
7	STAHL- MASCH- FAHRZEUGBAU	1723	2701	3329	3578
8	EL., FEINMECH., EBM-WAREN	1986	2746	2048	2182
9	HOLZ-, PAPIER- U. DRUCKGEW	3258	3600	3521	3466
10	TEXTIL-BEKLEID.- LEDERGEW.	2457	2493	2116	2078
11	NAHRUNGS- GENUSSMITTELGEW.	1738	1892	1882	1907
12	BAUGEWERBE	4959	5123	4302	4158
13	HANDEL	4933	5310	5071	5217
14	VERKEHR U. NACHRICHTENUEB.	1984	1852	1902	1923
15	KREDITINST.,VERSICHERUNGEN	575	822	917	1009
16	SONSTIGE DIENSTLEISTUNGEN	4262	4813	4805	5074
17	STAAT	3485	6008	8372	8849
18	ORGANISATIONEN O. E.	1167	1427	1495	1599
19	SUMME 1 - 18	61573	56935	54380	53551

ARBEITSMARKTREGION NR.111 WUERZBURG - LOHR A.MAIN

LFD. NR.	SEKTOR	ZAHL DER ARBEITSPLAETZE EFFEKTIVE 1961	1970	1975	STANDORT-NEUTRALE ENTWICKLUNG 1980
1	LAND- U. FORSTWIRTSCHAFT	54090	29003	22643	18217
2	ENERGIEWIRTSCHAFT	1780	1975	2054	2093
3	BERGBAU	88	12	7	6
4	CHEM.IND, MINERALOELVERARB	1049	2915	3084	3422
5	GEW. STEINE ERDEN,FK,GLAS	6052	5404	4720	4497
6	E- NE-METALLERZ. U. BEARB.	3056	3142	2932	2797
7	STAHL- MASCH- FAHRZEUGBAU	8841	12913	12525	13460
8	EL., FEINMECH., EBM-WAREN	4593	7291	7567	8061
9	HOLZ-, PAPIER- U. DRUCKGEW	8345	9458	8949	8810
10	TEXTIL-BEKLEID.- LEDERGEW.	10638	8233	5624	5523
11	NAHRUNGS- GENUSSMITTELGEW.	9279	8413	7934	8038
12	BAUGEWERBE	16246	15757	12935	12500
13	HANDEL	24396	25534	24069	24761
14	VERKEHR U. NACHRICHTENUEB.	11668	10767	11002	11123
15	KREDITINST.,VERSICHERUNGEN	2932	4436	5111	5623
16	SONSTIGE DIENSTLEISTUNGEN	13964	14039	13205	13944
17	STAAT	16163	20716	24551	25950
18	ORGANISATIONEN O. E.	3276	3886	4054	4336
19	SUMME 1 - 18	196456	183894	172966	173161

ARBEITSMARKTREGION NR.112 ERLANGEN - FORCHHEIM

LFD. NR.	SEKTOR	ZAHL DER ARBEITSPLAETZE EFFEKTIVE 1961	1970	1975	STANDORT-NEUTRALE ENTWICKLUNG 1980
1	LAND- U. FORSTWIRTSCHAFT	23710	14351	11844	9528
2	ENERGIEWIRTSCHAFT	514	766	930	948
3	BERGBAU	0	0	0	0
4	CHEM.IND, MINERALOELVERARB	957	2296	2627	2916
5	GEW. STEINE ERDEN,FK,GLAS	1599	1692	1672	1593
6	E- NE-METALLERZ. U. BEARB.	634	578	508	485
7	STAHL- MASCH- FAHRZEUGBAU	5242	10541	11422	12274
8	EL., FEINMECH., EBM-WAREN	22455	24543	26503	28234
9	HOLZ-, PAPIER- U. DRUCKGEW	6226	5987	4815	4740
10	TEXTIL-BEKLEID.- LEDERGEW.	9236	8008	6976	6850
11	NAHRUNGS- GENUSSMITTELGEW.	4529	4105	3798	3848
12	BAUGEWERBE	7766	8269	7097	6859
13	HANDEL	8926	10581	10743	11052
14	VERKEHR U. NACHRICHTENUEB.	2336	2474	2725	2756
15	KREDITINST.,VERSICHERUNGEN	748	1502	2024	2227
16	SONSTIGE DIENSTLEISTUNGEN	6143	7059	7131	7530
17	STAAT	6748	9778	12380	13086
18	ORGANISATIONEN O. E.	861	1409	1755	1877
19	SUMME 1 - 18	108630	113939	114950	116803

ARBEITSMARKTREGION NR.113 NUERNBERG - FUERTH

LFD. NR.	SEKTOR	ZAHL DER ARBEITSPLAETZE EFFEKTIVE 1961	1970	ENTWICKLUNG 1975	STANDORT-NEUTRALE 1980
1	LAND- U. FORSTWIRTSCHAFT	33667	21758	18645	15001
2	ENERGIEWIRTSCHAFT	3576	3818	3868	3941
3	BERGBAU	50	11	7	6
4	CHEM.IND, MINERALOELVERARB	8418	12167	11944	13256
5	GEW. STEINE ERDEN,FK,GLAS	11624	9241	7309	6964
6	E- NE-METALLERZ. U. BEARB.	17558	15903	14170	13513
7	STAHL- MASCH- FAHRZEUGBAU	38517	46990	43209	46435
8	EL., FEINMECH., EBM-WAREN	88299	90457	87122	92812
9	HOLZ-, PAPIER- U. DRUCKGEW	20275	20755	19383	19082
10	TEXTIL-BEKLEID.- LEDERGEW.	16854	11554	8412	8260
11	NAHRUNGS- GENUSSMITTELGEW.	16310	15661	14709	14901
12	BAUGEWERBE	35018	38994	34292	33141
13	HANDEL	76495	75144	68465	70434
14	VERKEHR U. NACHRICHTENUEB.	34670	32981	34281	34662
15	KREDITINST.,VERSICHERUNGEN	9505	13605	15227	16753
16	SONSTIGE DIENSTLEISTUNGEN	36100	38479	37350	39441
17	STAAT	28048	37022	44674	47220
18	ORGANISATIONEN O. E.	5024	6086	6371	6813
19	SUMME 1 - 18	480008	490626	469438	482635

ARBEITSMARKTREGION NR.114 NEUMARKT I.D.OPF.

LFD. NR.	SEKTOR	ZAHL DER ARBEITSPLAETZE EFFEKTIVE 1961	1970	ENTWICKLUNG 1975	STANDORT-NEUTRALE 1980
1	LAND- U. FORSTWIRTSCHAFT	17691	11234	9523	7661
2	ENERGIEWIRTSCHAFT	203	131	106	108
3	BERGBAU	0	0	0	0
4	CHEM.IND, MINERALOELVERARB	617	601	489	543
5	GEW. STEINE ERDEN,FK,GLAS	962	1010	1338	1275
6	E- NE-METALLERZ. U. BEARB.	431	263	184	175
7	STAHL- MASCH- FAHRZEUGBAU	482	740	794	853
8	EL., FEINMECH., EBM-WAREN	1854	4360	3777	4024
9	HOLZ-, PAPIER- U. DRUCKGEW	1686	1768	2018	1987
10	TEXTIL-BEKLEID.- LEDERGEW.	951	777	613	602
11	NAHRUNGS- GENUSSMITTELGEW.	1072	1168	1200	1216
12	BAUGEWERBE	2662	4391	4520	4368
13	HANDEL	2749	3041	2947	3032
14	VERKEHR U. NACHRICHTENUEB.	925	994	1103	1115
15	KREDITINST.,VERSICHERUNGEN	232	384	465	512
16	SONSTIGE DIENSTLEISTUNGEN	1986	2263	2270	2397
17	STAAT	1461	2390	3234	3418
18	ORGANISATIONEN O. E.	559	468	408	436
19	SUMME 1 - 18	36523	35983	34989	33722

ARBEITSMARKTREGION NR.115 WEIDEN I.D.OPF.

LFD. NR.	SEKTOR	ZAHL DER ARBEITSPLAETZE EFFEKTIVE 1961	1970	ENTWICKLUNG 1975	STANDORT-NEUTRALE 1980
1	LAND- U. FORSTWIRTSCHAFT	13839	8655	7284	5860
2	ENERGIEWIRTSCHAFT	312	239	209	213
3	BERGBAU	0	0	0	0
4	CHEM.IND, MINERALOELVERARB	164	289	323	358
5	GEW. STEINE ERDEN,FK,GLAS	10890	9449	8093	7711
6	E- NE-METALLERZ. U. BEARB.	1120	1303	1302	1241
7	STAHL- MASCH- FAHRZEUGBAU	972	1464	1569	1686
8	EL., FEINMECH., EBM-WAREN	1676	3100	3489	3717
9	HOLZ-, PAPIER- U. DRUCKGEW	1926	1871	1828	1800
10	TEXTIL-BEKLEID.- LEDERGEW.	3057	2777	2088	2050
11	NAHRUNGS- GENUSSMITTELGEW.	1999	1887	1789	1813
12	BAUGEWERBE	4673	4799	4017	3882
13	HANDEL	7904	7560	6779	6974
14	VERKEHR U. NACHRICHTENUEB.	4327	3838	3844	3887
15	KREDITINST.,VERSICHERUNGEN	634	888	993	1093
16	SONSTIGE DIENSTLEISTUNGEN	3846	3776	3487	3682
17	STAAT	3889	5070	6092	6439
18	ORGANISATIONEN O. E.	359	565	685	733
19	SUMME 1 - 18	61587	57530	53871	53139

ARBEITSMARKTREGION NR.116 SCHWANDORF I.BAY.

LFD. NR.	SEKTOR	ZAHL DER ARBEITSPLAETZE EFFEKTIVE 1961	1970	ENTWICKLUNG 1975	STANDORT-NEUTRALE 1980
1	LAND- U. FORSTWIRTSCHAFT	15764	9771	8172	6574
2	ENERGIEWIRTSCHAFT	948	941	913	930
3	BERGBAU	2355	2124	2099	1755
4	CHEM.IND, MINERALOELVERARB	896	959	823	913
5	GEW. STEINE ERDEN,FK,GLAS	4606	4791	4413	4205
6	E- NE-METALLERZ. U. BEARB.	4722	4544	3796	3620
7	STAHL- MASCH- FAHRZEUGBAU	752	1974	2308	2480
8	EL., FEINMECH., EBM-WAREN	1292	1872	1303	1388
9	HOLZ-, PAPIER- U. DRUCKGEW	1238	1121	1257	1238
10	TEXTIL-BEKLEID.- LEDERGEW.	2412	3043	2011	1975
11	NAHRUNGS- GENUSSMITTELGEW.	1947	2336	2423	2455
12	BAUGEWERBE	3802	3848	3195	3088
13	HANDEL	4198	4427	4179	4299
14	VERKEHR U. NACHRICHTENUEB.	2336	2317	2461	2488
15	KREDITINST.,VERSICHERUNGEN	489	662	715	787
16	SONSTIGE DIENSTLEISTUNGEN	2454	2710	2671	2820
17	STAAT	2298	3715	4995	5280
18	ORGANISATIONEN O. E.	548	613	611	653
19	SUMME 1 - 18	53057	51768	48345	46948

ARBEITSMARKTREGION NR.117 AMBERG

LFD. NR.	SEKTOR	ZAHL DER ARBEITSPLAETZE EFFEKTIVE 1961	1970	ENTWICKLUNG 1975	STANDORT-NEUTRALE 1980
1	LAND- U. FORSTWIRTSCHAFT	14132	9332	8083	6503
2	ENERGIEWIRTSCHAFT	358	300	266	271
3	BERGBAU	1109	802	768	642
4	CHEM.IND, MINERALOELVERARB	189	334	336	373
5	GEW. STEINE ERDEN,FK,GLAS	3672	3075	2717	2589
6	E- NE-METALLERZ. U. BEARB.	6644	5761	4988	4757
7	STAHL- MASCH- FAHRZEUGBAU	1332	1793	1787	1921
8	EL., FEINMECH., EBM-WAREN	5617	6122	5411	5765
9	HOLZ-, PAPIER- U. DRUCKGEW	1479	1334	1165	1147
10	TEXTIL-BEKLEID.- LEDERGEW.	2598	2026	1519	1492
11	NAHRUNGS- GENUSSMITTELGEW.	2036	1903	1776	1800
12	BAUGEWERBE	5205	4444	3385	3271
13	HANDEL	5970	6875	6823	7019
14	VERKEHR U. NACHRICHTENUEB.	1929	1950	2095	2119
15	KREDITINST.,VERSICHERUNGEN	480	771	924	1017
16	SONSTIGE DIENSTLEISTUNGEN	3691	4078	4041	4267
17	STAAT	2967	5037	6960	7356
18	ORGANISATIONEN O. E.	467	453	486	519
19	SUMME 1 - 18	59875	56390	53530	52828

ARBEITSMARKTREGION NR.118 ANSBACH

LFD. NR.	SEKTOR	ZAHL DER ARBEITSPLAETZE EFFEKTIVE 1961	1970	ENTWICKLUNG 1975	STANDORT-NEUTRALE 1980
1	LAND- U. FORSTWIRTSCHAFT	37083	26334	23757	19113
2	ENERGIEWIRTSCHAFT	557	510	472	481
3	BERGBAU	0	0	0	0
4	CHEM.IND, MINERALOELVERARB	2846	3725	2574	2856
5	GEW. STEINE ERDEN,FK,GLAS	761	697	652	621
6	E- NE-METALLERZ. U. BEARB.	558	496	428	408
7	STAHL- MASCH- FAHRZEUGBAU	1912	3147	3098	3330
8	EL., FEINMECH., EBM-WAREN	2672	6895	8348	8893
9	HOLZ-, PAPIER- U. DRUCKGEW	6111	5040	4755	4682
10	TEXTIL-BEKLEID.- LEDERGEW.	4815	4096	3285	3226
11	NAHRUNGS- GENUSSMITTELGEW.	3763	3808	3897	3948
12	BAUGEWERBE	6265	6611	5659	5469
13	HANDEL	8396	8730	8178	8413
14	VERKEHR U. NACHRICHTENUEB.	2811	2567	2606	2635
15	KREDITINST.,VERSICHERUNGEN	819	1277	1494	1643
16	SONSTIGE DIENSTLEISTUNGEN	5616	5761	5454	5760
17	STAAT	5944	7266	8405	8883
18	ORGANISATIONEN O. E.	1628	2160	2373	2538
19	SUMME 1 - 18	92557	89120	85435	82899

ARBEITSMARKTREGION NR.119 NEUSTADT - BAD WINDSHEIM

LFD. NR.	SEKTOR	ZAHL DER ARBEITSPLAETZE EFFEKTIVE 1961	1970	ENTWICKLUNG 1975	STANDORT-NEUTRALE 1980
1	LAND- U. FORSTWIRTSCHAFT	20828	14696	13209	10627
2	ENERGIEWIRTSCHAFT	211	151	121	123
3	BERGBAU	0	0	0	0
4	CHEM.IND, MINERALOELVERARB	97	388	725	805
5	GEW. STEINE ERDEN,FK,GLAS	583	543	499	475
6	E- NE-METALLERZ. U. BEARB.	637	567	480	458
7	STAHL- MASCH- FAHRZEUGBAU	1404	1822	1810	1945
8	EL., FEINMECH., EBM-WAREN	1304	1535	1853	1974
9	HOLZ-, PAPIER- U. DRUCKGEW	2418	2043	1923	1893
10	TEXTIL-BEKLEID.- LEDERGEW.	2217	2277	2037	2000
11	NAHRUNGS- GENUSSMITTELGEW.	1584	1530	1512	1532
12	BAUGEWERBE	2021	2392	2167	2094
13	HANDEL	3227	3214	2939	3023
14	VERKEHR U. NACHRICHTENUEB.	1172	1037	1034	1045
15	KREDITINST.,VERSICHERUNGEN	423	490	487	536
16	SONSTIGE DIENSTLEISTUNGEN	2102	2118	1984	2095
17	STAAT	1682	2138	2515	2658
18	ORGANISATIONEN O. E.	356	452	484	518
19	SUMME 1 - 18	42266	37393	35779	33801

ARBEITSMARKTREGION NR.120 SCHWAEBISCH HALL - CRAILSHEIM

LFD. NR.	SEKTOR	ZAHL DER ARBEITSPLAETZE EFFEKTIVE 1961	1970	ENTWICKLUNG 1975	STANDORT-NEUTRALE 1980
1	LAND- U. FORSTWIRTSCHAFT	41058	26223	22311	17949
2	ENERGIEWIRTSCHAFT	554	587	590	601
3	BERGBAU	0	0	0	0
4	CHEM.IND, MINERALOELVERARB	2300	3395	3010	3341
5	GEW. STEINE ERDEN,FK,GLAS	1757	1726	1589	1514
6	E- NE-METALLERZ. U. BEARB.	2117	2576	2552	2434
7	STAHL- MASCH- FAHRZEUGBAU	5277	10062	10025	10774
8	EL., FEINMECH., EBM-WAREN	4459	5105	5623	5990
9	HOLZ-, PAPIER- U. DRUCKGEW	6757	7044	5887	5796
10	TEXTIL-BEKLEID.- LEDERGEW.	6967	6248	4291	4214
11	NAHRUNGS- GENUSSMITTELGEW.	3987	3832	3725	3774
12	BAUGEWERBE	7803	7433	6023	5821
13	HANDEL	8407	9331	9074	9335
14	VERKEHR U. NACHRICHTENUEB.	3730	3723	3972	4016
15	KREDITINST.,VERSICHERUNGEN	2049	3767	4831	5315
16	SONSTIGE DIENSTLEISTUNGEN	5069	5763	5782	6106
17	STAAT	5128	8670	11956	12637
18	ORGANISATIONEN O. E.	2121	2887	3212	3435
19	SUMME 1 - 18	109540	108372	104453	103052

ARBEITSMARKTREGION NR.121 HEILBRONN

LFD. NR.	SEKTOR	ZAHL DER ARBEITSPLAETZE EFFEKTIVE 1961	1970	ENTWICKLUNG 1975	STANDORT-NEUTRALE 1980
1	LAND- U. FORSTWIRTSCHAFT	29873	14756	10887	8758
2	ENERGIEWIRTSCHAFT	1067	1225	1293	1317
3	BERGBAU	852	885	873	730
4	CHEM.IND, MINERALOELVERARB	3150	4134	3627	4025
5	GEW. STEINE ERDEN,FK,GLAS	2887	2673	2555	2434
6	E- NE-METALLERZ. U. BEARB.	1445	1898	1902	1814
7	STAHL- MASCH- FAHRZEUGBAU	24976	30980	30480	32756
8	EL., FEINMECH., EBM-WAREN	6119	9079	8928	9511
9	HOLZ-, PAPIER- U. DRUCKGEW	8246	9090	8480	8349
10	TEXTIL-BEKLEID.- LEDERGEW.	8589	7602	4709	4624
11	NAHRUNGS- GENUSSMITTELGEW.	8651	8107	7428	7526
12	BAUGEWERBE	11157	11372	9488	9169
13	HANDEL	16067	19895	20538	21129
14	VERKEHR U. NACHRICHTENUEB.	6412	6797	7496	7579
15	KREDITINST.,VERSICHERUNGEN	1925	2864	3299	3630
16	SONSTIGE DIENSTLEISTUNGEN	8391	10519	11130	11753
17	STAAT	8347	11748	14636	15470
18	ORGANISATIONEN O. E.	1400	2052	2451	2622
19	SUMME 1 - 18	149554	155676	150200	153196

ARBEITSMARKTREGION NR.122 KARLSRUHE - BADEN-BADEN

LFD. NR.	SEKTOR	ZAHL DER ARBEITSPLAETZE EFFEKTIVE 1961	1970	ENTWICKLUNG 1975	STANDORT-NEUTRALE 1980
1	LAND- U. FORSTWIRTSCHAFT	61168	19085	12203	9817
2	ENERGIEWIRTSCHAFT	3489	3957	4155	4233
3	BERGBAU	81	29	26	21
4	CHEM.IND, MINERALOELVERARB	9244	18979	18325	20339
5	GEW. STEINE ERDEN,FK,GLAS	7955	7375	6466	6161
6	E- NE-METALLERZ. U. BEARB.	4867	4640	4286	4089
7	STAHL- MASCH- FAHRZEUGBAU	40448	47311	44640	47974
8	EL., FEINMECH., EBM-WAREN	44983	51956	46322	49346
9	HOLZ-, PAPIER- U. DRUCKGEW	21674	22324	20620	20301
10	TEXTIL-BEKLEID.- LEDERGEW.	18106	13977	9982	9802
11	NAHRUNGS- GENUSSMITTELGEW.	18318	14638	12576	12740
12	BAUGEWERBE	34408	34951	29262	28279
13	HANDEL	46570	53413	52854	54374
14	VERKEHR U. NACHRICHTENUEB.	24758	22931	23635	23898
15	KREDITINST.,VERSICHERUNGEN	8290	12986	15286	16819
16	SONSTIGE DIENSTLEISTUNGEN	31827	38660	40445	42709
17	STAAT	33466	49657	64497	68171
18	ORGANISATIONEN O. E.	6038	7215	7535	8059
19	SUMME 1 - 18	415690	424084	413115	427132

ARBEITSMARKTREGION NR.123 LANDAU I.D. PFALZ

LFD. NR.	SEKTOR	ZAHL DER ARBEITSPLAETZE EFFEKTIVE 1961	1970	1975	STANDORT-NEUTRALE ENTWICKLUNG 1980
1	LAND- U. FORSTWIRTSCHAFT	19284	10036	7625	6135
2	ENERGIEWIRTSCHAFT	246	173	148	151
3	BERGBAU	161	52	33	28
4	CHEM.IND, MINERALOELVERARB	676	1676	1898	2106
5	GEW. STEINE ERDEN,FK,GLAS	530	216	146	139
6	E- NE-METALLERZ. U. BEARB.	491	336	247	235
7	STAHL- MASCH- FAHRZEUGBAU	1322	2522	2944	3164
8	EL., FEINMECH., EBM-WAREN	2772	3781	3145	3351
9	HOLZ-, PAPIER- U. DRUCKGEW	3295	3077	2752	2709
10	TEXTIL-BEKLEID.- LEDERGEW.	3024	2778	2043	2007
11	NAHRUNGS- GENUSSMITTELGEW.	2314	2151	2001	2027
12	BAUGEWERBE	4742	4695	3856	3726
13	HANDEL	8168	8813	8460	8703
14	VERKEHR U. NACHRICHTENUEB.	2119	1971	2023	2045
15	KREDITINST.,VERSICHERUNGEN	731	902	932	1025
16	SONSTIGE DIENSTLEISTUNGEN	3813	4716	5015	5296
17	STAAT	4449	6200	7677	8115
18	ORGANISATIONEN O. E.	1098	1397	1517	1623
19	SUMME 1 - 18	59235	55492	52462	52585

ARBEITSMARKTREGION NR.124 ZWEIBRUECKEN - PIRMASENS

LFD. NR.	SEKTOR	ZAHL DER ARBEITSPLAETZE EFFEKTIVE 1961	1970	1975	STANDORT-NEUTRALE ENTWICKLUNG 1980
1	LAND- U. FORSTWIRTSCHAFT	10918	4610	3120	2510
2	ENERGIEWIRTSCHAFT	393	403	435	444
3	BERGBAU	0	0	0	0
4	CHEM.IND, MINERALOELVERARB	1188	2236	2743	3044
5	GEW. STEINE ERDEN,FK,GLAS	303	235	212	202
6	E- NE-METALLERZ. U. BEARB.	504	442	370	353
7	STAHL- MASCH- FAHRZEUGBAU	6765	8344	7388	7939
8	EL., FEINMECH., EBM-WAREN	404	896	991	1055
9	HOLZ-, PAPIER- U. DRUCKGEW	2898	2208	1724	1698
10	TEXTIL-BEKLEID.- LEDERGEW.	33310	27002	19600	19247
11	NAHRUNGS- GENUSSMITTELGEW.	2538	2406	2304	2335
12	BAUGEWERBE	5807	5638	4579	4425
13	HANDEL	10134	9828	8860	9114
14	VERKEHR U. NACHRICHTENUEB.	2839	2453	2415	2442
15	KREDITINST.,VERSICHERUNGEN	890	1091	1119	1231
16	SONSTIGE DIENSTLEISTUNGEN	5774	5855	5516	5825
17	STAAT	4446	10516	15601	16490
18	ORGANISATIONEN O. E.	1331	1591	1763	1886
19	SUMME 1 - 18	90442	85754	78740	80240

ARBEITSMARKTREGION NR.125 PFORZHEIM

LFD. NR.	SEKTOR	ZAHL DER ARBEITSPLAETZE EFFEKTIVE 1961	1970	ENTWICKLUNG 1975	STANDORT-NEUTRALE 1980
1	LAND- U. FORSTWIRTSCHAFT	11560	4198	2680	2156
2	ENERGIEWIRTSCHAFT	506	598	639	651
3	BERGBAU	59	71	69	58
4	CHEM.IND, MINERALOELVERARB	913	1199	1047	1162
5	GEW. STEINE ERDEN,FK,GLAS	1698	1963	1643	1565
6	E- NE-METALLERZ. U. BEARB.	4741	6352	6345	6051
7	STAHL- MASCH- FAHRZEUGBAU	7711	10701	10800	11606
8	EL., FEINMECH., EBM-WAREN	42451	40370	37583	40038
9	HOLZ-, PAPIER- U. DRUCKGEW	4196	4908	4719	4646
10	TEXTIL-BEKLEID.- LEDERGEW.	3421	2584	1516	1489
11	NAHRUNGS- GENUSSMITTELGEW.	2894	2590	2338	2369
12	BAUGEWERBE	7961	8470	7250	7006
13	HANDEL	14731	16765	16556	17032
14	VERKEHR U. NACHRICHTENUEB.	3601	3500	3689	3730
15	KREDITINST.,VERSICHERUNGEN	1158	1975	2444	2689
16	SONSTIGE DIENSTLEISTUNGEN	5838	7989	8874	9371
17	STAAT	5562	7672	9466	10005
18	ORGANISATIONEN O. E.	1071	1652	2036	2178
19	SUMME 1 - 18	120072	123557	119694	123802

ARBEITSMARKTREGION NR.126 SINDELFINGEN - BOEBLINGEN - CALW

LFD. NR.	SEKTOR	ZAHL DER ARBEITSPLAETZE EFFEKTIVE 1961	1970	ENTWICKLUNG 1975	STANDORT-NEUTRALE 1980
1	LAND- U. FORSTWIRTSCHAFT	24505	11510	8323	6696
2	ENERGIEWIRTSCHAFT	534	607	638	650
3	BERGBAU	0	0	0	0
4	CHEM.IND, MINERALOELVERARB	2260	3425	3273	3633
5	GEW. STEINE ERDEN,FK,GLAS	1106	1396	1305	1244
6	E- NE-METALLERZ. U. BEARB.	2584	2776	2495	2379
7	STAHL- MASCH- FAHRZEUGBAU	33370	45761	48407	52022
8	EL., FEINMECH., EBM-WAREN	11459	14723	13460	14339
9	HOLZ-, PAPIER- U. DRUCKGEW	7211	8602	9248	9105
10	TEXTIL-BEKLEID.- LEDERGEW.	9653	7986	5376	5279
11	NAHRUNGS- GENUSSMITTELGEW.	3860	4051	4181	4236
12	BAUGEWERBE	10445	11830	10481	10129
13	HANDEL	11076	16700	18849	19391
14	VERKEHR U. NACHRICHTENUEB.	3349	4167	5056	5112
15	KREDITINST.,VERSICHERUNGEN	1688	3381	4552	5009
16	SONSTIGE DIENSTLEISTUNGEN	10344	16092	18673	19717
17	STAAT	7479	12914	18027	19054
18	ORGANISATIONEN O. E.	1663	2567	3126	3344
19	SUMME 1 - 18	142586	168488	175470	181339

ARBEITSMARKTREGION NR.127 STUTTGART

LFD. NR.	SEKTOR	ZAHL DER ARBEITSPLAETZE EFFEKTIVE 1961	1970	1975	STANDORT-NEUTRALE ENTWICKLUNG 1980
1	LAND- U. FORSTWIRTSCHAFT	63536	30370	22081	17765
2	ENERGIEWIRTSCHAFT	6676	7293	7471	7612
3	BERGBAU	0	1	1	1
4	CHEM.IND, MINERALOELVERARB	18821	22760	21230	23564
5	GEW. STEINE ERDEN,FK,GLAS	10081	9954	8154	7770
6	E- NE-METALLERZ. U. BEARB.	19818	19707	18651	17787
7	STAHL- MASCH- FAHRZEUGBAU	118816	143519	137759	148047
8	EL., FEINMECH., EBM-WAREN	114878	127289	116533	124142
9	HOLZ-, PAPIER- U. DRUCKGEW	46485	43856	37415	36836
10	TEXTIL-BEKLEID.- LEDERGEW.	60753	46980	30821	30267
11	NAHRUNGS- GENUSSMITTELGEW.	28779	25530	23744	24056
12	BAUGEWERBE	71356	71766	59563	57563
13	HANDEL	109282	118934	116109	119446
14	VERKEHR U. NACHRICHTENUEB.	48369	46476	48571	49110
15	KREDITINST.,VERSICHERUNGEN	24888	32877	35719	39301
16	SONSTIGE DIENSTLEISTUNGEN	67032	79851	82549	87169
17	STAAT	50453	76598	99524	105193
18	ORGANISATIONEN O. E.	12120	16016	17647	18875
19	SUMME 1 - 18	872143	919777	883542	914504

ARBEITSMARKTREGION NR.128 GOEPPINGEN

LFD. NR.	SEKTOR	ZAHL DER ARBEITSPLAETZE EFFEKTIVE 1961	1970	1975	STANDORT-NEUTRALE ENTWICKLUNG 1980
1	LAND- U. FORSTWIRTSCHAFT	9630	5543	4449	3579
2	ENERGIEWIRTSCHAFT	816	354	285	290
3	BERGBAU	0	0	0	0
4	CHEM.IND, MINERALOELVERARB	4120	4448	3492	3876
5	GEW. STEINE ERDEN,FK,GLAS	949	813	668	636
6	E- NE-METALLERZ. U. BEARB.	3384	3802	2591	2471
7	STAHL- MASCH- FAHRZEUGBAU	16516	18738	18590	19978
8	EL., FEINMECH., EBM-WAREN	12129	11908	11298	12036
9	HOLZ-, PAPIER- U. DRUCKGEW	6645	5838	4790	4716
10	TEXTIL-BEKLEID.- LEDERGEW.	17647	13738	9139	8974
11	NAHRUNGS- GENUSSMITTELGEW.	3304	3121	2943	2982
12	BAUGEWERBE	7823	7749	6358	6144
13	HANDEL	8829	10146	10045	10334
14	VERKEHR U. NACHRICHTENUEB.	2840	3192	3635	3675
15	KREDITINST.,VERSICHERUNGEN	791	1592	2146	2361
16	SONSTIGE DIENSTLEISTUNGEN	5724	6849	7061	7456
17	STAAT	4501	7176	9574	10119
18	ORGANISATIONEN O. E.	1190	1422	1472	1574
19	SUMME 1 - 18	106838	106429	98536	101201

ARBEITSMARKTREGION NR.129 AALEN - SCHWAEBISCH GMUEND

LFD. NR.	SEKTOR	ZAHL DER ARBEITSPLAETZE EFFEKTIVE 1961	1970	ENTWICKLUNG 1975	STANDORT-NEUTRALE 1980
1	LAND- U. FORSTWIRTSCHAFT	22174	14118	11986	9643
2	ENERGIEWIRTSCHAFT	657	703	711	724
3	BERGBAU	0	0	0	0
4	CHEM.IND, MINERALOELVERARB	1234	1268	1117	1240
5	GEW. STEINE ERDEN,FK,GLAS	1842	1561	1294	1233
6	E- NE-METALLERZ. U. BEARB.	4005	6964	7159	6827
7	STAHL- MASCH- FAHRZEUGBAU	17854	20222	18135	19489
8	EL., FEINMECH., EBM-WAREN	14206	15920	14377	15316
9	HOLZ-, PAPIER- U. DRUCKGEW	5994	5889	5828	5738
10	TEXTIL-BEKLEID.- LEDERGEW.	11749	9751	7121	6993
11	NAHRUNGS- GENUSSMITTELGEW.	3019	2963	2935	2973
12	BAUGEWERBE	8068	8492	7206	6964
13	HANDEL	10954	11419	10710	11018
14	VERKEHR U. NACHRICHTENUEB.	3503	4052	4688	4740
15	KREDITINST.,VERSICHERUNGEN	946	1618	1994	2194
16	SONSTIGE DIENSTLEISTUNGEN	6292	7452	7638	8065
17	STAAT	6242	9238	11826	12500
18	ORGANISATIONEN O. E.	1663	1714	1634	1748
19	SUMME 1 - 18	120402	123344	116359	117405

ARBEITSMARKTREGION NR.130 HEIDENHEIM - DILLINGEN

LFD. NR.	SEKTOR	ZAHL DER ARBEITSPLAETZE EFFEKTIVE 1961	1970	ENTWICKLUNG 1975	STANDORT-NEUTRALE 1980
1	LAND- U. FORSTWIRTSCHAFT	20806	13701	11867	9547
2	ENERGIEWIRTSCHAFT	454	502	517	527
3	BERGBAU	0	0	0	0
4	CHEM.IND, MINERALOELVERARB	280	828	1009	1120
5	GEW. STEINE ERDEN,FK,GLAS	2240	1823	1623	1546
6	E- NE-METALLERZ. U. BEARB.	1152	1164	1053	1004
7	STAHL- MASCH- FAHRZEUGBAU	15902	16605	14438	15516
8	EL., FEINMECH., EBM-WAREN	12676	16292	15843	16877
9	HOLZ-, PAPIER- U. DRUCKGEW	3211	2853	2564	2524
10	TEXTIL-BEKLEID.- LEDERGEW.	9200	7151	5766	5663
11	NAHRUNGS- GENUSSMITTELGEW.	3374	3141	2987	3026
12	BAUGEWERBE	6616	6602	5458	5275
13	HANDEL	7582	8662	8558	8804
14	VERKEHR U. NACHRICHTENUEB.	1922	2003	2200	2224
15	KREDITINST.,VERSICHERUNGEN	719	1202	1461	1607
16	SONSTIGE DIENSTLEISTUNGEN	4241	5059	5206	5498
17	STAAT	4029	5852	7434	7857
18	ORGANISATIONEN O. E.	878	1419	1751	1872
19	SUMME 1 - 18	95282	94859	89735	90487

ARBEITSMARKTREGION NR.131 NOERDLINGEN - DONAUWOERTH

LFD. NR.	SEKTOR	ZAHL DER ARBEITSPLAETZE EFFEKTIVE 1961	1970	ENTWICKLUNG 1975	STANDORT-NEUTRALE 1980
1	LAND- U. FORSTWIRTSCHAFT	23216	16088	14316	11517
2	ENERGIEWIRTSCHAFT	296	199	160	163
3	BERGBAU	0	0	0	0
4	CHEM.IND, MINERALOELVERARB	368	662	758	841
5	GEW. STEINE ERDEN,FK,GLAS	1449	956	891	849
6	E- NE-METALLERZ. U. BEARB.	402	487	491	468
7	STAHL- MASCH- FAHRZEUGBAU	3786	4982	5081	5460
8	EL., FEINMECH., EBM-WAREN	782	2695	2360	2514
9	HOLZ-, PAPIER- U. DRUCKGEW	2273	2791	3485	3431
10	TEXTIL-BEKLEID.- LEDERGEW.	4564	3349	2408	2365
11	NAHRUNGS- GENUSSMITTELGEW.	2448	2427	2417	2449
12	BAUGEWERBE	3407	3845	3391	3277
13	HANDEL	5235	5742	5540	5699
14	VERKEHR U. NACHRICHTENUEB.	2121	2065	2171	2195
15	KREDITINST.,VERSICHERUNGEN	424	714	872	959
16	SONSTIGE DIENSTLEISTUNGEN	2468	2713	2667	2816
17	STAAT	2252	3617	4845	5121
18	ORGANISATIONEN O. E.	926	786	685	733
19	SUMME 1 - 18	56417	54118	52538	50857

ARBEITSMARKTREGION NR.132 WEISSENBURG I. BAY.

LFD. NR.	SEKTOR	ZAHL DER ARBEITSPLAETZE EFFEKTIVE 1961	1970	ENTWICKLUNG 1975	STANDORT-NEUTRALE 1980
1	LAND- U. FORSTWIRTSCHAFT	16064	10873	9550	7683
2	ENERGIEWIRTSCHAFT	252	224	204	208
3	BERGBAU	0	0	0	0
4	CHEM.IND, MINERALOELVERARB	823	1590	1795	1992
5	GEW. STEINE ERDEN,FK,GLAS	2465	1758	1448	1380
6	E- NE-METALLERZ. U. BEARB.	768	673	569	543
7	STAHL- MASCH- FAHRZEUGBAU	2150	3121	3178	3415
8	EL., FEINMECH., EBM-WAREN	2239	3104	1594	1698
9	HOLZ-, PAPIER- U. DRUCKGEW	1470	1122	788	776
10	TEXTIL-BEKLEID.- LEDERGEW.	2611	2236	1922	1887
11	NAHRUNGS- GENUSSMITTELGEW.	1362	1271	1196	1212
12	BAUGEWERBE	2432	2499	2093	2023
13	HANDEL	3388	3363	3070	3158
14	VERKEHR U. NACHRICHTENUEB.	1796	1475	1410	1426
15	KREDITINST.,VERSICHERUNGEN	321	515	612	673
16	SONSTIGE DIENSTLEISTUNGEN	2090	2187	2093	2210
17	STAAT	1993	2669	3232	3416
18	ORGANISATIONEN O. E.	295	724	989	1058
19	SUMME 1 - 18	42519	39404	35743	34758

ARBEITSMARKTREGION NR.133 INGOLSTADT

LFD. NR.	SEKTOR	ZAHL DER ARBEITSPLAETZE EFFEKTIVE 1961	1970	1975	STANDORTNEUTRALE ENTWICKLUNG 1980
1	LAND- U. FORSTWIRTSCHAFT	30568	20229	17579	14142
2	ENERGIEWIRTSCHAFT	628	568	594	605
3	BERGBAU	0	0	0	0
4	CHEM.IND, MINERALOELVERARB	400	1648	1919	2130
5	GEW. STEINE ERDEN,FK,GLAS	3963	3198	2600	2477
6	E- NE-METALLERZ. U. BEARB.	841	1828	1896	1809
7	STAHL- MASCH- FAHRZEUGBAU	13662	23496	25886	27820
8	EL., FEINMECH., EBM-WAREN	3776	4865	4321	4604
9	HOLZ-, PAPIER- U. DRUCKGEW	2872	3093	3198	3148
10	TEXTIL-BEKLEID.- LEDERGEW.	5085	4039	2748	2698
11	NAHRUNGS- GENUSSMITTELGEW.	3929	4006	3830	3880
12	BAUGEWERBE	7176	7686	6596	6374
13	HANDEL	9350	10387	10092	10382
14	VERKEHR U. NACHRICHTENUEB.	4540	3725	3618	3659
15	KREDITINST.,VERSICHERUNGEN	837	1541	1994	2194
16	SONSTIGE DIENSTLEISTUNGEN	6266	6488	6171	6517
17	STAAT	5456	9042	12451	13160
18	ORGANISATIONEN O. E.	1009	1409	1589	1699
19	SUMME 1 - 18	100358	107248	107082	107298

ARBEITSMARKTREGION NR.134 AICHACH - SCHROBENHAUSEN

LFD. NR.	SEKTOR	ZAHL DER ARBEITSPLAETZE EFFEKTIVE 1961	1970	1975	STANDORTNEUTRALE ENTWICKLUNG 1980
1	LAND- U. FORSTWIRTSCHAFT	12399	8476	7486	6023
2	ENERGIEWIRTSCHAFT	50	77	95	97
3	BERGBAU	0	0	0	0
4	CHEM.IND, MINERALOELVERARB	516	301	224	249
5	GEW. STEINE ERDEN,FK,GLAS	966	1664	1731	1649
6	E- NE-METALLERZ. U. BEARB.	162	138	113	108
7	STAHL- MASCH- FAHRZEUGBAU	575	987	1128	1212
8	EL., FEINMECH., EBM-WAREN	535	1000	1045	1113
9	HOLZ-, PAPIER- U. DRUCKGEW	1366	1379	1181	1163
10	TEXTIL-BEKLEID.- LEDERGEW.	2496	1983	1584	1555
11	NAHRUNGS- GENUSSMITTELGEW.	1124	1093	1057	1071
12	BAUGEWERBE	2350	2897	2684	2594
13	HANDEL	2687	2787	2606	2681
14	VERKEHR U. NACHRICHTENUEB.	722	743	805	814
15	KREDITINST.,VERSICHERUNGEN	211	364	451	496
16	SONSTIGE DIENSTLEISTUNGEN	1438	1365	1237	1306
17	STAAT	1358	2258	3084	3260
18	ORGANISATIONEN O. E.	427	437	415	444
19	SUMME 1 - 18	29382	27949	26926	25835

ARBEITSMARKTREGION NR.135 REGENSBURG

LFD. NR.	SEKTOR	ZAHL DER ARBEITSPLAETZE EFFEKTIVE 1961	1970	ENTWICKLUNG 1975	STANDORT-NEUTRALE 1980
1	LAND- U. FORSTWIRTSCHAFT	34628	22491	19325	15547
2	ENERGIEWIRTSCHAFT	1045	1028	1014	1033
3	BERGBAU	62	0	0	0
4	CHEM.IND, MINERALOELVERARB	3466	4483	4199	4660
5	GEW. STEINE ERDEN,FK,GLAS	4246	3153	2431	2316
6	E- NE-METALLERZ. U. BEARB.	1052	667	494	471
7	STAHL- MASCH- FAHRZEUGBAU	4749	5874	5861	6299
8	EL., FEINMECH., EBM-WAREN	8462	15464	14612	15567
9	HOLZ-, PAPIER- U. DRUCKGEW	5412	4611	4102	4038
10	TEXTIL-BEKLEID.- LEDERGEW.	7708	6796	5198	5104
11	NAHRUNGS- GENUSSMITTELGEW.	5924	6569	6864	6954
12	BAUGEWERBE	11653	14518	13570	13114
13	HANDEL	17015	17110	15785	16238
14	VERKEHR U. NACHRICHTENUEB.	11005	10451	10866	10987
15	KREDITINST.,VERSICHERUNGEN	2212	3191	3583	3942
16	SONSTIGE DIENSTLEISTUNGEN	9190	10544	10623	11217
17	STAAT	10116	13701	16706	17657
18	ORGANISATIONEN O. E.	2944	4065	4531	4846
19	SUMME 1 - 18	140889	144716	139764	139990

ARBEITSMARKTREGION NR.136 CHAM

LFD. NR.	SEKTOR	ZAHL DER ARBEITSPLAETZE EFFEKTIVE 1961	1970	ENTWICKLUNG 1975	STANDORT-NEUTRALE 1980
1	LAND- U. FORSTWIRTSCHAFT	22230	13878	11653	9375
2	ENERGIEWIRTSCHAFT	90	105	112	114
3	BERGBAU	0	0	0	0
4	CHEM.IND, MINERALOELVERARB	355	900	1048	1163
5	GEW. STEINE ERDEN,FK,GLAS	1203	1009	812	774
6	E- NE-METALLERZ. U. BEARB.	427	291	213	203
7	STAHL- MASCH- FAHRZEUGBAU	1002	1651	1844	1982
8	EL., FEINMECH., EBM-WAREN	805	3047	3383	3604
9	HOLZ-, PAPIER- U. DRUCKGEW	2193	2315	2061	2029
10	TEXTIL-BEKLEID.- LEDERGEW.	3505	3489	2646	2598
11	NAHRUNGS- GENUSSMITTELGEW.	1749	1822	1767	1790
12	BAUGEWERBE	3502	4197	3829	3700
13	HANDEL	3963	3911	3558	3660
14	VERKEHR U. NACHRICHTENUEB.	1347	1514	1723	1742
15	KREDITINST.,VERSICHERUNGEN	324	501	583	641
16	SONSTIGE DIENSTLEISTUNGEN	2597	2840	2785	2941
17	STAAT	2418	3457	4342	4589
18	ORGANISATIONEN O. E.	504	577	582	622
19	SUMME 1 - 18	48214	45504	42941	41527

ARBEITSMARKTREGION NR.137 DEGGENDORF

LFD. NR.	SEKTOR	ZAHL DER ARBEITSPLAETZE EFFEKTIVE 1961	1970	ENTWICKLUNG 1975	STANDORT-NEUTRALE 1980
1	LAND- U. FORSTWIRTSCHAFT	26337	16029	13279	10683
2	ENERGIEWIRTSCHAFT	327	380	403	410
3	BERGBAU	0	0	0	0
4	CHEM.IND, MINERALOELVERARB	591	1264	1482	1644
5	GEW. STEINE ERDEN,FK,GLAS	5340	4871	4131	3937
6	E- NE-METALLERZ. U. BEARB.	596	335	232	221
7	STAHL- MASCH- FAHRZEUGBAU	1436	3015	3512	3775
8	EL., FEINMECH., EBM-WAREN	2255	3144	3551	3783
9	HOLZ-, PAPIER- U. DRUCKGEW	3647	2911	2354	2317
10	TEXTIL-BEKLEID.- LEDERGEW.	4383	6683	4729	4644
11	NAHRUNGS- GENUSSMITTELGEW.	3258	3109	3048	3088
12	BAUGEWERBE	4927	6019	5554	5367
13	HANDEL	6572	6678	6175	6352
14	VERKEHR U. NACHRICHTENUEB.	2995	2719	2751	2782
15	KREDITINST.,VERSICHERUNGEN	585	854	964	1060
16	SONSTIGE DIENSTLEISTUNGEN	3833	4432	4483	4734
17	STAAT	3933	4970	5846	6179
18	ORGANISATIONEN O. E.	458	736	899	962
19	SUMME 1 - 18	71473	68149	63393	61938

ARBEITSMARKTREGION NR.138 PASSAU

LFD. NR.	SEKTOR	ZAHL DER ARBEITSPLAETZE EFFEKTIVE 1961	1970	ENTWICKLUNG 1975	STANDORT-NEUTRALE 1980
1	LAND- U. FORSTWIRTSCHAFT	42659	26185	21818	17552
2	ENERGIEWIRTSCHAFT	786	967	1053	1072
3	BERGBAU	481	284	242	202
4	CHEM.IND, MINERALOELVERARB	1668	1861	1431	1588
5	GEW. STEINE ERDEN,FK,GLAS	6304	5331	4721	4498
6	E- NE-METALLERZ. U. BEARB.	581	814	828	790
7	STAHL- MASCH- FAHRZEUGBAU	5528	7101	7077	7605
8	EL., FEINMECH., EBM-WAREN	2870	7919	8945	9529
9	HOLZ-, PAPIER- U. DRUCKGEW	5918	5383	5118	5038
10	TEXTIL-BEKLEID.- LEDERGEW.	6834	7260	5934	5827
11	NAHRUNGS- GENUSSMITTELGEW.	4561	4661	4347	4404
12	BAUGEWERBE	8005	9679	8888	8590
13	HANDEL	10572	10569	9687	9966
14	VERKEHR U. NACHRICHTENUEB.	4785	4867	5270	5330
15	KREDITINST.,VERSICHERUNGEN	1113	1726	2014	2216
16	SONSTIGE DIENSTLEISTUNGEN	6646	7413	7454	7871
17	STAAT	5607	8733	11550	12208
18	ORGANISATIONEN O. E.	1282	1799	2158	2309
19	SUMME 1 - 18	116200	112552	108535	106595

ARBEITSMARKTREGION NR.139 STRAUBING

LFD. NR.	SEKTOR	ZAHL DER ARBEITSPLAETZE EFFEKTIVE 1961	1970	ENTWICKLUNG 1975	STANDORT-NEUTRALE 1980
1	LAND- U. FORSTWIRTSCHAFT	22060	14850	13004	10462
2	ENERGIEWIRTSCHAFT	202	189	177	180
3	BERGBAU	0	0	0	0
4	CHEM.IND, MINERALOELVERARB	515	996	1139	1264
5	GEW. STEINE ERDEN,FK,GLAS	1543	987	716	682
6	E- NE-METALLERZ. U. BEARB.	445	342	292	278
7	STAHL- MASCH- FAHRZEUGBAU	1580	2282	2369	2546
8	EL., FEINMECH., EBM-WAREN	1020	2524	2842	3028
9	HOLZ-, PAPIER- U. DRUCKGEW	1797	2341	2550	2511
10	TEXTIL-BEKLEID.- LEDERGEW.	3357	2364	1640	1610
11	NAHRUNGS- GENUSSMITTELGEW.	2170	2474	2493	2525
12	BAUGEWERBE	3535	4178	3808	3680
13	HANDEL	6367	6398	5922	6092
14	VERKEHR U. NACHRICHTENUEB.	1455	1406	1480	1496
15	KREDITINST.,VERSICHERUNGEN	514	768	878	966
16	SONSTIGE DIENSTLEISTUNGEN	2899	3111	3018	3187
17	STAAT	3037	4526	6027	6371
18	ORGANISATIONEN O. E.	1211	1391	1452	1553
19	SUMME 1 - 18	53707	51127	49807	48431

ARBEITSMARKTREGION NR.140 LANDSHUT

LFD. NR.	SEKTOR	ZAHL DER ARBEITSPLAETZE EFFEKTIVE 1961	1970	ENTWICKLUNG 1975	STANDORT-NEUTRALE 1980
1	LAND- U. FORSTWIRTSCHAFT	38280	26135	23069	18559
2	ENERGIEWIRTSCHAFT	931	1057	1119	1140
3	BERGBAU	0	0	0	0
4	CHEM.IND, MINERALOELVERARB	318	244	190	211
5	GEW. STEINE ERDEN,FK,GLAS	2329	1864	1621	1544
6	E- NE-METALLERZ. U. BEARB.	720	484	364	347
7	STAHL- MASCH- FAHRZEUGBAU	7207	8954	10451	11232
8	EL., FEINMECH., EBM-WAREN	6621	8034	7504	7994
9	HOLZ-, PAPIER- U. DRUCKGEW	2556	2489	3006	2960
10	TEXTIL-BEKLEID.- LEDERGEW.	5259	4941	4081	4007
11	NAHRUNGS- GENUSSMITTELGEW.	5528	5595	5709	5784
12	BAUGEWERBE	7465	7231	5863	5666
13	HANDEL	10869	10507	9516	9790
14	VERKEHR U. NACHRICHTENUEB.	3498	3552	3837	3879
15	KREDITINST.,VERSICHERUNGEN	1083	1632	1894	2084
16	SONSTIGE DIENSTLEISTUNGEN	5327	5772	5637	5952
17	STAAT	7366	8880	10169	10748
18	ORGANISATIONEN O. E.	1176	1195	1130	1209
19	SUMME 1 - 18	106533	98566	95160	93106

ARBEITSMARKTREGION NR.141 AUGSBURG

LFD. NR.	SEKTOR	ZAHL DER ARBEITSPLAETZE EFFEKTIVE 1961	1970	ENTWICKLUNG 1975	STANDORT-NEUTRALE 1980
1	LAND- U. FORSTWIRTSCHAFT	31058	19889	16949	13635
2	ENERGIEWIRTSCHAFT	1892	2064	2117	2157
3	BERGBAU	0	0	0	0
4	CHEM.IND, MINERALOELVERARB	6309	9650	8837	9809
5	GEW. STEINE ERDEN,FK,GLAS	2115	3044	2733	2604
6	E- NE-METALLERZ. U. BEARB.	2736	2349	1867	1781
7	STAHL- MASCH- FAHRZEUGBAU	30029	35649	33229	35711
8	EL., FEINMECH., EBM-WAREN	8291	11965	11867	12642
9	HOLZ-, PAPIER- U. DRUCKGEW	9542	10635	9378	9233
10	TEXTIL-BEKLEID.- LEDERGEW.	30800	26067	19349	19000
11	NAHRUNGS- GENUSSMITTELGEW.	7876	7609	7412	7508
12	BAUGEWERBE	18775	18879	15854	15322
13	HANDEL	29824	30669	28671	29495
14	VERKEHR U. NACHRICHTENUEB.	12662	13095	14244	14403
15	KREDITINST.,VERSICHERUNGEN	3244	5731	7196	7917
16	SONSTIGE DIENSTLEISTUNGEN	14738	17005	17186	18148
17	STAAT	14150	18612	22528	23811
18	ORGANISATIONEN O. E.	3291	4483	5000	5348
19	SUMME 1 - 18	227332	237395	224417	228524

ARBEITSMARKTREGION NR.142 ULM

LFD. NR.	SEKTOR	ZAHL DER ARBEITSPLAETZE EFFEKTIVE 1961	1970	ENTWICKLUNG 1975	STANDORT-NEUTRALE 1980
1	LAND- U. FORSTWIRTSCHAFT	44833	28493	24171	19446
2	ENERGIEWIRTSCHAFT	908	1423	1675	1706
3	BERGBAU	0	0	0	0
4	CHEM.IND, MINERALOELVERARB	2924	6784	7988	8867
5	GEW. STEINE ERDEN,FK,GLAS	5413	5211	4626	4408
6	E- NE-METALLERZ. U. BEARB.	8315	8394	7621	7268
7	STAHL- MASCH- FAHRZEUGBAU	23768	29229	30012	32254
8	EL., FEINMECH., EBM-WAREN	14218	17449	16022	17067
9	HOLZ-, PAPIER- U. DRUCKGEW	9514	8859	7748	7629
10	TEXTIL-BEKLEID.- LEDERGEW.	20360	16728	12667	12438
11	NAHRUNGS- GENUSSMITTELGEW.	9242	8785	8114	8220
12	BAUGEWERBE	15838	17059	14733	14239
13	HANDEL	22602	27301	27839	28640
14	VERKEHR U. NACHRICHTENUEB.	9627	9823	10622	10739
15	KREDITINST.,VERSICHERUNGEN	2213	4013	5115	5628
16	SONSTIGE DIENSTLEISTUNGEN	12137	14833	15501	16369
17	STAAT	9573	17371	24832	26246
18	ORGANISATIONEN O. E.	3117	3387	3560	3808
19	SUMME 1 - 18	214602	225142	222846	224972

ARBEITSMARKTREGION NR.143 TUEBINGEN - REUTLINGEN

LFD. NR.	SEKTOR	ZAHL DER ARBEITSPLAETZE EFFEKTIVE 1961	1970	1975	STANDORT-NEUTRALE ENTWICKLUNG 1980
1	LAND- U. FORSTWIRTSCHAFT	26942	12395	8904	7163
2	ENERGIEWIRTSCHAFT	469	929	1130	1151
3	BERGBAU	0	0	0	0
4	CHEM.IND, MINERALOELVERARB	1704	2987	3158	3505
5	GEW. STEINE ERDEN,FK,GLAS	2058	1657	1621	1545
6	E- NE-METALLERZ. U. BEARB.	2273	2477	2394	2283
7	STAHL- MASCH- FAHRZEUGBAU	14383	19237	19169	20600
8	EL., FEINMECH., EBM-WAREN	10670	13529	12373	13181
9	HOLZ-, PAPIER- U. DRUCKGEW	9849	10721	8701	8566
10	TEXTIL-BEKLEID.- LEDERGEW.	32962	28696	22245	21844
11	NAHRUNGS- GENUSSMITTELGEW.	4562	4388	4199	4254
12	BAUGEWERBE	12883	13290	11160	10785
13	HANDEL	15478	17866	17759	18270
14	VERKEHR U. NACHRICHTENUEB.	5445	6284	7276	7356
15	KREDITINST.,VERSICHERUNGEN	1732	2960	3659	4026
16	SONSTIGE DIENSTLEISTUNGEN	8938	11289	12018	12690
17	STAAT	13554	20153	25960	27439
18	ORGANISATIONEN O. E.	2836	2944	2827	3023
19	SUMME 1 - 18	166738	171802	164553	167681

ARBEITSMARKTREGION NR.144 BALINGEN

LFD. NR.	SEKTOR	ZAHL DER ARBEITSPLAETZE EFFEKTIVE 1961	1970	1975	STANDORT-NEUTRALE ENTWICKLUNG 1980
1	LAND- U. FORSTWIRTSCHAFT	12998	5218	3429	2759
2	ENERGIEWIRTSCHAFT	320	259	224	228
3	BERGBAU	62	50	49	41
4	CHEM.IND, MINERALOELVERARB	279	292	234	260
5	GEW. STEINE ERDEN,FK,GLAS	852	1054	1025	977
6	E- NE-METALLERZ. U. BEARB.	625	820	1085	1035
7	STAHL- MASCH- FAHRZEUGBAU	9293	11243	10885	11698
8	EL., FEINMECH., EBM-WAREN	4165	5650	5067	5398
9	HOLZ-, PAPIER- U. DRUCKGEW	4114	3125	2655	2614
10	TEXTIL-BEKLEID.- LEDERGEW.	28049	26284	22671	22263
11	NAHRUNGS- GENUSSMITTELGEW.	1924	1958	1906	1931
12	BAUGEWERBE	5795	6026	5078	4907
13	HANDEL	6473	8060	8343	8583
14	VERKEHR U. NACHRICHTENUEB.	2053	2247	2521	2549
15	KREDITINST.,VERSICHERUNGEN	593	990	1202	1323
16	SONSTIGE DIENSTLEISTUNGEN	3654	4508	4727	4992
17	STAAT	3312	5516	7541	7971
18	ORGANISATIONEN O. E.	669	795	820	877
19	SUMME 1 - 18	85230	84095	79462	80406

ARBEITSMARKTREGION NR.145 FREUDENSTADT

LFD. NR.	SEKTOR	ZAHL DER ARBEITSPLAETZE EFFEKTIVE 1961	1970	ENTWICKLUNG 1975	STANDORT-NEUTRALE 1980
1	LAND- U. FORSTWIRTSCHAFT	11619	5709	4196	3376
2	ENERGIEWIRTSCHAFT	276	164	132	134
3	BERGBAU	0	0	0	0
4	CHEM.IND, MINERALOELVERARB	614	1783	2033	2256
5	GEW. STEINE ERDEN,FK,GLAS	708	490	355	338
6	E- NE-METALLERZ. U. BEARB.	627	573	507	484
7	STAHL- MASCH- FAHRZEUGBAU	2108	3418	4214	4529
8	EL., FEINMECH., EBM-WAREN	2224	2527	2810	2994
9	HOLZ-, PAPIER- U. DRUCKGEW	3228	3346	3858	3798
10	TEXTIL-BEKLEID.- LEDERGEW.	3449	2470	1599	1570
11	NAHRUNGS- GENUSSMITTELGEW.	1504	1555	1508	1528
12	BAUGEWERBE	3257	3525	3037	2935
13	HANDEL	4152	4265	3968	4082
14	VERKEHR U. NACHRICHTENUEB.	1786	1573	1564	1581
15	KREDITINST.,VERSICHERUNGEN	334	566	694	764
16	SONSTIGE DIENSTLEISTUNGEN	4526	5615	5906	6236
17	STAAT	2396	3557	4561	4821
18	ORGANISATIONEN O. E.	771	765	714	764
19	SUMME 1 - 18	43579	41901	41656	42190

ARBEITSMARKTREGION NR.146 MITTELBADEN

LFD. NR.	SEKTOR	ZAHL DER ARBEITSPLAETZE EFFEKTIVE 1961	1970	ENTWICKLUNG 1975	STANDORT-NEUTRALE 1980
1	LAND- U. FORSTWIRTSCHAFT	41629	20838	15479	12453
2	ENERGIEWIRTSCHAFT	599	821	953	971
3	BERGBAU	334	92	58	48
4	CHEM.IND, MINERALOELVERARB	1754	5366	5842	6484
5	GEW. STEINE ERDEN,FK,GLAS	4568	4771	4237	4037
6	E- NE-METALLERZ. U. BEARB.	3088	4884	4249	4052
7	STAHL- MASCH- FAHRZEUGBAU	6805	10673	11265	12106
8	EL., FEINMECH., EBM-WAREN	6961	9000	8351	8896
9	HOLZ-, PAPIER- U. DRUCKGEW	15524	16543	15306	15069
10	TEXTIL-BEKLEID.- LEDERGEW.	8421	6629	4744	4659
11	NAHRUNGS- GENUSSMITTELGEW.	9789	7436	6473	6558
12	BAUGEWERBE	11573	11654	9650	9326
13	HANDEL	14266	17265	17593	18099
14	VERKEHR U. NACHRICHTENUEB.	8423	8039	8358	8451
15	KREDITINST.,VERSICHERUNGEN	1334	2327	2897	3187
16	SONSTIGE DIENSTLEISTUNGEN	8959	12164	13453	14206
17	STAAT	8512	12360	15657	16549
18	ORGANISATIONEN O. E.	1889	2615	2936	3140
19	SUMME 1 - 18	154428	153477	147501	148291

ARBEITSMARKTREGION NR.147 FREIBURG

LFD. NR.	SEKTOR	ZAHL DER ARBEITSPLAETZE EFFEKTIVE 1961	1970	ENTWICKLUNG 1975	STANDORT-NEUTRALE 1980
1	LAND- U. FORSTWIRTSCHAFT	41330	22653	17764	14292
2	ENERGIEWIRTSCHAFT	1022	948	886	903
3	BERGBAU	1264	722	605	506
4	CHEM.IND, MINERALOELVERARB	5367	8029	7232	8028
5	GEW. STEINE ERDEN,FK,GLAS	1984	2234	2407	2293
6	E- NE-METALLERZ. U. BEARB.	1771	2213	2388	2277
7	STAHL- MASCH- FAHRZEUGBAU	6219	7952	7669	8242
8	EL., FEINMECH., EBM-WAREN	11862	17066	15919	16958
9	HOLZ-, PAPIER- U. DRUCKGEW	9299	8072	6817	6712
10	TEXTIL-BEKLEID.- LEDERGEW.	10454	9443	7372	7239
11	NAHRUNGS- GENUSSMITTELGEW.	8737	7432	7193	7287
12	BAUGEWERBE	16431	16687	13955	13486
13	HANDEL	23703	28551	29035	29870
14	VERKEHR U. NACHRICHTENUEB.	9556	8751	8894	8993
15	KREDITINST.,VERSICHERUNGEN	3689	5335	6026	6630
16	SONSTIGE DIENSTLEISTUNGEN	18656	24302	26281	27752
17	STAAT	18681	28076	36279	38346
18	ORGANISATIONEN O. E.	4628	6029	6640	7102
19	SUMME 1 - 18	194653	204495	203362	206916

ARBEITSMARKTREGION NR.148 SCHWARZWALD - BAAR - DONAUESCHINGEN

LFD. NR.	SEKTOR	ZAHL DER ARBEITSPLAETZE EFFEKTIVE 1961	1970	ENTWICKLUNG 1975	STANDORT-NEUTRALE 1980
1	LAND- U. FORSTWIRTSCHAFT	33171	17115	12964	10430
2	ENERGIEWIRTSCHAFT	833	991	1090	1110
3	BERGBAU	50	66	64	54
4	CHEM.IND, MINERALOELVERARB	2778	3334	2668	2961
5	GEW. STEINE ERDEN,FK,GLAS	1981	1747	1515	1444
6	E- NE-METALLERZ. U. BEARB.	7574	10849	10789	10289
7	STAHL- MASCH- FAHRZEUGBAU	18814	21226	20793	22346
8	EL., FEINMECH., EBM-WAREN	48211	54697	49822	53075
9	HOLZ-, PAPIER- U. DRUCKGEW	9584	8491	7444	7329
10	TEXTIL-BEKLEID.- LEDERGEW.	13283	11207	8371	8220
11	NAHRUNGS- GENUSSMITTELGEW.	6036	5369	4909	4974
12	BAUGEWERBE	14158	13959	11431	11047
13	HANDEL	16681	18179	17480	17982
14	VERKEHR U. NACHRICHTENUEB.	6217	6213	6633	6706
15	KREDITINST.,VERSICHERUNGEN	1704	2660	3121	3435
16	SONSTIGE DIENSTLEISTUNGEN	11119	12497	12451	13148
17	STAAT	9917	15247	19942	21078
18	ORGANISATIONEN O. E.	2344	2689	2924	3127
19	SUMME 1 - 18	204455	206536	194411	198755

ARBEITSMARKTREGION NR.149 SIGMARINGEN

LFD. NR.	SEKTOR	ZAHL DER ARBEITSPLAETZE EFFEKTIVE 1961	1970	ENTWICKLUNG 1975	STANDORT-NEUTRALE 1980
1	LAND- U. FORSTWIRTSCHAFT	15739	10411	9029	7264
2	ENERGIEWIRTSCHAFT	198	137	110	112
3	BERGBAU	25	17	15	13
4	CHEM.IND, MINERALOELVERARB	208	1139	1327	1473
5	GEW. STEINE ERDEN,FK,GLAS	768	785	716	682
6	E- NE-METALLERZ. U. BEARB.	2113	1964	1708	1629
7	STAHL- MASCH- FAHRZEUGBAU	3282	3547	3377	3629
8	EL., FEINMECH., EBM-WAREN	1648	1810	1575	1678
9	HOLZ-, PAPIER- U. DRUCKGEW	2699	2744	3454	3401
10	TEXTIL-BEKLEID.- LEDERGEW.	4692	5189	4810	4723
11	NAHRUNGS- GENUSSMITTELGEW.	1633	1374	1277	1294
12	BAUGEWERBE	4043	4274	3635	3513
13	HANDEL	3607	4435	4558	4689
14	VERKEHR U. NACHRICHTENUEB.	1440	1311	1328	1343
15	KREDITINST.,VERSICHERUNGEN	460	810	1015	1117
16	SONSTIGE DIENSTLEISTUNGEN	2796	3265	3321	3507
17	STAAT	2692	5431	8259	8729
18	ORGANISATIONEN O. E.	855	1122	1223	1308
19	SUMME 1 - 18	48898	49765	50737	50104

ARBEITSMARKTREGION NR.150 BIBERACH

LFD. NR.	SEKTOR	ZAHL DER ARBEITSPLAETZE EFFEKTIVE 1961	1970	ENTWICKLUNG 1975	STANDORT-NEUTRALE 1980
1	LAND- U. FORSTWIRTSCHAFT	22319	15113	13278	10682
2	ENERGIEWIRTSCHAFT	684	872	973	991
3	BERGBAU	55	65	63	53
4	CHEM.IND, MINERALOELVERARB	2117	3328	3149	3495
5	GEW. STEINE ERDEN,FK,GLAS	1082	999	957	912
6	E- NE-METALLERZ. U. BEARB.	1770	1907	1801	1718
7	STAHL- MASCH- FAHRZEUGBAU	5242	6795	7231	7771
8	EL., FEINMECH., EBM-WAREN	3188	3179	2624	2795
9	HOLZ-, PAPIER- U. DRUCKGEW	2860	2801	2328	2292
10	TEXTIL-BEKLEID.- LEDERGEW.	4590	3989	2493	2448
11	NAHRUNGS- GENUSSMITTELGEW.	2288	2223	2160	2188
12	BAUGEWERBE	4979	5483	4771	4611
13	HANDEL	4750	5625	5662	5825
14	VERKEHR U. NACHRICHTENUEB.	1541	1656	1839	1859
15	KREDITINST.,VERSICHERUNGEN	554	923	1121	1233
16	SONSTIGE DIENSTLEISTUNGEN	3397	3871	3883	4100
17	STAAT	3938	5931	7666	8103
18	ORGANISATIONEN O. E.	991	1122	1126	1204
19	SUMME 1 - 18	66345	65882	63125	62280

ARBEITSMARKTREGION NR.151 MEMMINGEN

LFD. NR.	SEKTOR	ZAHL DER ARBEITSPLAETZE			
		EFFEKTIVE			STANDORT-NEUTRALE
				ENTWICKLUNG	
		1961	1970	1975	1980
1	LAND- U. FORSTWIRTSCHAFT	22213	16091	14678	11808
2	ENERGIEWIRTSCHAFT	348	252	208	212
3	BERGBAU	0	46	37	31
4	CHEM.IND, MINERALOELVERARB	1627	2219	2426	2692
5	GEW. STEINE ERDEN,FK,GLAS	868	793	730	696
6	E- NE-METALLERZ. U. BEARB.	1166	1278	1202	1147
7	STAHL- MASCH- FAHRZEUGBAU	2603	3540	3800	4084
8	EL., FEINMECH., EBM-WAREN	2502	3640	3516	3745
9	HOLZ-, PAPIER- U. DRUCKGEW	3054	4179	4350	4283
10	TEXTIL-BEKLEID.- LEDERGEW.	5741	3917	2787	2736
11	NAHRUNGS- GENUSSMITTELGEW.	3611	3257	3126	3167
12	BAUGEWERBE	6687	7262	6305	6094
13	HANDEL	7575	7647	7061	7264
14	VERKEHR U. NACHRICHTENUEB.	1832	1736	1817	1837
15	KREDITINST.,VERSICHERUNGEN	652	1123	1392	1531
16	SONSTIGE DIENSTLEISTUNGEN	5843	5865	5482	5789
17	STAAT	3221	4943	6456	6824
18	ORGANISATIONEN O. E.	989	1237	1319	1411
19	SUMME 1 - 18	70532	69025	66692	65351

ARBEITSMARKTREGION NR.152 LANDSBERG A. LECH

LFD. NR.	SEKTOR	ZAHL DER ARBEITSPLAETZE			
		EFFEKTIVE			STANDORT-NEUTRALE
				ENTWICKLUNG	
		1961	1970	1975	1980
1	LAND- U. FORSTWIRTSCHAFT	11000	7041	5994	4822
2	ENERGIEWIRTSCHAFT	312	233	193	197
3	BERGBAU	0	0	0	0
4	CHEM.IND, MINERALOELVERARB	44	268	312	346
5	GEW. STEINE ERDEN,FK,GLAS	641	699	650	619
6	E- NE-METALLERZ. U. BEARB.	378	319	263	251
7	STAHL- MASCH- FAHRZEUGBAU	1230	1412	1488	1599
8	EL., FEINMECH., EBM-WAREN	158	564	527	561
9	HOLZ-, PAPIER- U. DRUCKGEW	1265	850	688	677
10	TEXTIL-BEKLEID.- LEDERGEW.	960	1014	645	633
11	NAHRUNGS- GENUSSMITTELGEW.	985	949	838	849
12	BAUGEWERBE	1868	2134	1896	1832
13	HANDEL	2231	2441	2352	2420
14	VERKEHR U. NACHRICHTENUEB.	793	721	729	737
15	KREDITINST.,VERSICHERUNGEN	237	411	509	560
16	SONSTIGE DIENSTLEISTUNGEN	1808	1724	1566	1654
17	STAAT	1153	3890	6022	6365
18	ORGANISATIONEN O. E.	473	651	728	779
19	SUMME 1 - 18	25536	25321	25400	24901

ARBEITSMARKTREGION NR.153 MUENCHEN

LFD. NR.	SEKTOR	ZAHL DER ARBEITSPLAETZE EFFEKTIVE 1961	1970	1975	STANDORT-NEUTRALE ENTWICKLUNG 1980
1	LAND- U. FORSTWIRTSCHAFT	64669	44353	39286	31605
2	ENERGIEWIRTSCHAFT	7063	7359	7522	7663
3	BERGBAU	260	199	187	156
4	CHEM.IND, MINERALOELVERARB	17607	26327	25363	28149
5	GEW. STEINE ERDEN,FK,GLAS	9930	9553	8337	7942
6	E- NE-METALLERZ. U. BEARB.	7461	7257	6466	6165
7	STAHL- MASCH- FAHRZEUGBAU	72072	105935	103858	111613
8	EL., FEINMECH., EBM-WAREN	73155	99280	90392	96295
9	HOLZ-, PAPIER- U. DRUCKGEW	35729	38077	34262	33732
10	TEXTIL-BEKLEID.- LEDERGEW.	41569	29936	19609	19255
11	NAHRUNGS- GENUSSMITTELGEW.	30623	29663	28775	29152
12	BAUGEWERBE	74737	90227	82263	79501
13	HANDEL	135517	131743	119768	123211
14	VERKEHR U. NACHRICHTENUEB.	61586	59015	61580	62264
15	KREDITINST.,VERSICHERUNGEN	31714	45184	50354	55404
16	SONSTIGE DIENSTLEISTUNGEN	106237	125011	128064	135230
17	STAAT	76252	107084	132659	140216
18	ORGANISATIONEN O. E.	15795	20572	22569	24139
19	SUMME 1 - 18	861976	976775	961314	991692

ARBEITSMARKTREGION NR.154 BAD TOELZ

LFD. NR.	SEKTOR	ZAHL DER ARBEITSPLAETZE EFFEKTIVE 1961	1970	1975	STANDORT-NEUTRALE ENTWICKLUNG 1980
1	LAND- U. FORSTWIRTSCHAFT	13684	9274	8152	6558
2	ENERGIEWIRTSCHAFT	448	565	630	642
3	BERGBAU	34	12	8	7
4	CHEM.IND, MINERALOELVERARB	1160	2040	1545	1715
5	GEW. STEINE ERDEN,FK,GLAS	619	536	428	408
6	E- NE-METALLERZ. U. BEARB.	354	348	314	299
7	STAHL- MASCH- FAHRZEUGBAU	2093	3826	4354	4679
8	EL., FEINMECH., EBM-WAREN	1666	2280	2245	2391
9	HOLZ-, PAPIER- U. DRUCKGEW	4533	4704	4727	4654
10	TEXTIL-BEKLEID.- LEDERGEW.	2656	1767	1230	1208
11	NAHRUNGS- GENUSSMITTELGEW.	2592	2332	2157	2185
12	BAUGEWERBE	5304	6389	5852	5655
13	HANDEL	6425	7174	6998	7199
14	VERKEHR U. NACHRICHTENUEB.	2461	2449	2606	2635
15	KREDITINST.,VERSICHERUNGEN	608	928	1076	1184
16	SONSTIGE DIENSTLEISTUNGEN	10400	10665	10101	10666
17	STAAT	3936	5182	6232	6587
18	ORGANISATIONEN O. E.	1451	1053	918	982
19	SUMME 1 - 18	60424	61524	59573	59654

ARBEITSMARKTREGION NR.155 MUEHLDORF - ALTOETTING

LFD. NR.	SEKTOR	ZAHL DER ARBEITSPLAETZE EFFEKTIVE 1961	1970	ENTWICKLUNG 1975	STANDORT-NEUTRALE 1980
1	LAND- U. FORSTWIRTSCHAFT	47390	32873	29271	23548
2	ENERGIEWIRTSCHAFT	1403	1365	1327	1352
3	BERGBAU	107	54	41	34
4	CHEM.IND, MINERALOELVERARB	6335	12669	11862	13166
5	GEW. STEINE ERDEN,FK,GLAS	2711	2277	1954	1861
6	E- NE-METALLERZ. U. BEARB.	2156	2980	3158	3011
7	STAHL- MASCH- FAHRZEUGBAU	2801	4035	4306	4627
8	EL., FEINMECH., EBM-WAREN	2585	3933	3982	4243
9	HOLZ-, PAPIER- U. DRUCKGEW	3781	3340	2789	2745
10	TEXTIL-BEKLEID.- LEDERGEW.	6277	6568	5391	5294
11	NAHRUNGS- GENUSSMITTELGEW.	5721	6387	6344	6427
12	BAUGEWERBE	7907	10156	9653	9329
13	HANDEL	10979	11745	11237	11561
14	VERKEHR U. NACHRICHTENUEB.	4237	4230	4508	4559
15	KREDITINST.,VERSICHERUNGEN	1164	1599	1754	1930
16	SONSTIGE DIENSTLEISTUNGEN	5484	6387	6505	6869
17	STAAT	5181	6638	7851	8298
18	ORGANISATIONEN O. E.	1423	1930	2225	2380
19	SUMME 1 - 18	117642	119166	114158	111234

ARBEITSMARKTREGION NR.156 TRAUNSTEIN - BAD REICHENHALL

LFD. NR.	SEKTOR	ZAHL DER ARBEITSPLAETZE EFFEKTIVE 1961	1970	ENTWICKLUNG 1975	STANDORT-NEUTRALE 1980
1	LAND- U. FORSTWIRTSCHAFT	24369	15878	13663	10992
2	ENERGIEWIRTSCHAFT	536	634	690	703
3	BERGBAU	489	392	383	320
4	CHEM.IND, MINERALOELVERARB	2421	2327	2246	2493
5	GEW. STEINE ERDEN,FK,GLAS	866	779	672	641
6	E- NE-METALLERZ. U. BEARB.	1081	915	756	721
7	STAHL- MASCH- FAHRZEUGBAU	3381	4711	4890	5255
8	EL., FEINMECH., EBM-WAREN	6936	8410	7191	7661
9	HOLZ-, PAPIER- U. DRUCKGEW	4193	3772	3417	3364
10	TEXTIL-BEKLEID.- LEDERGEW.	4657	5413	3249	3191
11	NAHRUNGS- GENUSSMITTELGEW.	3733	3612	3527	3573
12	BAUGEWERBE	7366	9198	8586	8297
13	HANDEL	10959	11853	11358	11684
14	VERKEHR U. NACHRICHTENUEB.	4773	4561	4744	4797
15	KREDITINST.,VERSICHERUNGEN	982	1367	1509	1660
16	SONSTIGE DIENSTLEISTUNGEN	11602	12525	12207	12890
17	STAAT	6640	9860	12669	13391
18	ORGANISATIONEN O. E.	1464	1711	1749	1871
19	SUMME 1 - 18	96448	97918	93506	93504

ARBEITSMARKTREGION NR.157 ROSENHEIM

LFD. NR.	SEKTOR	ZAHL DER ARBEITSPLAETZE EFFEKTIVE 1961	1970	ENTWICKLUNG 1975	STANDORT-NEUTRALE 1980
1	LAND- U. FORSTWIRTSCHAFT	20844	14295	12647	10174
2	ENERGIEWIRTSCHAFT	630	594	611	622
3	BERGBAU	127	85	71	59
4	CHEM.IND, MINERALOELVERARB	714	1287	1450	1609
5	GEW. STEINE ERDEN,FK,GLAS	2021	1753	1503	1432
6	E- NE-METALLERZ. U. BEARB.	599	552	511	487
7	STAHL- MASCH- FAHRZEUGBAU	2388	3553	3663	3936
8	EL., FEINMECH., EBM-WAREN	2079	4645	4708	5016
9	HOLZ-, PAPIER- U. DRUCKGEW	7325	6891	6077	5983
10	TEXTIL-BEKLEID.- LEDERGEW.	7814	6677	4598	4515
11	NAHRUNGS- GENUSSMITTELGEW.	4553	4613	4188	4243
12	BAUGEWERBE	7682	8636	7610	7355
13	HANDEL	9805	10980	10731	11039
14	VERKEHR U. NACHRICHTENUEB.	4571	4788	5243	5301
15	KREDITINST.,VERSICHERUNGEN	930	1662	2111	2323
16	SONSTIGE DIENSTLEISTUNGEN	7112	7805	7689	8119
17	STAAT	6155	7367	8421	8901
18	ORGANISATIONEN O. E.	983	1117	1127	1205
19	SUMME 1 - 18	86332	87300	82959	82319

ARBEITSMARKTREGION NR.158 GARMISCH-PARTENKIRCHEN - SCHONGAU - WEIL

LFD. NR.	SEKTOR	ZAHL DER ARBEITSPLAETZE EFFEKTIVE 1961	1970	ENTWICKLUNG 1975	STANDORT-NEUTRALE 1980
1	LAND- U. FORSTWIRTSCHAFT	15292	10109	8785	7068
2	ENERGIEWIRTSCHAFT	358	476	544	554
3	BERGBAU	4824	1525	963	805
4	CHEM.IND, MINERALOELVERARB	383	930	984	1092
5	GEW. STEINE ERDEN,FK,GLAS	865	715	577	550
6	E- NE-METALLERZ. U. BEARB.	376	406	384	366
7	STAHL- MASCH- FAHRZEUGBAU	2917	4182	4498	4834
8	EL., FEINMECH., EBM-WAREN	1379	2627	3456	3682
9	HOLZ-, PAPIER- U. DRUCKGEW	4458	4271	3743	3685
10	TEXTIL-BEKLEID.- LEDERGEW.	4774	4408	2746	2697
11	NAHRUNGS- GENUSSMITTELGEW.	2634	2440	2296	2326
12	BAUGEWERBE	5437	6599	6107	5902
13	HANDEL	8059	8970	8725	8975
14	VERKEHR U. NACHRICHTENUEB.	3092	3520	4041	4086
15	KREDITINST.,VERSICHERUNGEN	798	1199	1375	1513
16	SONSTIGE DIENSTLEISTUNGEN	10319	10181	9446	9974
17	STAAT	4510	6883	8963	9474
18	ORGANISATIONEN O. E.	1206	1649	1839	1967
19	SUMME 1 - 18	71681	71090	69472	69550

ARBEITSMARKTREGION NR.159 KAUFBEUREN

LFD. NR.	SEKTOR	ZAHL DER ARBEITSPLAETZE EFFEKTIVE 1961	1970	ENTWICKLUNG 1975	STANDORT-NEUTRALE 1980
1	LAND- U. FORSTWIRTSCHAFT	18989	13761	12559	10104
2	ENERGIEWIRTSCHAFT	337	270	252	257
3	BERGBAU	0	0	0	0
4	CHEM.IND, MINERALOELVERARB	256	1084	1100	1221
5	GEW. STEINE ERDEN,FK,GLAS	3316	1994	1528	1456
6	E- NE-METALLERZ. U. BEARB.	539	530	574	547
7	STAHL- MASCH- FAHRZEUGBAU	4121	6533	6706	7206
8	EL., FEINMECH., EBM-WAREN	4877	3900	2864	3051
9	HOLZ-, PAPIER- U. DRUCKGEW	2271	2541	2470	2432
10	TEXTIL-BEKLEID.- LEDERGEW.	5753	3713	2786	2736
11	NAHRUNGS- GENUSSMITTELGEW.	4098	3227	2820	2857
12	BAUGEWERBE	5128	5534	4763	4603
13	HANDEL	7440	7932	7531	7747
14	VERKEHR U. NACHRICHTENUEB.	1954	2003	2168	2192
15	KREDITINST.,VERSICHERUNGEN	651	968	1108	1219
16	SONSTIGE DIENSTLEISTUNGEN	4650	5620	5839	6165
17	STAAT	3499	6383	9225	9750
18	ORGANISATIONEN O. E.	1078	868	757	810
19	SUMME 1 - 18	68957	66861	65050	64353

ARBEITSMARKTREGION NR.160 KEMPTEN/ALLGAEU

LFD. NR.	SEKTOR	ZAHL DER ARBEITSPLAETZE EFFEKTIVE 1961	1970	ENTWICKLUNG 1975	STANDORT-NEUTRALE 1980
1	LAND- U. FORSTWIRTSCHAFT	17554	12213	10892	8763
2	ENERGIEWIRTSCHAFT	646	604	572	583
3	BERGBAU	49	7	4	3
4	CHEM.IND, MINERALOELVERARB	789	1188	1256	1394
5	GEW. STEINE ERDEN,FK,GLAS	603	490	403	384
6	E- NE-METALLERZ. U. BEARB.	923	676	514	491
7	STAHL- MASCH- FAHRZEUGBAU	3049	4192	4373	4700
8	EL., FEINMECH., EBM-WAREN	2503	5535	4802	5115
9	HOLZ-, PAPIER- U. DRUCKGEW	4661	4875	4541	4470
10	TEXTIL-BEKLEID.- LEDERGEW.	8271	7375	4551	4469
11	NAHRUNGS- GENUSSMITTELGEW.	4205	3965	3615	3662
12	BAUGEWERBE	5868	5994	5017	4849
13	HANDEL	10318	11981	11972	12316
14	VERKEHR U. NACHRICHTENUEB.	4628	4886	5393	5453
15	KREDITINST.,VERSICHERUNGEN	996	1342	1447	1592
16	SONSTIGE DIENSTLEISTUNGEN	9224	10294	10213	10784
17	STAAT	3554	8092	11982	12665
18	ORGANISATIONEN O. E.	1080	1242	1302	1392
19	SUMME 1 - 18	78921	84951	82849	83085

ARBEITSMARKTREGION NR.161 LINDAU (BODENSEE)

LFD. NR.	SEKTOR	ZAHL DER ARBEITSPLAETZE EFFEKTIVE 1961	1970	STANDORT-NEUTRALE ENTWICKLUNG 1975	1980
1	LAND- U. FORSTWIRTSCHAFT	7602	5187	4576	3681
2	ENERGIEWIRTSCHAFT	233	274	292	297
3	BERGBAU	0	0	0	0
4	CHEM.IND, MINERALOELVERARB	919	1752	2041	2265
5	GEW. STEINE ERDEN,FK,GLAS	217	192	162	154
6	E- NE-METALLERZ. U. BEARB.	354	139	97	93
7	STAHL- MASCH- FAHRZEUGBAU	1803	3093	3419	3674
8	EL., FEINMECH., EBM-WAREN	605	675	554	590
9	HOLZ-, PAPIER- U. DRUCKGEW	995	646	530	522
10	TEXTIL-BEKLEID.- LEDERGEW.	4247	3950	2355	2313
11	NAHRUNGS- GENUSSMITTELGEW.	2399	2811	2728	2764
12	BAUGEWERBE	2136	2297	1972	1906
13	HANDEL	3325	3306	3020	3107
14	VERKEHR U. NACHRICHTENUEB.	1635	1450	1447	1463
15	KREDITINST.,VERSICHERUNGEN	386	492	515	567
16	SONSTIGE DIENSTLEISTUNGEN	3669	3332	2947	3112
17	STAAT	2097	2276	2452	2592
18	ORGANISATIONEN O. E.	381	607	736	787
19	SUMME 1 - 18	33003	32479	29843	29887

ARBEITSMARKTREGION NR.162 BODENSEE - WANGEN

LFD. NR.	SEKTOR	ZAHL DER ARBEITSPLAETZE EFFEKTIVE 1961	1970	STANDORT-NEUTRALE ENTWICKLUNG 1975	1980
1	LAND- U. FORSTWIRTSCHAFT	40208	27280	23996	19305
2	ENERGIEWIRTSCHAFT	613	587	558	568
3	BERGBAU	75	37	28	23
4	CHEM.IND, MINERALOELVERARB	679	1705	1827	2027
5	GEW. STEINE ERDEN,FK,GLAS	1993	3086	3007	2865
6	E- NE-METALLERZ. U. BEARB.	1606	1474	1275	1216
7	STAHL- MASCH- FAHRZEUGBAU	21264	29409	28778	30927
8	EL., FEINMECH., EBM-WAREN	5963	10249	10618	11312
9	HOLZ-, PAPIER- U. DRUCKGEW	7352	6832	5847	5756
10	TEXTIL-BEKLEID.- LEDERGEW.	10285	8593	5909	5802
11	NAHRUNGS- GENUSSMITTELGEW.	5855	5422	5191	5259
12	BAUGEWERBE	13691	12928	10438	10088
13	HANDEL	14825	17321	17309	17807
14	VERKEHR U. NACHRICHTENUEB.	6006	5731	5968	6034
15	KREDITINST.,VERSICHERUNGEN	1604	2903	3690	4060
16	SONSTIGE DIENSTLEISTUNGEN	11218	14632	15856	16743
17	STAAT	8249	12902	17032	18002
18	ORGANISATIONEN O. E.	3067	3298	3221	3445
19	SUMME 1 - 18	154553	164389	160548	161239

ARBEITSMARKTREGION NR.163 KONSTANZ

LFD. NR.	SEKTOR	ZAHL DER ARBEITSPLAETZE EFFEKTIVE 1961	1970	ENTWICKLUNG 1975	STANDORT-NEUTRALE 1980
1	LAND- U. FORSTWIRTSCHAFT	14020	8214	6659	5357
2	ENERGIEWIRTSCHAFT	498	524	525	535
3	BERGBAU	0	0	0	0
4	CHEM.IND, MINERALOELVERARB	1278	2028	1584	1758
5	GEW. STEINE ERDEN,FK,GLAS	1322	710	508	484
6	E- NE-METALLERZ. U. BEARB.	8824	9936	9674	9226
7	STAHL- MASCH- FAHRZEUGBAU	7004	8386	7790	8372
8	EL., FEINMECH., EBM-WAREN	4114	7013	3200	3409
9	HOLZ-, PAPIER- U. DRUCKGEW	2092	2015	1820	1792
10	TEXTIL-BEKLEID.- LEDERGEW.	8530	6477	4670	4586
11	NAHRUNGS- GENUSSMITTELGEW.	6036	4808	4380	4437
12	BAUGEWERBE	6128	6397	5403	5222
13	HANDEL	9669	11557	11695	12031
14	VERKEHR U. NACHRICHTENUEB.	4975	4881	5154	5211
15	KREDITINST.,VERSICHERUNGEN	1097	1750	2074	2282
16	SONSTIGE DIENSTLEISTUNGEN	7699	10576	11772	12431
17	STAAT	6510	9750	12565	13281
18	ORGANISATIONEN O. E.	1433	1267	1108	1185
19	SUMME 1 - 18	91229	96289	90581	91599

ARBEITSMARKTREGION NR.164 WALDSHUT

LFD. NR.	SEKTOR	ZAHL DER ARBEITSPLAETZE EFFEKTIVE 1961	1970	ENTWICKLUNG 1975	STANDORT-NEUTRALE 1980
1	LAND- U. FORSTWIRTSCHAFT	15703	8395	6467	5203
2	ENERGIEWIRTSCHAFT	485	639	725	739
3	BERGBAU	20	27	26	22
4	CHEM.IND, MINERALOELVERARB	3207	4629	4607	5113
5	GEW. STEINE ERDEN,FK,GLAS	1390	1015	809	771
6	E- NE-METALLERZ. U. BEARB.	1304	1686	1761	1679
7	STAHL- MASCH- FAHRZEUGBAU	1922	2991	3230	3471
8	EL., FEINMECH., EBM-WAREN	1588	2448	2941	3133
9	HOLZ-, PAPIER- U. DRUCKGEW	2638	3191	3167	3118
10	TEXTIL-BEKLEID.- LEDERGEW.	8717	7766	6099	5989
11	NAHRUNGS- GENUSSMITTELGEW.	1859	1676	1615	1636
12	BAUGEWERBE	4547	4685	3929	3797
13	HANDEL	4881	5553	5467	5624
14	VERKEHR U. NACHRICHTENUEB.	1982	1943	2050	2073
15	KREDITINST.,VERSICHERUNGEN	472	750	887	976
16	SONSTIGE DIENSTLEISTUNGEN	4739	5604	5740	6061
17	STAAT	3814	5488	6917	7311
18	ORGANISATIONEN O. E.	771	752	696	744
19	SUMME 1 - 18	60039	59238	57133	57460

ARBEITSMARKTREGION NR.165 HOCHRHEIN

LFD. NR.	SEKTOR	ZAHL DER ARBEITSPLAETZE EFFEKTIVE 1961	1970	ENTWICKLUNG 1975	STANDORT-NEUTRALE 1980
1	LAND- U. FORSTWIRTSCHAFT	13470	6748	5014	4034
2	ENERGIEWIRTSCHAFT	532	624	664	676
3	BERGBAU	98	115	112	94
4	CHEM.IND, MINERALOELVERARB	5916	6405	5925	6576
5	GEW. STEINE ERDEN,FK,GLAS	1102	1138	1117	1064
6	E- NE-METALLERZ. U. BEARB.	2343	2704	2607	2486
7	STAHL- MASCH- FAHRZEUGBAU	3792	5385	6048	6500
8	EL., FEINMECH., EBM-WAREN	1493	2703	2777	2958
9	HOLZ-, PAPIER- U. DRUCKGEW	2889	2588	2204	2170
10	TEXTIL-BEKLEID.- LEDERGEW.	14095	11880	8529	8375
11	NAHRUNGS- GENUSSMITTELGEW.	2963	3316	3131	3172
12	BAUGEWERBE	6951	6569	5251	5075
13	HANDEL	9261	9980	9534	9808
14	VERKEHR U. NACHRICHTENUEB.	4496	4749	5224	5282
15	KREDITINST.,VERSICHERUNGEN	641	1109	1374	1512
16	SONSTIGE DIENSTLEISTUNGEN	5296	6474	6754	7132
17	STAAT	4331	5970	7346	7764
18	ORGANISATIONEN O. E.	690	1296	1723	1843
19	SUMME 1 - 18	80359	79753	75334	76521

ARBEITSMARKTREGION NR.166 BERLIN

LFD. NR.	SEKTOR	ZAHL DER ARBEITSPLAETZE EFFEKTIVE 1961	1970	ENTWICKLUNG 1975	STANDORT-NEUTRALE 1980
1	LAND- U. FORSTWIRTSCHAFT	6391	4982	4733	3808
2	ENERGIEWIRTSCHAFT	10739	10835	10613	10812
3	BERGBAU	25	15	12	10
4	CHEM.IND, MINERALOELVERARB	21807	20614	19218	21330
5	GEW. STEINE ERDEN,FK,GLAS	9713	8566	6653	6339
6	E- NE-METALLERZ. U. BEARB.	13382	10984	8975	8559
7	STAHL- MASCH- FAHRZEUGBAU	82778	70310	54647	58728
8	EL., FEINMECH., EBM-WAREN	147634	121172	97065	103404
9	HOLZ-, PAPIER- U. DRUCKGEW	38291	27899	21935	21595
10	TEXTIL-BEKLEID.- LEDERGEW.	66867	37518	21280	20897
11	NAHRUNGS- GENUSSMITTELGEW.	46606	37187	34099	34546
12	BAUGEWERBE	68022	68437	56641	54739
13	HANDEL	160167	146200	127376	131038
14	VERKEHR U. NACHRICHTENUEB.	56092	57753	62637	63333
15	KREDITINST.,VERSICHERUNGEN	19727	21356	20412	22459
16	SONSTIGE DIENSTLEISTUNGEN	121196	121781	113940	120316
17	STAAT	149596	163030	176083	186113
18	ORGANISATIONEN O. E.	22702	26319	26790	28653
19	SUMME 1 - 18	1041735	954958	863109	896679

Land SCHLESWIG - HOLSTEIN

LFD. NR.	SEKTOR	ZAHL DER ARBEITSPLAETZE EFFEKTIVE ENTWICKLUNG 1961	1970	1975	STANDORT-NEUTRALE 1980
1	LAND- U. FORSTWIRTSCHAFT	157909	97210	81124	65266
2	ENERGIEWIRTSCHAFT	7853	7797	7822	7968
3	BERGBAU	756	370	337	282
4	CHEM.IND, MINERALOELVERARB	12578	18068	17455	19374
5	GEW. STEINE ERDEN,FK,GLAS	15409	13006	11446	10906
6	E- NE-METALLERZ. U. BEARB.	14347	10659	8483	8089
7	STAHL- MASCH- FAHRZEUGBAU	60661	81984	83045	89248
8	EL., FEINMECH., EBM-WAREN	30924	39289	37032	39450
9	HOLZ-, PAPIER- U. DRUCKGEW	29926	35769	34427	33894
10	TEXTIL-BEKLEID.- LEDERGEW.	34184	20240	13225	12988
11	NAHRUNGS- GENUSSMITTELGEW.	49066	46123	44044	44620
12	BAUGEWERBE	87975	88254	73560	71090
13	HANDEL	143957	138641	125717	129329
14	VERKEHR U. NACHRICHTENUEB.	52493	49991	52158	52737
15	KREDITINST.,VERSICHERUNGEN	14964	20483	22554	24817
16	SONSTIGE DIENSTLEISTUNGEN	84553	92774	91474	96594
17	STAAT	85474	124836	160225	169352
18	ORGANISATIONEN O. E.	14740	17260	17819	19058
19	SUMME 1 - 18	897769	902754	881947	895062

Land HAMBURG

LFD. NR.	SEKTOR	ZAHL DER ARBEITSPLAETZE EFFEKTIVE ENTWICKLUNG 1961	1970	1975	STANDORT-NEUTRALE 1980
1	LAND- U. FORSTWIRTSCHAFT	13041	10126	9599	7723
2	ENERGIEWIRTSCHAFT	8829	7831	7141	7275
3	BERGBAU	1578	236	149	125
4	CHEM.IND, MINERALOELVERARB	46964	43802	39643	44000
5	GEW. STEINE ERDEN,FK,GLAS	7158	5497	4315	4111
6	E- NE-METALLERZ. U. BEARB.	11442	9786	8273	7890
7	STAHL- MASCH- FAHRZEUGBAU	97461	83062	66034	70966
8	EL., FEINMECH., EBM-WAREN	46574	46176	39104	41658
9	HOLZ-, PAPIER- U. DRUCKGEW	33163	29318	24643	24262
10	TEXTIL-BEKLEID.- LEDERGEW.	21979	11675	6500	6383
11	NAHRUNGS- GENUSSMITTELGEW.	53395	39341	32614	33041
12	BAUGEWERBE	78195	67158	50903	49194
13	HANDEL	198624	200070	184113	189406
14	VERKEHR U. NACHRICHTENUEB.	137993	123783	124354	125736
15	KREDITINST.,VERSICHERUNGEN	34580	46453	50056	55075
16	SONSTIGE DIENSTLEISTUNGEN	118748	129524	126835	133932
17	STAAT	91833	102987	113016	119454
18	ORGANISATIONEN O. E.	14196	20761	24043	25715
19	SUMME 1 - 18	1015753	977586	911335	945946

Land NIEDERSACHSEN

LFD. NR.	SEKTOR	ZAHL DER ARBEITSPLAETZE EFFEKTIVE 1961	1970	ENTWICKLUNG 1975	STANDORT-NEUTRALE 1980
1	LAND- U. FORSTWIRTSCHAFT	588888	327276	258539	207999
2	ENERGIEWIRTSCHAFT	18828	20395	21456	21858
3	BERGBAU	44791	27614	24356	20364
4	CHEM.IND, MINERALOELVERARB	76293	85436	76444	84848
5	GEW. STEINE ERDEN,FK,GLAS	53474	48197	42355	40357
6	E- NE-METALLERZ. U. BEARB.	74161	68209	61250	58412
7	STAHL- MASCH- FAHRZEUGBAU	230609	323470	318987	342809
8	EL., FEINMECH., EBM-WAREN	114265	138034	122923	130948
9	HOLZ-, PAPIER- U. DRUCKGEW	110371	102453	91648	90228
10	TEXTIL-BEKLEID.- LEDERGEW.	121910	95846	70749	69471
11	NAHRUNGS- GENUSSMITTELGEW.	123875	126691	127254	128920
12	BAUGEWERBE	259082	257325	215027	207811
13	HANDEL	402606	430750	412410	424269
14	VERKEHR U. NACHRICHTENUEB.	165578	152238	156175	157910
15	KREDITINST.,VERSICHERUNGEN	46431	66703	75056	82562
16	SONSTIGE DIENSTLEISTUNGEN	237970	264436	263133	277859
17	STAAT	204054	303352	392764	415139
18	ORGANISATIONEN O. E.	46584	64273	72752	77810
19	SUMME 1 - 18	2919770	2902698	2803278	2839594

Land BREMEN

LFD. NR.	SEKTOR	ZAHL DER ARBEITSPLAETZE EFFEKTIVE 1961	1970	ENTWICKLUNG 1975	STANDORT-NEUTRALE 1980
1	LAND- U. FORSTWIRTSCHAFT	6040	4987	4649	3740
2	ENERGIEWIRTSCHAFT	4102	4240	4212	4291
3	BERGBAU	21	22	21	18
4	CHEM.IND, MINERALOELVERARB	2959	2311	1990	2208
5	GEW. STEINE ERDEN,FK,GLAS	3913	2882	2214	2110
6	E- NE-METALLERZ. U. BEARB.	6971	8066	7894	7528
7	STAHL- MASCH- FAHRZEUGBAU	56643	49236	41667	44779
8	EL., FEINMECH., EBM-WAREN	14396	18629	18959	20197
9	HOLZ-, PAPIER- U. DRUCKGEW	8103	7735	6910	6803
10	TEXTIL-BEKLEID.- LEDERGEW.	12034	7633	4639	4555
11	NAHRUNGS- GENUSSMITTELGEW.	23837	26238	26987	27340
12	BAUGEWERBE	30895	28772	22890	22121
13	HANDEL	67229	64526	57810	59472
14	VERKEHR U. NACHRICHTENUEB.	55725	51131	52063	52642
15	KREDITINST.,VERSICHERUNGEN	8355	10626	11120	12235
16	SONSTIGE DIENSTLEISTUNGEN	34817	39405	39399	41604
17	STAAT	32727	41595	48977	51767
18	ORGANISATIONEN O. E.	4874	6454	7123	7619
19	SUMME 1 - 18	373641	374488	359524	371029

Land NORDRHEIN - WESTFALEN

LFD. NR.	SEKTOR	ZAHL DER ARBEITSPLAETZE EFFEKTIVE 1961	1970	1975	STANDORT-NEUTRALE ENTWICKLUNG 1980
1	LAND- U. FORSTWIRTSCHAFT	458805	241478	188574	151711
2	ENERGIEWIRTSCHAFT	55369	59440	61728	62890
3	BERGBAU	438288	221586	179782	150322
4	CHEM.IND, MINERALOELVERARB	272530	308175	288417	320118
5	GEW. STEINE ERDEN,FK,GLAS	132054	117214	99916	95200
6	E- NE-METALLERZ. U. BEARB.	555354	508156	447792	427042
7	STAHL- MASCH- FAHRZEUGBAU	607575	673109	620392	666726
8	EL., FEINMECH., EBM-WAREN	437767	441395	396667	422571
9	HOLZ-, PAPIER- U. DRUCKGEW	288667	281227	254978	251030
10	TEXTIL-BEKLEID.- LEDERGEW.	440975	317299	220531	216552
11	NAHRUNGS- GENUSSMITTELGEW.	258977	226989	209307	212046
12	BAUGEWERBE	588442	543724	431668	417172
13	HANDEL	1033823	1057591	986654	1015022
14	VERKEHR U. NACHRICHTENUEB.	390433	362647	373523	377672
15	KREDITINST.,VERSICHERUNGEN	120442	167068	184188	202657
16	SONSTIGE DIENSTLEISTUNGEN	541983	631528	643694	679712
17	STAAT	438082	591323	725393	766713
18	ORGANISATIONEN O. E.	150495	198178	218754	233971
19	SUMME 1 - 18	7210061	6948127	6531958	6669127

Land HESSEN

LFD. NR.	SEKTOR	ZAHL DER ARBEITSPLAETZE EFFEKTIVE 1961	1970	1975	STANDORT-NEUTRALE ENTWICKLUNG 1980
1	LAND- U. FORSTWIRTSCHAFT	316417	152434	112472	90485
2	ENERGIEWIRTSCHAFT	16381	16964	17256	17581
3	BERGBAU	15358	7641	6899	5768
4	CHEM.IND, MINERALOELVERARB	109167	143893	137533	152649
5	GEW. STEINE ERDEN,FK,GLAS	42946	40512	36124	34420
6	E- NE-METALLERZ. U. BEARB.	55357	54706	48748	46490
7	STAHL- MASCH- FAHRZEUGBAU	220509	243235	219569	235966
8	EL., FEINMECH., EBM-WAREN	145740	179071	161349	171886
9	HOLZ-, PAPIER- U. DRUCKGEW	93224	95243	88093	86730
10	TEXTIL-BEKLEID.- LEDERGEW.	127801	97921	69696	68439
11	NAHRUNGS- GENUSSMITTELGEW.	84445	78002	72952	73906
12	BAUGEWERBE	192377	197868	167541	161913
13	HANDEL	319794	353620	343173	353041
14	VERKEHR U. NACHRICHTENUEB.	147378	157548	176527	178487
15	KREDITINST.,VERSICHERUNGEN	49901	77340	90720	99815
16	SONSTIGE DIENSTLEISTUNGEN	201618	254558	271977	287195
17	STAAT	162141	223248	276519	292270
18	ORGANISATIONEN O. E.	38149	55700	64656	69151
19	SUMME 1 - 18	2338703	2429504	2361804	2426192

Land RHEINLAND - PFALZ

LFD. NR.	SEKTOR	ZAHL DER ARBEITSPLAETZE EFFEKTIVE 1961	1970	ENTWICKLUNG 1975	STANDORT-NEUTRALE 1980
1	LAND- U. FORSTWIRTSCHAFT	351960	163724	118324	95193
2	ENERGIEWIRTSCHAFT	9296	9494	9818	10003
3	BERGBAU	3111	260	208	175
4	CHEM.IND, MINERALOELVERARB	82941	95353	92582	102756
5	GEW. STEINE ERDEN,FK,GLAS	59118	47492	39409	37554
6	E- NE-METALLERZ. U. BEARB.	32158	26552	22720	21669
7	STAHL- MASCH- FAHRZEUGBAU	72608	106048	105622	113510
8	EL., FEINMECH., EBM-WAREN	43494	58887	56348	60027
9	HOLZ-, PAPIER- U. DRUCKGEW	59087	56563	52225	51418
10	TEXTIL-BEKLEID.- LEDERGEW.	85485	74848	56405	55388
11	NAHRUNGS- GENUSSMITTELGEW.	58795	54098	51445	52123
12	BAUGEWERBE	115150	116669	97831	94542
13	HANDEL	195108	200644	187208	192589
14	VERKEHR U. NACHRICHTENUEB.	83242	74131	74553	75381
15	KREDITINST.,VERSICHERUNGEN	21257	27863	29936	32938
16	SONSTIGE DIENSTLEISTUNGEN	116182	130044	130427	137728
17	STAAT	100999	176332	242613	256431
18	ORGANISATIONEN O. E.	28859	37553	41350	44228
19	SUMME 1 - 18	1518850	1456555	1409024	1433653

Land BADEN - WUERTTEMBERG

LFD. NR.	SEKTOR	ZAHL DER ARBEITSPLAETZE EFFEKTIVE 1961	1970	ENTWICKLUNG 1975	STANDORT-NEUTRALE 1980
1	LAND- U. FORSTWIRTSCHAFT	636904	331809	258277	207786
2	ENERGIEWIRTSCHAFT	26036	28830	30048	30610
3	BERGBAU	3161	2192	2001	1674
4	CHEM.IND, MINERALOELVERARB	89492	136536	127503	141518
5	GEW. STEINE ERDEN,FK,GLAS	65508	64088	56519	53852
6	E- NE-METALLERZ. U. BEARB.	91845	105859	98143	93597
7	STAHL- MASCH- FAHRZEUGBAU	453537	551861	537393	577525
8	EL., FEINMECH., EBM-WAREN	414321	472017	431593	459775
9	HOLZ-, PAPIER- U. DRUCKGEW	208921	208194	188702	185782
10	TEXTIL-BEKLEID.- LEDERGEW.	331899	270658	196022	192491
11	NAHRUNGS- GENUSSMITTELGEW.	156778	137550	126932	128597
12	BAUGEWERBE	317833	322092	268717	259694
13	HANDEL	437512	495796	490111	504203
14	VERKEHR U. NACHRICHTENUEB.	189263	183827	193958	196109
15	KREDITINST.,VERSICHERUNGEN	67047	99625	115323	126887
16	SONSTIGE DIENSTLEISTUNGEN	279772	345786	364262	384647
17	STAAT	249152	376674	490397	518332
18	ORGANISATIONEN O. E.	58231	72798	78831	84314
19	SUMME 1 - 18	4077212	4206192	4054732	4147393

Land BAYERN

LFD. NR.	SEKTOR	ZAHL DER ARBEITSPLAETZE EFFEKTIVE 1961	1970	ENTWICKLUNG 1975	STANDORT-NEUTRALE 1980
1	LAND- U. FORSTWIRTSCHAFT	1014271	646911	553679	445436
2	ENERGIEWIRTSCHAFT	33216	36205	37858	38569
3	BERGBAU	10404	5654	4886	4084
4	CHEM.IND, MINERALOELVERARB	78557	124412	122088	135500
5	GEW. STEINE ERDEN,FK,GLAS	152108	132487	114576	109168
6	E- NE-METALLERZ. U. BEARB.	73066	68102	61012	58183
7	STAHL- MASCH- FAHRZEUGBAU	301834	415483	416441	447537
8	EL., FEINMECH., EBM-WAREN	314333	401609	385808	411006
9	HOLZ-, PAPIER- U. DRUCKGEW	212556	209903	193595	190595
10	TEXTIL-BEKLEID.- LEDERGEW.	335442	291013	220439	216463
11	NAHRUNGS- GENUSSMITTELGEW.	189996	183516	175650	177950
12	BAUGEWERBE	352281	395902	350131	338374
13	HANDEL	557199	572261	535165	550547
14	VERKEHR U. NACHRICHTENUEB.	238281	228837	239458	242120
15	KREDITINST.,VERSICHERUNGEN	75098	111707	128139	140986
16	SONSTIGE DIENSTLEISTUNGEN	364465	402890	399218	421561
17	STAAT	293648	410488	511540	540681
18	ORGANISATIONEN O. E.	61941	77959	84893	90797
19	SUMME 1 - 18	4658696	4715339	4534576	4559557

Land SAARLAND

LFD. NR.	SEKTOR	ZAHL DER ARBEITSPLAETZE EFFEKTIVE 1961	1970	ENTWICKLUNG 1975	STANDORT-NEUTRALE 1980
1	LAND- U. FORSTWIRTSCHAFT	36162	9576	6026	4848
2	ENERGIEWIRTSCHAFT	4943	5086	5058	5153
3	BERGBAU	49241	24161	19494	16300
4	CHEM.IND, MINERALOELVERARB	2860	5056	5080	5638
5	GEW. STEINE ERDEN,FK,GLAS	13265	12040	10531	10035
6	E- NE-METALLERZ. U. BEARB.	58720	54285	46738	44572
7	STAHL- MASCH- FAHRZEUGBAU	27012	40798	40101	43097
8	EL., FEINMECH., EBM-WAREN	10315	14948	14099	15020
9	HOLZ-, PAPIER- U. DRUCKGEW	12472	12764	11904	11719
10	TEXTIL-BEKLEID.- LEDERGEW.	10888	11865	8451	8298
11	NAHRUNGS- GENUSSMITTELGEW.	17409	15801	14653	14846
12	BAUGEWERBE	41529	31255	22105	21362
13	HANDEL	64757	67318	63277	65096
14	VERKEHR U. NACHRICHTENUEB.	26766	24240	24594	24865
15	KREDITINST.,VERSICHERUNGEN	7777	9926	10498	11551
16	SONSTIGE DIENSTLEISTUNGEN	30526	37723	39644	41863
17	STAAT	36594	47776	57461	60734
18	ORGANISATIONEN O. E.	5874	8540	9987	10682
19	SUMME 1 - 18	457110	433158	409701	415679

Land BERLIN

LFD. NR.	SEKTOR	ZAHL DER ARBEITSPLAETZE EFFEKTIVE 1961	1970	ENTWICKLUNG 1975	STANDORT-NEUTRALE 1980
1	LAND- U. FORSTWIRTSCHAFT	6391	4982	4733	3808
2	ENERGIEWIRTSCHAFT	10739	10835	10613	10812
3	BERGBAU	25	15	12	10
4	CHEM.IND, MINERALOELVERARB	21807	20614	19218	21330
5	GEW. STEINE ERDEN,FK,GLAS	9713	8566	6653	6339
6	E- NE-METALLERZ. U. BEARB.	13382	10984	8975	8559
7	STAHL- MASCH- FAHRZEUGBAU	82778	70310	54647	58728
8	EL., FEINMECH., EBM-WAREN	147634	121172	97065	103404
9	HOLZ-, PAPIER- U. DRUCKGEW	38291	27899	21935	21595
10	TEXTIL-BEKLEID.- LEDERGEW.	66867	37518	21280	20897
11	NAHRUNGS- GENUSSMITTELGEW.	46606	37187	34099	34546
12	BAUGEWERBE	68022	68437	56641	54739
13	HANDEL	160167	146200	127376	131038
14	VERKEHR U. NACHRICHTENUEB.	56092	57753	62637	63333
15	KREDITINST.,VERSICHERUNGEN	19727	21356	20412	22459
16	SONSTIGE DIENSTLEISTUNGEN	121196	121781	113940	120316
17	STAAT	149596	163030	176083	186113
18	ORGANISATIONEN O. E.	22702	26319	26790	28653
19	SUMME 1 - 18	1041735	954958	863109	896679

BUNDESGEBIET

LFD. NR.	SEKTOR	ZAHL DER ARBEITSPLAETZE EFFEKTIVE 1961	1970	ENTWICKLUNG 1975	STANDORT-NEUTRALE 1980
1	LAND- U. FORSTWIRTSCHAFT	3586788	1990513	1595996	1283995
2	ENERGIEWIRTSCHAFT	195592	207117	213010	217010
3	BERGBAU	566734	289751	238145	199122
4	CHEM.IND, MINERALOELVERARB	796148	983656	927953	1029939
5	GEW. STEINE ERDEN,FK,GLAS	554666	491981	424058	404052
6	E- NE-METALLERZ. U. BEARB.	986803	925364	820028	782031
7	STAHL- MASCH- FAHRZEUGBAU	2211227	2638596	2503898	2690891
8	EL., FEINMECH., EBM-WAREN	1719763	1931227	1760947	1875942
9	HOLZ-, PAPIER- U. DRUCKGEW	1094781	1067068	969060	954056
10	TEXTIL-BEKLEID.- LEDERGEW.	1589464	1236516	887937	871925
11	NAHRUNGS- GENUSSMITTELGEW.	1063179	971536	915937	927935
12	BAUGEWERBE	2131781	2117456	1757014	1698012
13	HANDEL	3580776	3727417	3513014	3614012
14	VERKEHR U. NACHRICHTENUEB.	1543244	1466126	1530000	1546992
15	KREDITINST.,VERSICHERUNGEN	465579	659150	738002	812002
16	SONSTIGE DIENSTLEISTUNGEN	2131830	2450449	2484003	2623011
17	STAAT	1844300	2561641	3194988	3376986
18	ORGANISATIONEN O. E.	446645	585795	646998	691998
19	SUMME 1 - 18	26509300	26301359	25120988	25599911